商洛学院科研基金项目（16SKY-FWDF010）

实用文本翻译

田亚亚 著

辽海出版社

图书在版编目（CIP）数据

实用文本翻译 / 田亚亚著 . -- 沈阳 : 辽海出版社，2018.12

ISBN 978-7-5451-5200-5

Ⅰ . ①实… Ⅱ . ①田… Ⅲ . ①翻译—研究 Ⅳ . ① H059

中国版本图书馆 CIP 数据核字 (2018) 第 296550 号

责任编辑：丁　凡　高东妮
责任校对：丁　雁

北方联合出版传媒（集团）股份有限公司
辽海出版社出版发行

（辽宁省沈阳市和平区十一纬路 25 号 辽海出版社　　邮政编码：110003）

北京市天河印刷厂印刷　　全国新华书店经销

开本：1/16　　印张：12.25　　字数：225 千字

2020 年 1 月第 1 版　　2020 年 1 月第 1 次印刷

定价：48.00 元

前 言

随着全球经济的发展，中国经济正在不断向国际舞台渗透。翻译则是这种渗透力量中非常重要的一环。在各国经济文化交流中，翻译扮演着越来越重要的角色。而且社会对于翻译的需求也越来越多样化，不仅要将世界上其他国家的经济文化引入到我国，还要将我国的经济文化引入到世界其他国家。

非文学翻译是相对于文学翻译而言的，主要是指对商务、法律、金融、合同、广告、旅游等文本的翻译。非文学翻译在文本类型以及功能上和文学翻译有较大的差异。根据文本类型学的理论，非文学翻译主要属于赖斯的信息型文本和感染型文本或者属于纽马克的信息型文本和呼唤型文本。而文学翻译更加侧重于文化的传播，侧重于情感的表达，主要表达的是对故事、人物的情感以及态度，比较注重文字的美学功效。此外，非文学翻译则注重文字的功能性，具有功利性目的，以及高度的程式性。翻译目的决定了翻译的策略。翻译目的的决定源自于信息的取舍，同时也决定了译文的体裁以及风格。非文学翻译的实用性以及功利性要求译文达到译语环境中预期的交际功能以及目的。对于非文学翻译来说，要使文本能够让目标语读者接受，译文应尽可能顺应受众的需求以及文化期待，并且达到其他同类目标文本和风格的连贯。

本书的内容共九章，主要包括非文学翻译理论的概述，非文学翻译的不同种类。具体来说，这些种类主要有：旅游文本、公示文本、广告语、商标语、法律文本、科技文本、商务文本、政治文本。

虽然本书撰写的过程中，尽到了很大的努力，但是由于我们水平有限，加之工作繁忙，且时间仓促，书中难免有些疏漏和错误，希望读者予以斧正。

作者
2018年4月

目录
CONTENTS

第一章　非文学翻译概述·· **001**

　　第一节　非文学翻译理论综述·· 001
　　第二节　非文学翻译的标准和原则·· 006
　　第三节　非文学翻译研究视角的多维性······································ 008

第二章　旅游文本翻译··· **016**

　　第一节　旅游文本翻译概述·· 016
　　第二节　英汉旅游文本风格差异··· 020
　　第三节　旅游文本翻译的主体性限制因素··································· 022
　　第四节　旅游文本汉英翻译策略··· 026

第三章　公示语翻译··· **036**

　　第一节　公示语翻译概述·· 036
　　第二节　公示语翻译原则·· 042
　　第三节　公示语汉英翻译策略·· 049

第四章　广告翻译··· **059**

　　第一节　广告翻译概述··· 059
　　第二节　英语广告的语言特征·· 066
　　第三节　广告汉英翻译策略··· 072

第五章　商标翻译 ··· 081

第一节　商标翻译概述 ··· 081
第二节　英语商标的语言特征 ··· 084
第三节　商标汉英翻译策略 ··· 089

第六章　法律文本翻译 ··· 094

第一节　法律文本翻译概述 ··· 094
第二节　英语法律文本的语言特征 ··· 103
第三节　法律文本汉英翻译策略 ··· 117

第七章　科技文本翻译 ··· 131

第一节　科技文本翻译概述 ··· 131
第二节　英语科技文本的语言特征 ··· 134
第三节　科技文本汉英翻译策略 ··· 140

第八章　商务文本翻译 ··· 144

第一节　商务文本翻译概述 ··· 144
第二节　英语商务文本的语言特征 ··· 151
第三节　商务文本汉英翻译策略 ··· 161

第九章　政治文本翻译 ··· 175

第一节　政治文本翻译概述 ··· 175
第二节　英语政治文本的语言特征 ··· 180
第三节　政治文本汉英翻译策略 ··· 182

参考文献 ··· 189

第一章 非文学翻译概述

第一节 非文学翻译理论综述

一、非文学翻译的特点及其翻译要求

目前,国内外学者对于非文学翻译的范围和定位仍有不同的看法。例如,非文学翻译可定位为文学翻译及纯理论文本之外的其他文本翻译(方梦之,2003);非文学翻译是排除文学、政治、外交、社科等文本的翻译(林戊荪,2003);非文学翻译可包括除文学文本之外所有以信息传达为主的文本翻译(韩之满,2005);除了文学翻译外,非文学翻译还需要排除科技和法律翻译,因为科技和法律翻译需要特别的专业知识和方法(郭建中,2008;Jean Delisle,1988)。总体而言,非文学翻译可有广义与狭义之分。广义的应用翻译可包括除文学翻译(literary translation)之外的其他文本翻译,甚至可直接理解为非文学翻译(nonliterary translation);而狭义的非文学翻译则还须排除科技和法律等需要特别专业知识的文本翻译。本书采用广义的非文学翻译,主要包括经贸、法律、金融、合同、广告、旅游、新闻、科技等类型的文本翻译。

根据文本类型学的相关理论,非文学翻译主要属于赖斯的信息型文本(informative texts)和感染型文本(operative texts),或纽马克的信息型文本(informative texts)和呼唤型文本(vocative texts)。例如:经贸、法律、金融、合同、科技、新闻等文本翻译主要属于信息型文本翻译,此类文本以传递信息和内容为主,旨在向读者呈现客观世界的物象和事实;而广告、旅游等外宣文本翻译主要属于感染型或呼唤型文本翻译,旨在感染或说服读者并使其采取某种行动。文学翻译则侧重于表情型或表达型文本(expressive texts),主要表达作者对人和物的情感和态度,并注重语言形式和美学功效。可以说,非文学翻译与文学翻译在文本类型方面具有较大的差异。

在"目的论"的理论框架中(Nord,2001),翻译目的决定翻译策略,翻译目的决定源语信息的取舍,翻译目的也决定译文的体裁和风格。非文学翻译具有很强的实用性和功利性,要求译文达到译语环境中所预期的交际功能和目的。可以说,目的论与非文学翻译有较为密切的关系,对非文学翻译具有很好的指导作用。对应用翻译而言,目的论的连贯法则(coherence rule)要求译文能让目标语读者接受,译文尽可能顺应受众的需求、文化期待、信仰和认知状态,并达到与其他同类型因标语文本在意义和风格上的"文本内连贯"(intratextual coherence)。可以说,从目的论来看,非文学翻译的译文内容和形式应尽可能贴近目标语的语言文化规范和惯例,以实现预期的目的和功能。

二、国内非文学翻译译技探讨

(一)词汇层面的译技探讨

与文学文体相比较,商贸、法律、金融、合同等应用文体在用词方面有较为严格的要求,并形成其鲜明的特色,因此,词汇层面的译技探讨是许多学者关注和热衷的研究领域。总体而言,目前词汇层面的非文学翻译研究主要包括三个方面。

一是就某一类应用文体的词汇特点展开译技探讨。朱天文(2001)对法律文书的用词特点及其翻译进行了探讨,具体分析了选词正式古雅、措辞精确、避免歧义及常用词语的特殊用法等用词特点,认为翻译时应注意不同语言与文化的区别、避免望文生义等问题。李剑波(2003)分析了普通英语与法律英语的词义关系,阐述并归纳了美语法律词汇和英语法律词汇的差异以及法律英语词汇的基本特征。陈明瑶(2003)主要就WTO文件的词汇所具有的常用词非常用意义、复合副词、近义词、动词名词化等特点进行了分析,并提出了相应的翻译方法。陈建平(2005)介绍了经贸合同英语的词汇特点及其相应的翻译技巧。莫莉莉(2006)则探讨了营销英语的词汇特征及其汉译技巧。此方面研究的主要特点是总体分析某一应用文体的主要词汇特点,探讨其翻译方法和技巧,归纳和总结其翻译规律。

二是就应用文体中的某一用词现象及其翻译规律进行探讨。余富林(2000)分析了外贸英语缩略语的构成及语法特点,并提出了音译法、汉语缩略法、部分省译法、意译法等翻译方法。肖云枢(2001)介绍了法律英语模糊词语的对等译法、增词法、变异译法及省略法等翻译技巧。傅伟良(2003)主要探讨了法律文件中的近义和同义词的翻译要点。陈黎峰(2004、2007)分析了金融英语术语的特点及其翻译技巧。江丹(2005)探讨了法律术语的专业性、排他性、保守和权威性及表达严谨等词义特点,并阐述了"准确"是法律术语翻译的第一原则。赵军峰（2006）从法律语言学的角度剖析法律英语高度名词化现象，阐述名词化作为立法语篇显著文体特征的理据以及对法律翻译的启示。这些研究主要集中体现在对应用文体的某一用词特点进行专项论述，并总结其翻译规律。

三是就应用文体中的某一特定名称、词语进行译技探讨。赵德玉、崔娟（2005）就数十种英语名称中选择一、二种比较匹配的说法作为汉语法律词汇"法人"的英语译名进行了阐述。杨建生（2001）就目前我国对"公司""有限责任公司"和"股份有限公司"的英译的混乱现象进行了分析，提出从实际出发，参照国外的状况的同时抓住中国公司法和中国名称固有的特点，灵活变通，进行规范，逐步形成一套具有中国特色的相对一致的英译方法。刘蔚铭（2002）对法律术语 tying law 和 law of obviousness 的译名进行了解析。屈文生（2003）主要就 mortgage 与 hypothecate 两个法律术语的内涵及其中文译法进行了重点探讨。郭利红（2004）则介绍了"价格"一词在商务英语中的多种译法。不难发现，此类研究更为微观，主要对单一词语的译技进行分析、探讨。

（二）句法层面的译技探讨

经过长期的实践操作，应用文体在其句式方面形成了自身的特点，不少学者从句法层面对非文学翻译进行了探索。目前句法层面的译技探讨主要集中在合同、法律、商务类文体领域，并可归纳为两个方面。

一是分析某一类应用文体的主要句法特点，在此基础上探讨其翻译策略，归纳、总结其翻译规律。例如，蔡先凤（2002）通过大量实例分析国际航运文书提单和租船合同的句法特点，发现这些合同中大量使用基本句式及变通句式、长句式、名词性短语和非谓语动词等，并论述了提单和租船合同的若干翻译技巧和原则。陈建平（2005）探讨了合同英语的句法特点，认为合同作为法律文书，主要以陈述句为主，几乎不用疑问句、省略句。此外，英文经贸合同句法的另一个显著特征是较多地使用被动句、长句和惯用句型。由于英汉两种语言的表达差异，在翻译被动句时可采用转译法，将被动语态转译成主动语态更符合中文的表达习惯。在翻译合同长句时，应在充分理解句中短语、修饰词、连接词所传递的含义的基础上，把握句子的中心思想及中文表达的时间顺序和逻辑关系，采用分译、拆句、语序调整等手段对原句进行处理。在翻译套语或惯用句型时，尽可能采用套译法，切忌照句直译。许颖欣、莫莉莉（2006）分析了 WTO 文本中的长句、复合句、名词化结构、shall 结构及 hereby 特殊句式的特点，并探讨其在翻译过程中的一些规律和策略。

二是就长句或某一特殊句式结构的翻译技巧进行专项论述。例如，许国新（2002）

从英汉语言差异的比较出发，介绍了英文经贸合同中较为复杂的状语结构的常用翻译方法。周燕、廖瑛（2004）从英汉语言差异的比较出发，以语用分析为依据，介绍英文商务合同中较为复杂的长句的常用翻译方法和技巧。王英宏、吕世生（2007）探讨了商务汉英翻译从句的运用技巧，认为汉英两种语言分别表现为意合和形合的结构特征，英语从句是其重要的形合特征之一，英语从句可表现多种句子的结构关系，在商务汉英翻译中灵活地使用英语从句可使译文更为地道，而常见的一些汉语商务文体结构类型的英译技巧主要包括并列复句以及条件、因果、假设、转折、目的等关系的偏正复句的英译技巧。

从以上分析可以看出，句法层面的译技探讨主要是以复合长句及特定句式的译技探讨为主，因为此类句式为合同、法律、商务类应用文体的主要句法特征，也是翻译的重点和难点。

（三）文体修辞层面的译技探讨

应用文体对措辞风格、篇章结构等也有严格的要求，并表现出与文学文体较为鲜明的对比和差异。不少学者已在广告、法律、公证文书、合同、信用证、外贸函电、公示语等文本领域进行了文体修辞层面的译技探讨。季益广（1998）主要探讨了法律英语的文体特点及英译技巧，他认为法律英语是各种英语各文体中最为庄重正式的一种，而法律英语的正式性主要体现在专业性词汇的使用上。一方面，法律特有的词汇仅出现于法律文件中；另一方面，这些词语可能出现于其他语体中，但在法律文件中具有更确切的含义。法律英语的条款主题严肃，意蕴深刻，结构严谨，所述的客体关系相当复杂，需要周密严谨的叙述，这使得描述这些客体的语句相应变得复杂冗长。陈建平（2000）指出商业合同具有条理清晰、结构固定、措辞严谨及文字严密等文体特征，并阐明翻译合同时，必须深刻理解它的文体特征，做到译文准确、严谨和规范。谭卫国（2003）用丰富的例子论证了英汉广告修辞翻译的三种译法，即直译法、意译法和活译法。他认为，保证广告修辞翻译质量的关键在于：准确理解源语广告修辞之后，采用适当的译法，从目的语中选用恰当的词语和合适的句式来忠实地再现源语广告修辞的显义、含义和非凡功能。翟步习（2003）对信用证的结构、风格、语言和翻译方法等做了全面分析和论述，并重点剖析了这种文体在用词造句等方面与其他文体的区别，指出了在翻译方面所应注意的问题。吕和发（2004）认为公示语具有指示性、提示性、限制性、强制性等四种突出的应用功能，英语公示语具有独特的语言风格，从事汉英公示语翻译首先应考虑使用英语中规范和标准的语汇，进行一对一的汉英置换。栗长江（2005）比较和分析了英汉公证文书篇章上的特点，要求翻译时在语言上做到准确严密，文体上做到庄重得体，程式上做到地道规范。王方路（2005）归纳了外贸函电所具有的准确无误、清楚明了、叙事具体、生动活泼、周全体谅、前后连贯等文体特点，并提出了用"近文言体"翻译外贸函电的观点。

以上分析表明，与词汇、句法层面的译技探讨相比较，文体修辞层面的译技探讨主要从整个语篇角度关注应用文体的语体风格、篇章结构、措辞特色，更多地考虑译文的"得体性"。

（四）非文学翻译误译问题探讨

社会对非文学翻译的需求日益增加，但目前国内非文学翻译的量与质却不成正比，社会上不少应用文体的翻译质量令人担忧，翻译界对此也深为关切，不少学者已针对应用文体的误译问题展开探讨。陈忠诚的《法窗译话》（1992）是国内较早的专门探讨法律误译问题的专著，书中所分析的误译例子大多直接来自实践，并以探讨用词方面的误译问题居多。书中通过对大量实例的评析进一步印证了法律翻译具有较强的行业性和专业性的特点。宋雷（1998）从忠实原文问题、语法结构问题、专业知识问题、词义选择、固定表达方式等几个方面对涉外合同翻译中常见的错误进行了评析。倪士荣（1998）分析了商务英语中的一些误译现象，并阐明了误译问题主要是由于语法理解错误、背景知识与专业知识不明确及望文生义等原因而引起的。谭惠娟（1999）主要对一些外贸英语中使用较为频繁的词语误译问题进行实例分析，强调了商务英语与文学英语的区别。傅伟良（2002）对合同法汉译英的不同译法作了较详细的解析，提出了法律文件汉译英的一些应用的翻译技巧。朱定初（2002）对复旦大学《法律英语》中的译注问题逐一加以讨论，同时就英语专门术语的翻译提出了几个基本的实践原则，即正确理解源词（source term）在上下文中的确切意义，尽量寻求在本国法律中与源词对等或接近、对等的专门术语，含混对含混、明确对明确。陈建平（2003，2008）从 shall 与 should，货币金额，连词 and 和 or，专业词汇，upon 和 after，before 和 on or before，近义词等六个方面就对外经贸合同翻译中一些常见的译文失真问题做了分析。此外，还通过实例分析，将信用证翻译过程中较容易出现的误译问题归类为五个方面：专业名称、概念表述不一，译文不统一；专业词汇采用普通译法，译文尚欠准确；句子结构混乱、逻辑不明，译文有失严谨；照搬原文范式、照字直译，译文不符行业规范；多义词含义把握不定，译文易于失真。刘法公的专著《商贸汉英翻译评论》（2004）则对家电行业介绍手册、机械设备进出口行业宣传手册、企业和公司简介、商业广告、产品说明书及旅游景点介绍等文本的汉英翻译中的各种问题进行了全面的分析和点评，分别列出其语法问题、词汇问题、句法问题、文体问题、译名问题，并归纳和总结了各类误译产生的原因。

张新红（2007）从语用学的语用失误理论角度，分析了社会用语英译中所存在的各类语用失误、语用语言失误和社交语用失误现象。

以上误译评析的一个主要共同点是，大多收集真实的翻译案例，关注社会上翻译的实际现状，这对翻译实践具有很好的借鉴和指导意义。

第二节 非文学翻译的标准和原则

一、非文学翻译标准的多元互补

1898年，翻译家严复在其翻译的《天演论》的《译例言》中提出了"信、达、雅"的翻译标准。此后，鲁迅、傅雷、钱钟书等也相继提出"信与顺""传神论""化境说"等翻译标准或原则。前辈们对翻译标准或原则的论述可谓"仁者见仁，智者见智"。这些经典论述是他们在长期的翻译实践中摸索和总结出来的，对翻译理论研究和翻译实践都具有重要的指导意义和借鉴作用。然而，关于以上这些原则或标准的论述主要集中在文学翻译领域。近年来，社会对非文学翻译的需求不断增长，而对指导此类翻译的原则或标准问题的讨论也日趋热烈。不少学者对以往这些翻译原则或标准的适用性提出了质疑，认为就非文学翻译而言，不能一概而论。至今，已有学者对商贸、法律、合同、广告等类型文本的非文学翻译提出了相应的翻译指导原则，并强调此类文体翻译的适用标准或原则由其自身的语言特点及其特殊的社会功能所决定。

就非文学翻译的具体标准或原则，国内学者如刘法公（1999，2004）提出了商贸翻译"忠实、准确、统一"的基本原则，并认为广告汉英翻译的原则应为：自然（natural）、准确（exact）、易懂（plain）。邱贵溪（2000）针对目前国内法律文件翻译存在的一些问题，归纳和论述了法律文件翻译的五大原则，即使用庄严词语的原则、准确性原则、精练性原则、术语一致性原则、使用专业术语的原则。张新红、李明（2003）认为，商务信函应当遵从准确规范、功能对等原则，商务合同应遵从准确严谨、规范通顺的翻译原则，而商务广告翻译则应遵从创译原则和功能主义原则。杜金榜（2004）认为，"公正性、准确性和合适性"应为三项法律翻译原则。栗长江（2005）认为，涉外公证书汉英翻译应遵循"准确严密、庄重得体、地道规范"的基本标准。李克兴、张新红（2006）论述了"准确性及精确性、一致性及同一性、清晰及简练、专业化、语言规范化、集体作业"等六项法律翻译应用性原则，并认为诉讼文书应遵守一致性和准确性翻译原则。王道庚（2006）、李克兴（1999）强调了"一致性"为法律翻译的一项重要质量标准。陈建平（2007）则提出了合同及法律文体翻译可遵循"准确、严谨、规范、统一"的基本原则。这些翻译原则或标准的最大特点是针对性强，主要适用于特定的非文学翻译领域，而且具有可操作性和一定的应用性，对从事非文学翻译实践的相关人员具有一定的指导意义。

二、非文学翻译的宏观指导原则

林克难（2003）提出了"看译写"原则（后又将"看译写"改为"看易写"）。所谓"看"，就是让译者大量地阅读各类应用英语的真实材料（authentic material）。对各种不同场合、环境、功能的实用英语积累感性的认识，并存储在大脑中备用。"译"不是逐字照搬，而是参照相似情景下英语同类材料的写作格式、专门用语以及表达方式，把想表达的内容恰当地表达出来。"写"是非文学翻译的最高境界，意思是译者根据有关翻译发起人提供的素材，根据英语同类文本的格式，直接用英语撰写非文学翻译文本。"看译写"原则打破了"信"是翻译的唯一标准的观念。事实已经证明，过于讲求"信"的标准的实用英语译文实际上在大多数情况下无法取得同等的效果。

胡庚申（2003，2004，2006，2008）提出了翻译适应选择论，主张翻译是译者适应翻译生态环境的选择活动。"适应"就是译者对翻译生态环境的适应；"选择"就是译者以翻译生态环境的"身份"实施对译文的选择。"翻译生态环境"主要指的是原文、源语、译语所呈现的世界，即语言、交际、文化、社会以及作者、读者、委托者等互联互动的整体。适应选择论的翻译原则，一方面是多维度选择性适应，另一方面是在多维度地适应翻译生态环境的基础上做出与翻译生态环境相适应的适应性选择，即多维度选择性适应与适应性选择。

丁衡祁（2006）提出了非文学英语翻译 ABC（Adapt-Borrow-Create，模仿—借用—创新）模式。他提出，"英语中如果有现成的对应的表达方式，我们就可以采取'拿来主义'的方式，这一方式在大多数情况下都是适用的。英语中如果有类似的表达可以参照借鉴时，我们就可以采取'嫁接改造'的方式，这种情况也比较普遍。如果在英语里找不到相同或相近的表达，那么就必须按照英语的习惯和思路进行创译，一定要防止对号入座的机械翻译"。

方梦之（2007）提出了非文学翻译三原则：达旨、循规、共喻。达旨，即达到目的、传达要旨；循规，即遵循译入语文化规范；共喻，即做到译文通顺，文体匹配，畅晓明白。达旨，是译者的出发点和归结点。循规，是译者的操作纲领，译入语的文化、社会、技术方面的规范很多,都在需遵循之列。循规是有目的的,是达旨的需要。共喻,是译者根据不同的文本类型、读者对象,采取不同的翻译策略和手段,使译文畅晓明白。

以上由我国学者分别提出的翻译原则,着眼于我国非文学翻译的现状和实际,突破了传统的翻译模式,对非文学翻译实践具有较强的针对性和有效性,可以作为非文学翻译的宏观指导原则和准则。

第三节 非文学翻译研究视角的多维性

一、文本类型学视角

作为功能派翻译理论的创始人,德国学者凯瑟琳娜·赖斯(Kantharina Reiss)在其《翻译批评的可能性与限制》(1971)一书中将文本功能列为翻译批评的标准之一,提出了基于原文和译文功能关系的功能批评模式,首次将语言功能与翻译结合起来。按文本的不同功能,赖斯提出了"信息型""表达型"和"感染型"三大功能文本类型。信息型文本的重点是所传达的内容,旨在向读者呈现客观世界的物象和事实;表达型文本是作者用以表达个人态度的一种创作型文本,注重语言形式和美学功效;感染型文本是为了吸引读者以某种方式行事的文本,其内容和形式应取得预期的超语言效果。赖斯的功能文本类型强调不同类型的文本应采取不同的翻译策略,以实现文本功能。

根据赖斯的观点,三种文本类型的翻译方法各不相同。信息型文本讲求语义对等,简洁明了。表情型文本采用仿效法(Identifying method),因为表情型文本是创作型作品,翻译过程实际上也是译者再创作的过程,译者的风格体现其中。感染型文本采用适应性手段(Adaptive method),即译者在处理感染型文本时,为了取得预定的译文效果,可以采取灵活的策略。

纽马克借鉴德国语言学家卡尔·布勒的语言功能理论将文本划分为"表达型文本"(expressive texts)、"信息型文本"(informative texts)和"呼唤型文本"(vocative texts)三种类型,并依据文本类型提出了"语义翻译"(semantic translation)和"交际翻译"(communication translation)两种翻译模式,将翻译与文本的语言功能有机地结合起来。表达型文本主要包括严肃的文学作品、权威性言论、自传、散文、私人信函等。此类文本往往带有很强的个人感情色彩,很少考虑读者的反应。翻译时,应忠实于原作的思想内容和语言风格,并可采用"语义翻译"手法。就翻译的"异化"与"归化"而言,此类翻译更倾向于前者。信息型文本主要包括教材、学术论文、技术报告、报刊文章、备忘录或会议记录等。此类文本强调的是外部情况,即语言之外的现实世界。读者关心的是文本所表达的内容而不是表达方式和风格特点。与表达型文本相比较,作者的语言在信息型文本中已变得相对次要,翻译时主要采用"交际翻译"手法,在确保信息传递效果的前提下,可采用一定的"归化"译法,使译文更符合译入语读者的理解和接受标准。呼唤型文本主要包括通知、说明书、广告、宣传手册等,其目的是号召读者们按照作者的意图去行动、思考、感受,并能使读者有迅速的反应。这类文本关注的是读者的情感效应,也主要采用"交际翻译",而且译文更趋于"归化"。"语义翻译"与"交际翻译"的不同之处并非译文的内容,而在于译文的表达形式,也就是说,前者要求译者忠实于作者和译入语文化,而后者强调的则是读者和目标语文化。

二、目的论视角

目的法则是"目的论"(skopos theories)的核心原则。目的论的创始人汉斯·弗米尔(Hans Vermeer,1989)对"目的法则"做了定义:"任何文本都是出于某一目的而制作的,并应为这一目的服务。无论是翻译、口译、言说或写作,都要使得文本/译文能够在它们使用的环境中,对那些希望使用它们的人产生特定作用,而这种作用应该与它们的预期作用完全一致。"这里的"目的"有三种解释:译者在翻译过程中所持有的一般性目的,比如以翻译为谋生手段;译文在译语情境中所要达到的交际目的,比如给读者提供一定的指导;使用某种特殊翻译策略或手段所要达到的目的,比如通过逐字直译来揭示原文语言的特殊结构。通常而言,翻译中的"目的"是指译文在译语情境中所要达到的交际目的,它是由翻译过程的发起者规定的。

目的论的连贯法则(coherence rule)要求译文必须符合语内连贯(intramural coherence)的标准,即译文必须能让接受者理解,并在目的语文化及使用译文的交际环境中有意义。忠实法则(fidelity rule)指原文与译文之间应该存在语际连贯(inter-lingual coherence)一致,即忠实于原文,而忠实的程度和形式则由译文目的和译者对原文的理解程度决定。简言之,连贯法则要求译文必须让接受者理解,实现语内连贯;忠实法则要求译文尽可能忠实于原文,实现语际连贯。功能目的论提出的连贯法则和忠实法则有助于实现译文的文本功能。

弗米尔的目的论是功能翻译派的核心理论之一。目的论认为翻译是有明确的目的和意图的,翻译是一种目的性行为,翻译行为的目的决定了所要达到预期目的的策略。也就是说,翻译方法和翻译策略的选择应由译文预期目的所决定。功能派还强调了翻译过程的行为,强调对翻译过程的发起者、译文使用者和接受者等其他参与方的分析,突破了传统翻译理论所认为的翻译参与人(作者、译者、读者)的范围。

功能翻译派的另一位代表人物克里斯汀娜·诺德(Christiane Nord)将"忠诚"(loyalty)引入目的论,提出了"功能+忠诚"(function plus loyalty)的理论模式。诺德认为,没有原文就没有译文,译者应同时对原文和译文环境负责,对发起者和读者负责。

三、功能对等视角

尤金·奈达从语言学角度出发提出了著名的"动态对等"(dynamic equivalence),即"功能对等"(functional equivalence)的翻译理论。奈达认为,翻译不仅是词汇意义上的对等,而且还包括语义、风格和文体的对等,翻译传达的信息既有表层词汇信息,也有深层的文化信息。"动态对等"中的对等包括词汇对等、句法对等、篇章对等和文体对等四个方面。在这四个方面中,奈达认为"意义是最重要的,形式其次"(郭建中,2000)。奈达认为,由于语言文化上的差异,翻译不可能做到原文与译文的形式对应,而只能是功能上的对等。"形式对等"指对原文形式的忠实再现,而"功能对等"则指原文与译文具有相同的超语言的交际效果。"功能对等"翻译原则的目的是要使译文表达绝对自然流畅,尽量在译文接受者和其本族文化语境相关的行为模式之间建立联系,而不是要求读者为了领会译文的意思而理解源语语境文化模式(奈达,1964;张沉香,2008)。奈达的"功能对等"理论、德国功能派翻译理论以及纽马克的"语义翻译"与"交际翻译"理论一样,其共同点是将翻译与语言功能有机地结合起来,重视文本功能在翻译中的作用。而对非文学翻译的重要启示则是:应依据各类文本类型的功能特点和目的选择合适的翻译方法和策略,以实现预期的译文功能和效果。

四、生态翻译学视角

生态翻译学(eco-translatology)是一种基于生态学的翻译观,或一种基于生态学途径或视角的翻译研究(an ecological approach to translation studies)。它着眼于翻译生态的整体性,从翻译生态环境(translational eco-environment)的视角,解读翻译过程,描述译者与翻译生态环境之间的关系,聚焦译者的生存境遇和翻译能力发展(胡庚申,2008)。胡庚申借用达尔文生物进化论中"自然选择""适者生存"的基本原理,提出了翻译适应选择论,即翻译是译者适应翻译生态环境的选择活动。

"翻译生态环境"主要指的是原文、源语、译语所呈现的世界,即语言、交际、文化、社会,以及作者、读者、委托者等互联互动的整体。翻译生态环境是制约译者最佳适应和优化选择的多种因素的集合。翻译适应选择论聚焦适应与选择,对翻译性质、翻译过程、翻译原则、翻译标准、翻译方法等基本问题和翻译现象进行描述和阐释,并认为翻译过程就是译者适应与译者选择交替循环的过程;翻译原则就是多维度的选择性适应与适应性选择;翻译方法就是"三维"(语言维、交际维、文化维)适应性选择转换;译评标准是多维转换程度、读者反馈以及译者素质。在此基础上,得出最佳翻译是"整合适应选择度"最高的翻译这个结论。(胡庚申,2003,2004,2006)在非文学翻译领域,以生态翻译学理论为指导,可对非文学翻译的生态环境、研究范式、译者地位、适应与选择以及非文学翻译原则、标准、方法等进行探讨。

五、翻译伦理视角

20世纪80年代,翻译伦理研究的开创者、法国翻译理论家安 托瓦纳·贝尔曼(Antoine Berman)提出了翻译伦理概念,并引起了翻译理论界的关注。另一位推动翻译伦理研究的学者安东尼·皮姆(Anthony Pym)于1997年首次提出了翻译中的"文化间性"概念,指出翻译中的伦理已由传统忠实伦理转向文化交际伦理,并将其研究视角转向了翻译行业的职业伦理。1998年,美国解构主义翻译理论家劳伦斯·韦努蒂(Lawrence Venuti)提出了翻译中保存 原文语言文化差异的异化策略,也就是存异伦理思想。芬兰学者安德鲁·切斯特曼(Andrew Chesterman)于2001年提出了五大伦理模式,即再现伦理(ethics of representation)、服务伦理(ethics of service)、交际伦理(ethics of communication)、规范伦理(norm-based ethics)和承诺伦理(ethics of commitment),这五大模式对于翻译研究和翻译实践都有着深远的意义。非文学翻译具有很强的功利目的,我们可以运用中西方翻译伦理研究成果,探讨非文学翻译源语与译语、译者与作者、译者与读者、译者与委托人等之间的翻译伦理问题,尤其是译者伦理、职业伦理以及诚信、忠实、规范等翻译问题。

六、互文性视角

互文性理论在本质上是一种文本理论,产生于结构主义和后结构主义大潮之中。主要代表人物有茱丽娅·克里斯蒂娃(J.T Cristeva)、罗兰·巴特(R. Barlhes)、热拉尔·热奈特(G. Genette)和米歇尔·里法泰尔(M.Riffaterre)等。法国符号学家、女权主义批评家茱丽娅·克里斯蒂娃在其《符号学》一书中最先提出"互文性"(Intertexuality)这一概念,其基本内涵是:每一个文本都是其他文本的镜子,每一文本都是对其他文本的吸收与转化，它们相互参照、彼此牵连，形成一个潜力无限的开放网络，以此构成文本过去、现在、将来的巨大开放体系和文学符号学的演变过程。正如罗兰·巴特所言："任何本文都是互本文；在一个本文之中，不同程度地并以各种多少能辨认的形式存在着其他本文，如先前文化的本文和周围文化的本文。"互文性可分为"外显互文性"（manifest intertextuality）和"成构互文性"（constitutive intertextuality）。前者指的是其他语篇的表层特征，如引用、镶嵌、戏拟等，这些特征可以在文本中得到明显的标识，读者只要根据文本收受者的阅读经验和社会常识，就可清楚地在阅读着的文本中找到其他文本或语篇的痕迹。而成构互文性并不与具体的互文指涉发生联系，而是指过去的和现在的体裁、规范、类型甚至主题都在可能的阅读文本中发生相互指涉的关系。通常来说，外显互文性可以在文本的局部和片断中得到明辨，而成构互文性则需要通过系统地阅读全部文本才能发现。（罗选民，2006）

文本的相互联系给翻译带来了双重性：一方面，译者在理解文本时能触类旁通，借用乃至套用已有的表达方式；另一方面，又增加了译者的困难，因为与另外的文本发生联系，需要译者具备和掌握更高程度上的知识水平和背景知识。文本的意义在翻译理解时非常重要，任何微小的偏离都可能会使翻译离题万里。根据互文性原理，此文本与彼文本是相互依存的，忽略互文性是导致误译和机械翻译的重要因素。互文性理论不仅对文学研究、文化批评、文学写作起到重要的指导作用，而且在非文学翻译领域也同样具有重要的借鉴意义。

七、语料库翻译研究视角

在应用文体领域的研究，主要是以描写性翻译研究为主。然而，不难发现，不少成果中的量化分析通常仅以一二个例子来佐证，缺乏令人信服的数字统计和大量的真实语料分析，其论证的可信度不高，很难总结出其普遍性和规律性。因此，此方面亟须进行应用文体语料库翻译研究。语料库翻译研究是20世纪90年代兴起的全新的翻译研究范式，甫一出现，便表现出了强大的生命力。目前，语料库翻译研究在国外已经被广泛应用于翻译研究的诸多领域，为翻译研究开辟了新的途径。翻译语料库最重要的贡献在于它使人们认识到翻译研究应从规定性研究向描写性研究过渡（Baker, 1923）。在国外，自20世纪90年代以来，Mona Baker, Miriam Shlesinger, Kirsten Malmkjaer, Sara Laviosa等学者开始将语料库运用于翻译研究，并引起了翻译界的重视。然而，与国外相比，国内基于语料库的翻译研究现状仍不容乐观，在建和已建成的翻译语料库不多，而被广泛应用的翻译语料库则更少，能够直接应用于译学研究的实际上仅有两三个，而且主要运用于文学翻译研究。因此，开展基于语料库的应用文体语言特征、翻译风格、翻译策略、翻译规律及翻译教学等方面的研究，既有理论意义，也具有很强的现实意义。

八、翻译美学视角

2009年版《辞海》中，"美学"（Aesthetics）的定义是：研究人对现实的审美关系和审美意识，美的创造、发展及其规律的科学。翻译美学，就是运用美学和现代语言学的基本原理，来研究和探讨语际转换翻译中的美学问题，帮助译者了解翻译审美活动的一般规律，提高语际转换能力和对译文的审美鉴别能力。翻译与美学联姻是中国翻译理论的重要特色之一。美学与翻译的结合在西方可追溯至18世纪初期，在我国则起步更早。中国传统译论从理论命题到方法论都与美学息息相关。中国翻译事业始于佛经翻译，佛经的翻译终究不能脱离中国哲学—美学思想发展的主流。历代中国传统翻译理论和标准均体现了美学的视野和美学内涵。可以说，翻译与美学有着不解之缘，美学不仅对传统文学翻译具有理论和实践的指导意义，而且对非文学翻译也具有一定的借鉴意义。

九、平行文本分析法视角

平行文本（parallel text）主要是语料库语言学（Corpus Linguistics）、对比语篇学（contrastive textology）中的常见表述，可广泛应用于外语教学、翻译研究、翻译培训、词典编纂等领域。平行文本分析法主要指的是利用真实、地道的平行文本材料，分析和归纳目标语平行文本在信息组织、词语表达、句法结构、谋篇布局、文体修辞等方面的特点，并将上述分析结果作为平行文本参照系的主要指标和参数，对具体翻译过程、译文修改和翻译质量评估提供重要的借鉴和指导。平行文本分析法的理论基础是比较语篇语言学、翻译类型学和功能目的论。平行文本不仅对非文学翻译实践具有重要的指导和借鉴作用，而且还适用于非文学翻译教学，尤其对汉英翻译教学具有较强的针对性和有效性。平行文本分析法的一个重要特点是重视对目标语平行文本的阅读、理解和分析，把握目标语文本规范，目标语读者的阅读习惯及理解、接受标准，强调信息在目标语环境中的传递效果，实现原文与译文之间的交际功能对等，培养学生的专业素养、语言文化能力和批判思维能力。

十、现代语言学理论视角

（一）文体学视角

以英国的韩礼德（M. A. K. Halliday）为代表的欧美翻译理论研究者自20世纪60

年代就开始从文体学角度探讨文体与翻译的关系及翻译教学问题,他们的探讨为翻译理论的研究开辟了新的途径,并对丰富翻译理论及翻译的社会功能具有重大的实践意义。到了20世纪70年代,欧美翻译理论工作者已深入研究文体学,并将文体学的研究成果应用于翻译理论与实践。时至今日,文体学理论已成为翻译理论的主要流派之一,对翻译理论与实践产生了重大影响。

在我国,早在20世纪70年代,王佐良先生在《词义·文体·翻译》一文中就论述了文体与翻译的关系,并指出文体学对翻译研究会带来若干新的见解。自20世纪80年代以来,我国译界在文体与翻译的研究方面已取得了一定成果,已有不少有关文体翻译的著作出版,如刘宓庆的《文体与翻译》(1998)、陈新的《英汉文体翻译教程》(1999)、刘法公的《商贸汉英翻译专论》(1999)、冯庆华的《实用翻译教程》(2002)等,而且还有不少文体翻译方面的论文不断发表。这些成果更深地拓展了翻译的研究领域,同时也丰富了翻译的文体学理论。

一般而言,文体主要指的是各种语言变体。语言变体因交际环境、交际对象等发生变化而产生,例如:在商务领域为商务人员使用的语言可称之为商务语言,在科技领域为科技人员使用的语言应为科技语言,而在法律领域为法律工作者所使用的语言则为法律语言,等等。不同语言变体可形成自身的特点和风格,主要表现在语音、词汇、句式及语篇等几个方面。就翻译而言,需要将一种语言转换成另一种语言。而在语言转换过程中,译语应体现源语的文体风貌。如果将用词准确、措辞严谨规范的原文文体译成了渲染、夸张的文体风格,那么这样的译文至少是不得体的。可以说,文体与翻译之间的关系是十分密切的。在翻译过程中,译者需要从词汇、句式、语篇等层面上把握语言文体变化,以便取得译文的文体效果,准确展现原文的文体风貌。

(二)语用学视角

法国语言学家斯波伯(Dan Sperber)和英国语言学家威尔森(Deirdre Wilson)于1986年合著的《关联性:交际与认知》(Relevance: Communication and Cognition)一书中提出了与交际和认知有关的关联理论。斯波伯和威尔森将"语境效果"(contextual effects)作为"关联"的必要充分条件,并将"关联"定义为:一个假设当且仅当在某种语境中具有语境效果时,它才在语境中具有关联。他们认为,在其他条件相同的情况下,语境效果越大,关联性就越强;如果某一假设在特定的语境中没有任何语境效果,那么它在该语境中就不具备关联性,而感知到某假设的语境效果就足以说明该假设具有关联。(何自然,2007)在关联论中,语境是一个动态的变量。在言语交际中,为了寻求话语关联,实现关联最大化,有时需要延伸"初始语境"(在会话或文本中对前一话语的解读）。关联理论将语言交际视为一个认知过程，并提出了不同于解码模式的"明示—推理"模式，把交际与认知有机地结合起来，以便更好地解释语言交际中的话语理解。

关联理论自从被提出以来，由于其强大的解释力，已经被运用到诸多领域中，尤其是在翻译实践中得到了广泛的应用。在关联理论的框架内，翻译是一种包含"明示—推理"过程的言语交际行为。Gutt（1989，1991）认为，翻译是一种言语交际行为，是与大脑机制密切联系的推理过程，它不仅涉及语码，更重要的是根据动态的语境进行动态的推理，而推理所依据的就是关联性。作为交际的翻译，在对源语的理解和翻译过程中，人们对语码的选择所依赖的也是关联性。关联性就是制约翻译的基本原则，翻译的成功与否在于原交际者的目的和读者/听者的要求在认知环境方面与原文是否相似。毋庸置疑，关联理论对商务英语翻译实践也具有很强的指导意义，其重要启示是：将商务翻译过程视为作者—译者—读者之间的两个交际过程；需要在动态语境（包括上下文语境及语外整个国际商务语境）中寻求各种信息之间的最佳关联，并对真实交际意图做出正确的推理，最终达到商务翻译的交际目的。

此外，语用学的顺应论、合作原则、礼貌原则、语用预设、言语行为理论、语境理论等也被用来研究非文学翻译的语用策略及其规律。

（三）系统功能语言学视角

根据系统功能语言学理论，任何一种文本都具备概念功能、人际功能和语篇功能，其表达的"意义"就是概念意义、人际意义和语篇意义。因此，要实现某一文本的完全翻译，就应做到对原文三种意义的对等转换。翻译寻求两种语言的语篇在同一整体情景语境中具有相同意义和相同功能，翻译的对等关系不能仅仅建立在一种意义（通常是概念意义）的基础上，还必须寻求两种语言的语篇在表达讲话者的态度、动机、判断、角色等人际意义，以及在表达媒介、渠道、修辞方式等语篇意义方面的对等。通常而言，好的译文需要在这三种意义上与原文对等。

（四）认知语言学视角

从认知语言学的视角研究翻译理论，就是借鉴和运用认知语法和认知语义学的原型、基本范畴、意象—图式、突现与选择、隐喻观等基本原理和理论研究非文学翻译中的隐喻翻译、词语的产生背景、语义概念形成的基础、认知过程及其规律，研究非文学翻译中特殊句式结构的认知模式及其翻译规律，等等。

第二章　旅游文本翻译

经济全球化的发展促使国家之间以及地区之间的物质文化交流愈来愈频繁，同时也带来了全球旅游业的大发展。旅游业具有带动并促进众多行业发展的特殊功能和作用，承担着建立跨文化沟通和理解的历史使命。国际旅游促销或旅游信息服务都离不开翻译。由于其特殊性、多样性及复杂性，旅游翻译仍不为大多数翻译工作者所熟悉和掌握。所以开展旅游翻译研究具有现实意义和特殊的学术意义。

第一节　旅游文本翻译概述

一、旅游翻译的定义

旅游翻译属于专业翻译和应用翻译的范畴。它是指对一切与旅游业相关的文字资料的翻译（方梦之，2006），是为旅游活动、旅游专业和行业服务的翻译实践行为。从宏观上看，旅游翻译是一种跨语言、跨社会、跨时空、跨文化、跨心理的交际活动（陈刚，2009）。从翻译对象来看，它涉及了旅游景点介绍、旅游广告宣传、景点告示标牌、旅游网站或网页、民族风情画册、古诗楹联解说、旅游路线指示等多方面、多类型的文体形式。同其他类型的翻译相比，旅游翻译在跨文化、跨心理交际等特点上表现得更为直接、更为突出、更为典型也更为全面。

二、旅游翻译的功能

旅游翻译主要有两个功能：一是传递信息，二是诱导行动（方梦之，2006）。旅游文本的主要目的就是要让普通游客能读懂、看懂并喜闻乐见，在获取相关的自然、地理、文化、风俗方面的知识的同时产生希望到此一游的想法。因此，一般而言，英语旅游文本大多风格简约，结构严谨而不复杂，行文用字简洁明了，表达直观通俗，注重信息的准确性和语言的实用性。同其他应用性文本的翻译一样，旅游翻译应以传递信息为主要目的，同时要注重信息的传递效果。为实现此目的和功能，旅游文本的翻译多以"归化"为导向，以目的语读者为中心。在旅游文本的翻译实践中，译者大多注重文本功能的传递和读者的理解，运用适当的翻译手法对源语文本加以译述，做到言之有物、言之有理、言之有情、言之有趣。同时，还要充分考虑语言文化差异在旅游资料中的具体反映，避免盲目的归化，确保信息的准确传达。

三、旅游翻译的标准

前文已经介绍了非文学翻译的基本标准，"忠实"和"通顺"这两个标准是翻译理论界的共识。但是，由于旅游翻译具有信息性、诱导性和匿名性的特点，这就要求译者在翻译中更多地考虑如何使译文传递的信息便于读者理解和接受，如何最有效地实现译文预期的功能和目的。因此，旅游翻译的"忠实"不是忠实于原作的内容和风格，而是忠于原作的"文体功能"，忠于译文的预期目的；"通顺"指译文要使用易于被读者直接理解的语言，符合目的语的体裁规范。从这个意义上讲，旅游翻译注重的应是原文与译文之间信息内容和文体功能的对等，而不是语言形式上的对应。

林克难教授对实用翻译提出"看、易、写"的翻译原则，丁衡祁教授对公示语翻译提出"模仿—借用—创新"的翻译模式，杨清平提出"目的指导下的功能原则与规范原则"。这些翻译模式或原则的提出都有积极的意义及其适用性。方梦之教授受到以上研究和严复的翻译思想的启示，提出应用翻译的"达旨—循规—喻人"三原则，以在更大范围上提高对应用翻译实践和研究的适用性，提高理论的概括力和解释力。达旨——达到目的，传达要旨；循规——遵循译入语规范；共喻——使人明白晓畅。三者各有侧重，互为因果。方教授提出应用翻译的"达旨—循规—喻人"三原则把目前翻译实践和翻译教学所映照的几大要素聚合在一起，实际就是动态管理翻译实践和质量的基本原则。旅游翻译实践的多样性、翻译人员背景的多样性、促销和传播目标的多样性、交际传播目标的具体精确性要求旅游翻译不仅要有原则性的翻译标准，还要有可操作性的实施标准。旅游翻译实践不同于单一的文学翻译、科技翻译、时政翻译或外事翻译，委托方期待高低、资金投入多寡、时间周期长短、译者资历深浅、管理水平高低、支持条件优劣、受众特点变化等要素决定翻译的质量检验标准是动态的，是与市场的实际发展水平相适应的。另外，值得认真思考的是应用于翻译教学和翻译研究的翻译标准可以是相对恒定的、划一的，而翻译实践中采用的翻译标准则是动态的、可操作的、定性定量的，是以客户委托者、受众、消费者及旅游者满意度为评估尺度的。借鉴整合营销传播方案策划模式，遵循应用翻译的"达旨—循规—喻人"三原则，旅游翻译标准可以细化为有可操作性的翻译纲要（Translation Brief）。将经整合营销传播调研了解到的目标市场的宏观和微观文化、语境因素、特定目标受众文化特点、心理状态、语言风格、可实现的具体的项目、策划的目的约定、各具体的项目和策划之间的关系和联系、不同文本使用的传播媒介的优势特点等呈献给译者，在严格的程序管理、质量管理、人事管理措施保障下，使译者精确锁定"目标"，生产出市场需要的、受众满意的、委托者期待的译作，承担起"媒人"（Match Maker），"中间人"（Mediator）和"传播者"（Communicator）的多重角色。

中国翻译协会近年来曾先后两次举办研讨会，定夺"桂林山水甲天下"的最佳译文。吴伟雄教授的参赛译稿《East or West, Guilin Landscape is best?》获大赛金奖。此后中国翻译协会再次组织专家献计献策，提出了"By water, by mountains, most lovely, Guilin?"的译法。这些译法如果用于教育性的旅游文本，则诗意盎然，形象传神，文学色彩浓厚；但如果应用于海外旅游促销，就可能出现针对性、形象性和时尚性疏离的问题。2008年北京奥运会的口号 One World, One Dream！（同一个世界，同一个梦想）的翻译充分考虑了"全球化""和平与发展"及这个世界不同文化背景的人们的共同需求等语境因素，翻译处理也是严谨对应。游记、旅游影视片翻译的文学意味浓郁，旅游合同、保险协议接近法律翻译，旅游广告、产品目录涉及商务翻译，旅游新闻、旅游公关联系新闻和媒体翻译，公示语和菜单翻译又是一个"出神入化"的新领域，需要新思维、新视角。旅游翻译不应因服务旅游者和旅游行业就一定要有一整套"奇门绝技"，旅游翻译也不应因涉及旅游就以为谁都是旅游者，从而"自以为是"。旅游翻译研究对翻译研究整体有着重要的理论意义。纵观世界翻译研究史，不难发现文学翻译理论研究已经形成体系和流派，相对完善和成熟，而近年来翻译理论研究的突破是在应用翻译领域。鉴于旅游翻译理论研究历史相对短暂、涉及广泛、需求殷切、特点鲜明，在全球化背景下实现理论创新和突破的空间已经展现在我们的面前。

四、旅游翻译的地位与角色

既然何谓"翻译"的辩论仍在进行，那么"旅游翻译"的地位和角色自然也是仁者见仁，智者见智。"旅游翻译"完全可以同文学翻译一样继续其"自由职业"

的生涯。"旅游翻译"也可以占据一隅，在旅游经营机构或政府组织中接受上司的安排、差遣，在译出语/译出文本和译入语/译入文本间继续笔耕口播。"旅游翻译"还可以受雇于专门翻译服务公司，直接服务于特定旅游企业或机构。旅游翻译人员的业态可以是"自己说了算"，但是在全球化经济条件下，他们实际都在不同地点、不同时间，以不同方式服务于一个系统——旅游信息服务系统。这个系统因参与者个人的素质、企业管理水平、国家发达程度的不同而有着不同的效率。负责任、懂营销的旅游翻译不仅要在这个大系统中从字句、篇章层面进行具体的文本转换，还要从全球市场格局、国家和企业发展目标、旅游产品生命周期、旅游者认知和消费特点、不同形式的旅游服务信息的互补协调角度审时度势，进行跨文化交际旅游传播。"旅游翻译"的理想业态应是成为旅游信息服务提供团队的核心成员之一，参与到整合营销传播从策划提出到评估总结的每一步运作和实践中去。翻译的作品要力图符合整体促销或信息服务的预设目的，适应目标市场通行题材规范，高度关注受众或旅游者群体的文化、思维和消费习惯，只有这样，旅游翻译才能实现跨文化精准传播。

　　旅游的国际促销推广和信息服务投入越大，旅游企业和旅游目的地所期待的市场回报也就越高；旅游的国际促销推广和信息服务广泛使用大众传播媒介，信息覆盖迅速且广大，为此，积极的和消极的反馈也就迅速而强烈；旅游的国际促销推广和信息服务跨地区、跨文化、跨国家进行，对文化的敏感度和适应度要求等同本族文化；旅游的国际促销推广和信息服务在竞争激烈的异地市场和本土市场同时进行，既要运筹帷幄、用兵千里，也要统筹全局、决胜城前，翻译人员的跨文化意识、双语素质、组织与协调水平、单兵作战与团队合作能力也都应是上上乘的。"委托人"聘请旅游翻译人员进行"翻译"完全是基于自己对异域文化、语境、消费群体的了解有限，对"形象目标"和"利润目标"最优化的追求，并不刻意要求翻译人员"转达"或"阐释"他们的只言片语。旅游翻译人员要为企业的"形象目标""利润目标"最优化的追求和旅游消费者的最大满足尽心竭力，传播沟通。

第二节 英汉旅游文本风格差异

一、英汉旅游文本的行文习惯不同

一般而言，英语旅游文本大多风格简约，结构严谨，行文简洁明了，表达直接，注重信息的准确性与语言的实用性，最忌啰唆堆砌，不像汉语那样讲究四言八句，行文工整，追求言辞华丽。在很多情况下，景物描写往往通过客观的具体形象的罗列来传达实实在在的景物之美，力求忠实再现自然，让读者对景物有一个明确具体的印象。

例 1: Tiny islands are strung around the edge of the peninsula like a pearl necklace. Hunks of coral reefy coconut palms and fine white sand.

译文：座座岛屿玲珑小巧，紧密相连，像一串珍珠缀成的项链，环绕着半岛边缘。岛上珊瑚礁红，椰树成片，沙滩如银，景色如诗如画。

与英语相比，汉语旅游景点介绍的写作要显得"文采浓郁"一些，似乎大多仰仗辞藻的渲染而不是物象的明晰展示。由于历来深受汉语古典山水诗词及山水游记散文一类作品的影响，汉语景点介绍的语言表达常伴有大量的对偶平行结构和连珠四字句，以求行文工整，声律对仗，文意对比，达到音形意皆美、诗情画意盎然的效果。因而，但凡描写山水风景，中国人头脑中浮现的总是像《水注经》（北魏·郦道元）、《桃花源记》（晋·陶渊明）、《滕王阁序》（唐·王勃）以及徐霞客山水游记一类作品中那些熟悉而又优美的文句和韵律。

例 2: 西湖如镜，千峰凝翠，洞壑幽深，风光绮丽。

译 文：The West Lake is like a mirror, embellished all around with green hills and deep caves of enchanting beauty.

汉语音韵和美，用字凝练，简隽空灵，仅仅十六个字把西湖及周围的景色描绘得淋漓尽致，特别是"千峰凝翠，洞壑幽深"，给读者留下的是一幅若隐若现、风格清雅的风景画面。而译文仅用"embellish, deep, enchanting"这几个平白的字眼，通过上下文的照应，就将原文的诗情画意展露无遗，看似直观景物的罗列（西湖像一面镜子，周围被青山深谷的迷人美色环绕装饰着），实则体现了英语语言文字的直观明快之美。

二、语言欣赏习惯和审美标准不尽一致

汉、英旅游文本在写作手法上的这种风格差异,反映出不同的民族文化心理和审美意识,与二者各自不同的语言文化传统、社会历史背景、审美思维习惯等有着深厚的历史渊源。汉民族的写作美学一贯强调"意与境混"的上乘境界,追求那种客观景物与主观情感的高度和谐、融为一体的浑然之美。因而,人们常常将景物的内在意蕴依附于其外在的表象之上,使具象的景物获得抽象的人格和情感,做到情与景相融、虚与实相生、意与境相偕,在描绘外界自然美的同时无时不在传递一种内在的情感美。因此,汉语旅游文本的语言表达常常人文色彩浓郁,物我一体,具有一种超越现实、虚实不定的朦胧、变形之美。例如,用"灼灼"形容桃花之明艳,用"依依"曲尽杨柳之轻柔,其景物刻画常明晰不足而含蓄有余,多带模糊思维的痕迹。加上汉语的行文用字历来有四六骈体、行文用字宜双不宜单的习惯,讲究四言八句、平行对偶、声情并茂且诗情画意盎然,这种风格几乎成了汉语景物描写的常式。

从英语写作的审美角度来看,汉语渲染的这些意象会过于笼统含糊而显得失真。西方传统哲学在主观与客观的物象关系上,主张"客主分离",更多地强调摹仿和再现。在描绘外界自然美时,总是"站在自然之外"去欣赏自然之美,语言表达客观实在,景物刻画直观明了。这种趋势反映到语言表达形式上,就体现为英语表达客观、简约的风格。同时,英语讲究句式结构的逻辑层次和有机组合,语法规则十分严格,表现为一种严谨的空间搭架式立体结构,反映出英语表达逻辑严谨、思维缜密的美学特点(贾文波,2004:116)。要加强语义、扩展信息,英语不是单纯依靠词汇的添加,而往往是通过句型结构的上下递迭、前后呼应来实现的,其深层意蕴在很多情况下往往就隐含在句子的上下文之中,这与英语形态表义的特征不无关系。因此,同义重复、用词累赘是英语表达之大忌,词汇的过多堆砌只会使结构臃肿松散,语义啰唆零乱,反失其自然流畅之美。

例3: The harbor looked most beautiful in its semi-circle of hills and half-lights. The color of a pearl gray and a fairy texture. ...This Arctic scenery has a beauty which is the exact antithesis of the Christmas card of tradition. Soft, melting half-tones. Nothing brittle of garish. (陈庭佑,2001)

译文:只见海港环抱于半圆形小山丛中,煞是好看,朦朦胧胧,一片银灰,宛若仙境。……这北极地区景色之美,同传统的圣诞贺卡适成对照,它浓淡交融,光影柔和,清雅绝俗。

全文语言朴实,句式简洁,文中"半明半亮""珍珠灰色""融合的照相铜板"

等表达十分直观精细，一景一物，栩栩如生，若按汉语的行文方式译出，则音韵和美，意境交融。

例 4： On one of those sober and rather melancholy days, in the later part of Autumn, when the shadows of morning and evening almost mingle together, and throw a gloom over the decline of the year, I passed several hours in rambling about Westminster Abbey.There was something congenial to the season in the mournful magnificence of the old pile; and, as I passed its threshold, seemed like stepping back into the regions of antiquity, and losing myself among the shades of former ages.

译文：时方晚秋，气象肃穆，略带忧郁，早晨的阴影和黄昏的阴影，几乎连在一起，不可分别，岁将云暮，终日昏暗，我就在这么一天，到西敏大寺去散步了几个钟头。古寺巍巍，森森然似有鬼气，和阴沉沉的季候正好调和；我跨进大门，觉得自己已经置身远古，相忘于古人的鬼影之中了。

第三节　旅游文本翻译的主体性限制因素

做好旅游翻译需要译者充分发挥自己的主体性和主观能动性。由于译者的主体性是客观存在的，因此，在旅游文本的翻译过程中，充分发挥译者的主体性是翻译成功的关键，但译者的主体性受到诸多因素的限制。

一、对汉语旅游文本原文的理解

译者良好的汉语基础有助于其正确理解汉语旅游文本原文，避免知识性或逻辑性错误的发生。译者的翻译学到一定程度时会发现，有时候制约其翻译水平更上一层楼的，往往不是英语不好，而是汉语理解不到位，或知识面不够宽，出现知识性或逻辑性错误，进而限制译者主体性的发挥，产生各种不好的译文甚至误译。

例 5：圆明园是一座清代皇家御花园。人们所称的圆明园是由圆明、万春、长春三园组成。三园以圆明园面积最大，又以水景为主，水面占全园面积的一半以上。在山环水绕、婉转曲折之间布满亭台楼阁，分布着 145 处景观。有些景观直接以水为主题。圆明园内汇集天下的胜景和各名园的精华。

原　译： The Old Summer Palace was a splendid place and extensive pleasure garden for the Qing emperors. In fact, the Old Summer Palace was composed of three gardens, respectively named Yuan Ming, Wan Chun and Chang Chun, with Yuan Ming being the largest one of the three. As the major landscape feature inside the garden, lakes covered more than half of the total areas. The halls, buildings and pavilions were seen scattered among the hills and winding streams, 145 landscapes in the gardens were graced with the theme of water, and built in imitation of enchanting scenes from all over the country. Hence it was the cream（陈刚，2009）

原文是说圆明园的亭台楼阁之间分布有145处景观，有些景观直接以水为主题，而译文则译成全部景观都以水为主题，显然不符合原意。

改 译：The Old Summer Palace, composed of three gardens respectively named Yuan Ming, Wan Chun and Chang Chun, with Yuan Ming being the largest one, was a splendid place and extensive pleasure garden for the Qing emperors. As the major landscape feature inside the garden, lakes cover more than half of the total areas. Halls, buildings and pavilions were seen scattered among hills and winding streams. 145 landscapes in the gardens, some graced with the theme of water, were built in imitation of enchanting scenes from all over the country. Hence it was the cream of gardens.

不难看出，理解既是主体性的基础，也是翻译的基础。这就要求译者广泛阅读，不断提高自己的中英文水平。如果中国译者不能正确理解中文原文，不能纠正中文原文中的知识性或逻辑性错误，那真是不可饶恕。毕竟，"信"是译者主体性的底线（杨萍，2012）。当然，这里的"信"是广义的"信"，而不是要求译者狭义地忠实于原文——如果原文表达出现错误，也照样错误地去翻译。

二、中英文措辞差别

中英文措辞差别巨大。中文好实词，英语尚虚词。相对而言，中文多用动词，而英语多用名词。中文名词后加"们"表示复数，而英语名词后面则加"s"表示复数，但英语复数的用法比中文复数复杂得多。此外，中英文形容词的排序不同。中文没有关系代词、小品词（to）、冠词，而英语则有这些词。掌握这些规律容易，在翻译实践中做到却有难度。

例6：海南椰雕产生于唐代，是流行于海南岛的手工艺品，将椰壳雕刻成日用品，如茶壶、套盒等。

原译：Originating from the Tang Dynasty, coconut carving features a handicraft of rich variety popular in Hainan Island. It referred to utensils of daily use, like a teapot and a casket carved out of the coconut shell. （陈刚，2009）

译文中的"and"应改为"or"，"the"应改为"a"。另外，"casket"给欧美人的第一反应是"棺材",宜译为"a small box"。

改译:Originating from the Tang Dynasty, coconut carving features a handicraft of rich variety popular in Hainan Island. It referred to utensils of daily use, like a teapot or a small box carved out of a coconut shell.

可见,翻译时要仔细推敲,认真琢磨,最大限度地发挥译者的主体性和主观能动性,同时还要考虑篇章或字眼。

三、中西方思维定势

中英文不仅词汇差别巨大,而且句法结构迥异。一般认为,汉语的句法特征是意合(parataxis),强调逻辑关联与意义关联,不在意词语之间和句际之间的形式衔接。英语的句法特征是形合(hypotaxis),强调形式与功能,句子成分之间的关系要求用形式标记表明。但是,在翻译实践中,译者一般会遵守这条规则:能直译时尽量直译,不能直译时才意译。在这种情况下,译者有时需要发挥自己的主体性,摆脱原文的束缚,破除思维定势。

例7: 宣纸是安徽泾县的著名特产。由于历来在附近的宣城集散,因而得名。宣纸的特点是白如雪,柔如棉,拉力大,润墨性强,最宜题诗作画,且不蛀不腐,深得我国不少书画名家推崇。所以,宣纸一直有"纸寿千年"的美誉,居文房四宝之首。

原 译:Xuan paper is a renowned specialty in Jing County, Anhui Province. Historically, its collecting and distributing center was located in the nearby prefectural capital called Xuancheng, hence the name. With high tension strength and absorbency, Xuan paper is white as snow, soft as cotton, and resistant to moth and decay. As these features make it perfect for inscribing poetry and painting, it is highly thought of by many famous artists. Therefore, Xuan paper has ever been known as the "paper with a lifespan of 1,000 years", ranking first among the Four Treasures of the Study (namely, writing brush, ink stick, ink slab, and rice paper). (陈刚,2009)

译者按照原文进行直译,并在"最宜题诗作画"和"深得我国不少书画名家推崇"之间加上表因果关系的连词 as。但这样一来,"宣纸一直享有'纸寿千年'的美誉,居文房四宝之首"就与它的原因"宣纸的特点是白如雪,柔如棉,拉力大,润墨性强,最宜题诗作画,且不蛀不腐"中间隔了一句话,因果关系松散了一些。原文处理成"宣纸的特点是白如雪,柔如棉,拉力大,润墨性强,最宜题诗作画,且不蛀不腐,故深得我国不少书画名家推崇,一直有'纸寿千年'的美誉,居文房四宝之首"可能更好些,其结构也更加紧凑。此外,With high tension strength and absorbency, Xuan paper is white as snow, soft as cotton, and resistant to moth and decay"中的抽象名词可以改为形容词,以使译文的形式更加清楚明了。

改译:White as snow and soft as cotton, Xuan paper is highly tensile, absorbent and resistant to moth and decay, most suitable for inscribing poetry and painting. Therefore, known as the "paper with a lifespan of 1,000 years", it is highly thought of by many famous artists and ranking first among the Four Treasures of the Study (namely, writing brush, ink stick, ink slab, and rice paper).

例8:年节时,送晚辈压岁钱要用红纸包好,称"红包",以示吉祥;对联也是用红纸书写,贴在大门两侧;年画中的门神钟馗也穿大红宫袍。红还与美丽同义,"红颜"指美丽的女子。

原 译:During the Spring Festival, people will give hong bao, red envelopes with money inside, to the children as good wishes. Couplets hanging on both sides of the doors are written in red. Even the outfit of Zhong Kui, the door god whose portrait is hung on the door, is red. The word "red" equals prettiness. The expression hong yan, literally meaning "red face", is a synonym of a beautiful girl.

上述一文中"a synonym of a beautiful girl"介词搭配错误,应将"of"换成"for";"对联是用红纸书写"(written on red paper),而不是红色的墨汁书写(written in red)。为避免头重脚轻之嫌,可对"对联也是用红纸书写,贴在大门两侧"的语序进行调整,将其译为"Couplets written on red paper are hanging on both sides of the doors"。此外,最后一句中的"红(red)"也可放在句末。试改译如下:

... Couplets written on red paper are hanging on both sides of the doors. Even the outfit of Zhong Kui, the door god whose portrait is hung on the door, is red. The word "red" equals prettiness. In Chinese, a beautiful girl is a hong yan, literally meaning a "red face".

第四节　旅游文本汉英翻译策略

旅游翻译同其他类型体裁的翻译一样，要求译文忠实于原文，既不是简单的词句转换的"对号入座"，也不能硬译、死译。如果照搬原文、勉强对译，译文就会让外国人感到难懂或不懂。因此，在不损原意的情况下，译者有必要采取不同的方法和策略对原文进行翻译，使译文实现预期的功能和交际目的。下述方法是汉语旅游文本英译中常用的一些方法。

一、注释性增译

在汉语旅游文本英译的过程中，原文中有时会出现外国游客并不知晓的历史背景信息，如人物、朝代、地名、典故、历史事件等。翻译时，译者可在保留原文语义信息的前提下，根据原文的语义、语法以及修辞需要，适当补充相关背景知识，减少在的语文化中不实用、无多少价值的信息，帮助目标读者理解，达到有效传递信息的目的。

例9: 诸葛亮，字孔明，琅琊阳都（今山东省沂南县）人，三国时期蜀汉重要大臣，中国历史上著名的政治家、军事家、散文家、发明家，也是中国传统文化中智者的代表人物，曾在此七擒孟获，并最终使其归顺。

参考译文：Zhuge Liang（181-234）, a statesman and strategist, prime minister of the Kingdom of Shu in the Three Kingdoms era, as well as a statesman, engineer, scholar and inventor in Chinese history, who became a symbol of resourcefulness and wisdom in Chinese folklore and captured Meng Huo, an aristocrat in the Nanzhong region, south of the Kingdom of Shu, seven times and made him surrender and swear his allegiance to the Kingdom of Shu.

原文包含两个人名、两个地名与一个时间，译者若采用直译法对其进行翻译，会让目标读者不知所云。因此，译文增加了解释（诸葛亮生活的年代和身份以及孟获的介绍），删除了一些信息（诸葛亮出生地和字号），减少了文化干扰，以便目标读者理解。

例10:（桃花源）始建于晋，初兴于唐，鼎盛于宋，大毁于元，时兴时衰于明清，萧条于民国，渐复于解放后，大规模修复开发于1990。

参考译文：Taohuayuan（the peach flower source） was first built in the Jin Dynasty

（256—439A.D），began to take shape in the Tang Dynasty（618-709），flourished in the Song Dynasty（960-1279），and went to ruin in the Yuan Dynasty（1279-1368）. With ups and downs through the Ming and Qing Dynasties（1368-1911），it was almost abandoned in the times of the Republic of China（1912-1949）. Its restoration was made from the year 1949 and a large-scale expansion and development began in 1990.

原文中历朝历代得到凸显，目的是突出"桃花源"的悠久历史和丰富文化内涵。如将这些朝代直译成英文，英语读者定会感到困惑，于是译者对其进行了注释性增译，增补了这些朝代或时期的起止公元年份，以帮助译文读者了解相关历史知识。另外，译者对"桃花源"的内涵意义也进行了释义，既方便读者理解，又增强了译文的可读性。

例11：占地万余平米的天门山寺自明朝以来香火鼎盛，是湘西的佛教中心。

译　文：Tianment Mountain Temple, with an area of over 10,000 square meters, enjoys a booming pilgrimage ever since Ming Dynasty（1368-1644A.D）. It is the Buddhist center in Western Hunan.（尹华光，2003）

上述译文中，译者用"enjoys a booming pilgrimage"来帮助译文读者更好地理解"香火鼎盛"的含义。同时，译者对天门山寺的年代、朝代及公元年份进行了补充和说明，这有助于译文读者的理解，进而达到宣传目的。

例12：三亚地处中国海南省的南端，因地处偏僻交通不便，成了"天涯海角"的具体象征，成为人们心中向往的圣地。古人在三亚西南一处海滨的两块相邻的雄伟巨石上题刻了"天涯"与"海角"几个字，并发展成为今天闻名海内外的面积达16.4平方公里的"天涯海角风景区"。

译　文：Located at the southern tip of south China's Hainan Island with its remote location and difficult traffic conditions, Sanya used to be viewed as the real end of the earth – a sacred land. Ancient people inscribed Tianya（end of Heaven）and Haijiao（end of the sea）on two huge stones side by side on the beach of Sanya, where the Tianya-haijiao Tourism Area has been built with a total area of 16.4 square km.

原文中出现三处"天涯海角"，译文根据上下文的需要分别做了不同处理：第一个意译，第二个加注释，第三个音译，恰到好处，一目了然。

二、解释（释义）

中文旅游景点介绍中往往含有许多寓意深远且具有独特民族文化内涵的专有名称，这些专有名称往往由表示景点地名实体的专名和表示景点类别的通名构成：专有名称+种类名称。翻译时可对原文的内涵意义进行解释或引申，译出其指称意义与联想意义,或进行解释性翻译等,以增加译文的可读性,满足译文读者的文化期待,实现其预期功能和交际目的,避免因信息选取不当而可能导致的文化价值观冲突。

例13: 剑川石宝山位于剑川县西南25公里处,该山也叫石钟山,建于唐宋年间,相传是官方的历史遗迹。

参考译文:Located 25 kilometers southwest of Jianchuan County, the Shibao (Stone Treasure) Hills are also called the Shizhong (Stone Bell) Hills. Developed in the Tang Dynasty (618-907) and Song Dynasty (960-1279), this area is considered an official historical site.

上面的译文对旅游景点名称(石宝山、石钟山)进行了释义,并将其指称意义与联想意义联系起来,便于读者记忆,加深他们的印象,增加他们的游兴。同时译文对朝代的起止公元年份做了进一步说明,以便读者了解。

例14: 天门山寺的天王殿为寺内第一进大殿。正面坐像为弥勒佛,也叫欢喜佛。东西两旁供有四大天王,分别为手持琵琶的东方持国天王,持伞的南方增长天王,握龙的西方广目天王及托塔的北方多闻天王。

参考译文:Hall of Heavenly Kings is the first large hall in the Tianmen Temple. The statue of Maitreya, who called the laughing Buddha, sits on the obverse side of the hall. On the east and west sides of the hall stand four heavenly kings, each in charge of one quarter of the world. They were respectively called Chiguo (State-guardian) in the east, holding a pipa; Guangmu (Sharp-seer) in the west, a dragon in his hand; Zengzhang (Growth-protector) in the south, holding an umbrella; Duowen (Knowledge-preserver) in the north, supporting a pagoda.

通过对"持国""增长""广目"和"多闻"的解释,外国游客可以了解这些名字的含义,知道他们的神通,进而对源远流长的佛教文化有更多的了解。

例15: "谁人识得天子面,归来不看天下山。"凡到过天子山的人,对这些评价都是赞同的。

参考译文:After a visit to the Emperor Mountain, you'll pay no attention to any other mountains under the sun." All those who have been here got the same feeling.

原文像是中国古诗,它暗含了丰富而深厚的民族文化内涵,运用释义的翻译方法,让外国游客对原文的含义有深刻的理解。

三、省译

在汉语旅游文本英译的过程中,为确保译文的流畅并实现跨文化交际的翻译目的，译者可以根据特定的交际目的和需要，删除那些对译文读者不太重要的信息，或略去原文中那些纯粹出于行文用字而又无甚实际意义的辞藻或表达，因为，如果这些信息或华丽辞藻全部译出，势必破坏译文的美感。

例16：境内怪峰林立，溶洞群布，古木参天，珍禽竞翅，山泉潺潺，云雾缭绕。

参考译文：Inside are clusters of strange peaks, limestone caves, rare birds as well as the towering big trees with spring babbling on the way and mists weathering the mountain tops．（杨劲松，2008）

原文中"林立"与"群布"同义，"古木参天"中，"参天"是虚义，"珍禽竞翅"中"竞翅"是虚义，因此，上述译文中删除了虚华部分，用dusters表示"林立"和"群布"之意，简洁不重复；并采用倒装句型，地道的表达让游客感受句子的结构美。将"clusters of strange peaks, limestone caves, rare birds, the towering big trees"并列，且位置突出，体现了措辞精炼之美。

例17：这儿的峡谷又是另一番景象：谷中急水奔流，穿峡而过；两岸树木葱茏，鲜花繁茂，碧草萋萋，活脱脱一幅生机盎然的天然风景画。各种奇峰异岭，令人感受各异，遐想万千。

参考译文：It is another gorge through which a rapid stream flows. Trees, flowers and grass, a picture of natural vitality, thrive on both banks. The weird peaks arouse disparate thoughts.（贾文波，2004）

原文使用了大量四字结构和平行对偶结构，读来琅琅上口，音韵俱佳。若全部照直译出，译文定会显得臃肿堆砌，反而达不到原文想要达到的意境。因此，译文采用省译的方法，省去了汉语的许多华丽表达，使译文简洁流畅，并选用"thrive"、"vitality"使译文取得画龙点睛之效。此外，译者结合上下文，选用"disparatethoughts"恰到好处地表达了原意。

例18：云冈石窟——位于山西大同西北武周山（又名云冈），创建于公元453年（北魏文成帝兴安二年）。此后献文、孝文诸帝都在这里续建，历百余年而成。这里有大小洞窟五十多个，各窟佛像共五万一千余尊。大者高十七米，小者短到数寸。雕饰奇伟，冠于一世。在中国历史、宗教上，以及东方艺术上，都具有巨大价值。

参考译文：Located in Datong, Shanxi Province, the Yungang Grottos are a complex of over 50 Buddhist grottos enshrining over 51,000 Buddhist statues as large as 17 meters or as short as a few inches. Built for over a hundred years, they are of great historic and artistic value.（刘金龙：2007）

原文描述了云冈石窟的特点、修建年代、石窟造型艺术特色等，中国读者读完之后既能领略中国古代佛教雕塑的艺术美,也会产生"亲自去看一看"的愿望。由于译文的目的在于向外国游客(译文读者)介绍该景点,以诱发他们的游兴,因此译文兼具信息功能和诱导功能。在翻译过程中,译者删减了一些对译文读者而言不太重要的信息(如石窟的具体位置和建造者)。同时,考虑到英汉两种语言之间的差异,译者还略去了一些比较空洞的华丽辞藻(雕饰奇伟,冠于一世)。译文不仅简洁实用,而且保留了原文的主要信息,采用了译文读者的惯用表达和语言形式,传递了该景点的相关信息,起到了唤起潜在游客对旅游目的地的兴趣的作用,恰当地发挥了译文的交际功能。

例19:唐刘禹锡赞其"奇峰一见惊魂魄",宋王安石誉为"楚越千万山,雄奇此山兼",素有"东南第一山"之称。(白蓝,2010)

参考译文:Many famous ancient poets wrote poems to raise the stunning and spectacular beauty of Mount Jiuhua; it is thus known as the First Mountain in the Southeast.

译者在译文中删去了原文中的"刘禹锡"和"王安石"等诗人名和其诗句,虽简单却把主要的事实和数据保留下来,避免了许多不必要的麻烦(诗人名和其诗句的翻译),同时译文更能被外国游客接受。

四、语篇整合与改写

语篇整合与改写是指在整个篇章结构下,对原文语篇按照译文的段落展开方式进行相应的调整或改写,使译文更加符合译语的表达方式和目标读者的阅读习惯,以利于信息交流,增强感染力。采用这种方法的主要好处在于:①可考虑句与句之间的连接与呼应;②可考虑句与句之间的逻辑关系以便重组句子;③可按译文结构的特点对原文进行段落重构或改写;④可考虑到段与段之间的关系和衔接从而扩大到段群和整个语篇。因此,在翻译过程中,当内容和形式产生冲突时,在确保原文内容不受损的前提下,可对原文进行调整或改写,以达到更好的交际效果(贾文波,2004:151)。

例20:迪庆藏族自治州位于云南省西北部滇、川、藏三省区交界处,这里有冰山雪川、江河峡谷、湖泊草甸,美丽而宁静。州内以藏族居民为主,还居住着傈僳族、纳西族等20多个民族,长期以来,这里各民族和谐相处,创造了独特而灿烂的文化——山川秀美、民风淳朴、历史悠久、文化丰富,与詹姆斯·希尔笔下的香格里拉极其相似。

参 考 译 文:Located at the junction of Yunnan and Sichuan Provinces and the Tibet Autonomous Region, the scenery in picturesque Diqing, filled with glaciers, deep canyons, meadows, and lakes, remarkably resembles that of the Shangri-la described in

Hilton's novel. Residents here are mainly Tibetans who coexist peacefully with over 20 other ethnic groups, including Lisu and Naxi groups, fftws creating a rich and unique culture.

译文采用了语篇整合的形式，打乱了原文的句序，将段尾句子提前，全段按内容调整为两个逻辑层次分明的复合句，重点突出主题信息的表达，并将破折号后的"山川秀美、民风淳朴、历史悠久、文化丰富"省去不译，使原文结构和语义更加紧凑，信息更加明确。

例21：从晋代开始，峨眉山一直为佛教普贤道场，是中国四大佛教名山之一，距今已有一千多年的文化史。峨眉山高出五岳，秀甲天下，山势雄伟，景色秀丽，气象万千，素有"一山有四季，十里不同天"之妙喻。清代诗人谭钟岳将峨眉山佳境概括为十景："金顶祥光""象池夜月""九老仙府""洪椿晓雨""白水秋风""双桥清音""大坪霁雪""灵岩叠翠""罗峰青云""圣积晚钟"。现在人们又不断发现和创造了许多新景观。进入山中，重峦叠嶂，古木参天；峰回路转，云断桥连；涧深谷幽，天光一线；灵猴嬉戏，琴蛙奏弹；奇花铺径，别有洞天。春季万物萌动，郁郁葱葱；夏季百花争艳，姹紫嫣红；秋季红叶满山，五彩缤纷；冬季银装素裹，白雪皑皑。

峨眉山以优美的自然风光、悠久的佛教文化、丰富的动植物资源、独特的地质地貌而著称于世，素有"峨眉天下秀"的美誉。唐代诗人李白诗曰："蜀国多仙山，峨眉邈难配。"当代文豪郭沫若题书峨眉山为"天下名山"。古往今来，峨眉山就是人们礼佛朝拜、游览观光、科学考察和休闲疗养的胜地。（贾文波，2004）

参考译文：Known for a thousand years as one of the four Buddhist sacred mountains in China, Mt. Emei is hence featured by its Buddhist cultural heritage together with its diverse geographic landforms and beautiful scenery. Now many new sights have been found and developed in the mountain areas besides its ten old ones such as Elephant Bath Pond, Cave of Nine Old Men, the Hongchunping Mountain Glen, etc. Filled with weird peaks, tranquil valleys, winding roads, abrupt waterfalls, luxuriant vegetation, aged trees as well as wild animals (especially the playing monkey groups), the mountainous scenery abounds in changes with seasons^ which earns Mt. Eraei the reputation of t4The Most Elegant Mountain" in China and has been of all ages a resort for sightseeing, pilgrimage, the health recuperation and even scientific researches.

原文语篇中上下段落内容有多处重复，且不少语言表达并无多大实际意义，纯粹出于汉语行文需要，以渲染诗情画意和感染读者（特别是引用古典诗句）。假如不考虑英语旅游语篇的特点直接全部译出，势必造成译文行文啰嗦、语义重复。事实上，译者只需对原文信息进行整合，在译文中对行文重新布局，就能译出符合英语旅游语篇要求的译文来。

五、结构重组

英汉语言在句型结构和行文风格方面迥异，汉语重意合，句子结构较松散；而英语重形合，句子结构紧凑，逻辑关系严谨，层次分明，主谓关系密切（陆国飞，2006）。英译汉语旅游文本时，为使译文达到预期交际效果，方便目标读者理解并增加译文的接受度，有时可不必过分拘泥于原文。在确保原文内容不受损的前提下，弄清句与句之间的逻辑关系，对原文进行信息重组或改写，使译文更加符合译文的行文风格和目标读者的阅读习惯，以便更好地为目标读者服务。

例22：大黑山林深人少，古树掩映，清泉石上流，雾生半山腰，如仙境一般。

参考译文：Dahei Mountain, which is densely forested and scarcely populated, makes a picturesque fairyland with creeks murmuring in the valleys and the mist wrapping up the mountain top.

原文结构松散但意义连贯，属典型的汉语行文风格。译文打乱了原文句序，将句尾提前，并以"Dahei Mountain makes a picturesque fairyland"为核心展开，将其余部分翻译成分词结构（densely forested and scarcely populated）和介词短语（with creeks murmuring in the valleys and the mist wrapping up the mountain top），使译文更加流畅、通顺，符合英语重形合的要求。

例23：洞庭湖"衔远山，吞长江，浩浩荡荡，横无际涯。朝晖夕阴，气象万千"。

参考译文：Carrying distant mountains in the mouth and swallowing the Yangtze River, the vast and mighty Dongting Lake stretches endlessly, turning brilliant in the morning and gloomy at dusk with the scenery abounding in changes.

原文是典型的描写景色的汉语四字结构，其气势磅礴，意境深远，言简意赅，英译时往往不必逐字译出。在仔细分析原文的内在逻辑语义关系后发现，第一句中的"衔"和"吞"实际上表示"横无际涯"的范围，在译文中可做伴随状语，而"横无际涯"则是句子的逻辑语义重心，"浩浩荡荡"可修饰该主语。第二句中的"朝晖夕阴"与"气象万千"在译文中可做结果状语，使译文语义层次清楚，逻辑主次分明。

例24：九华山群山众壑，溪流飞瀑，怪石古洞，苍松翠竹。奇丽清幽，相映成趣；名胜古迹，错落其间，素有"东南第一山"的美称。

参考译文：Mount Jiuhua is an enchanting and secluded place, full of high ridges and deep valleys, in which there are waterfalls, streams, rocks and caverns, with historical sites scattering among pine trees and bamboo groves. Hence the reputation of "First Mountain in Southeast China" is enjoyed.

不难看出，原文辞藻华丽，且修饰语过多，是典型的描写景色的四字结构。如果逐字译出，译文会显得累赘，行文呆板，不符合英语的表达方式和目标读者的阅读习惯。通过改写，译文更加简洁流畅，增加了目标读者的接受度。

例 25：该市地界巴山楚水，湖光山色秀丽，名胜古迹、自然风光融为一体，遍布其间。

参考译文：The city, bordering Sichuan and Hubei provinces, is a good place for tourism with its panoramic views of dotted with beautiful mountains, lakes and historical sites.

译者在动笔前应首先分析译文结构，找出逻辑语义重心。全句五个分句，为典型的汉语平行结构。按英语的 SV 框架分析，相互间的逻辑关系一目了然：

"该市……是理想的旅游胜地"为全句语义重心，可定为译文 SV 主干，"地界"表位置做地点状语，其他表伴随状态，分别用英语相应的语法和词汇逐一译出。

六、直译

在旅游翻译过程中，直译就是把句子作为翻译的基本单位，同时考虑语篇和语境的制约，保留原文句子结构和原文修辞，努力再现原文的形式、内容和风格，是旅游翻译中常用的一种翻译方法。

例 26：郑州是河南省省会，国家历史文化名城和首批中国优秀旅游城市。她依偎在黄河南岸，中岳嵩山之东，与七朝古都开封和九朝古都洛阳东西相邻，辖 5 市 1 县 6 区，总面积 7,446.2 平方公里，人口 665 万，其中市区面积 1,013.3 平方公里，非农业人口 216.3 万。

参考译文：Zhengzhou is the capital of Henan Province, a National Historical and Cultural city and a first-batched Top Tourist City of China. It is located on the south of the Yellow River, on the west of Mount Songshan, he Central Sacred Mountain, on the east of Kaifeng, the ancient capital of seven dynasties, and on the west of Luoyang, the ancient capital of nine dynasties. Having jurisdiction over 6 districts, 5 county-level cities and 1 county, Zhengzhou has an area of 7,446.2 square kilometers, including 1,013.2 square kilometers in the urban areas, and a population of 6,650,000, including an urban population of 2,163,000.

例27: 武陵源风景名胜区位于湖南省张家界市。总面积264平方公里，由张家界国家森林公园、索溪峪和天子山等三大景区组成。主要景观为石英砂岩峰林地貌，境内共有3103座奇峰，姿态万千，蔚为壮观。加之沟壑纵横，溪涧密布，森林茂密，人迹罕至，森林覆盖率85%，植被覆盖率99%，中、高等植物3000余种，乔木树种700余种，可供观赏园林花卉多达450种。陆生脊椎动物50科116种。

区内地下溶洞串珠贯玉，已开发的黄龙洞初探长度达11公里。武陵源以奇峰、怪石、幽谷、秀水、溶洞"五绝"而闻名于世。

参考译文：Located at Zhangjiajie, Hunan Province and covering 264 square kilometers of land, the Wulingyuan Scenic Area encompasses the Zhangjiajie National Forest Park, Suoxiyu and Tianzishan Nature Reserves. The spectacular quartz sand stone formation is noted for its clusters of peaks, 3,103 in number, in all wonderful shapes. Crisscrossed by valley, ravines and streams, the densely

wooded forests are untraversed by men. Wulingyuan has a forest coverage of 85% and a vegetation coverage of 99%. It houses over 3,000 species of high abd middle-level plants, 700 arbor species, 450 species of ornamental flowers, and 116 species of terrestrial vertebrates falling into 50 families.

The chain of underground karst caves stretches like a string of pearls. The first exploration of Yellow Dragon Cave reveals a length of 11 kilometers. Wulingyuan is known in the world with the following five outstanding features-spectacular peaks, unique rocks, secluded valleys, serene waters, and karst caves.

例28: 邛海泸山景区位于中国最大的彝族自治区——四川省凉山彝族自治州州府西昌市境内，是邛海螺髻山国家级风景名胜区组合景区之一，景区与西昌城区连成一体，组成了国内不多见的山、水、城相依相融的独特自然景观和优美的人居环境。景区由邛海和泸山两部分组成。面积80.6平方公里，海拔1510米，年平均气温17℃，冬暖夏凉，天高云淡，空气清新宜人，夜晚月光皎洁，四季如春，是游客重要的旅游目的地。

参考译文：Located in Xichang City, the capital of Liangshan Yi Autonomous Prefecture, the largest Yi autonomous region in China, Qionghai Lake-Lushan Mountain Scenic Spot is part of the state-level Luoji Mountain Scenic Resort. The scenic area connects Xichang City, composing the rare domestic unique natural landscape of the coexistence and dependence of the Mountain, Lake and City and beautiful living environment. The scenic spot consists of

Qionghai Lake and Lushan Mountain, which is famous for its natural and human landscape of "pine, wind, water, moon, feeling" in the world. The scenic spot, covering an area of 80.6 square kilometers and with an altitude of 1,510m and the annual average temperature of 18 ℃, is warm in winter and cool in summer with spring-like four seasons. The beautiful sunshine throughout the year, the clear sky and thin cloud, the fresh and pleasant air, make it suitable for traveling in any season.

第三章 公示语翻译

第一节 公示语翻译概述

一、公示语的定义与应用范围

公示语以前也称作"标识语"、"标志语""标示语""牌示语""揭示语"等。2002 年,北竹、单爱民首次在其发表的论文《谈英语公示用语的语言特点与汉英翻译》中使用了"公示语"一词,并对公示语的语言风格、应用范围、应用功能及其翻译等方面进行了探讨。但是,直到 2005 年在北京召开"首届全国公示语翻译研讨会"以后,这一名称才得以广泛使用,并且逐渐取代了此前的"标识语"等名称。

关于公示语的含义,国内一些学者从不同角度给出了自己的公示语定义。目前最为流行的是吕和发(2005)的定义:"公示语——公开和面对公众,告示、指示、提示、显示、警示、标示与其生活、生产、生命、生态、生业休戚相关的文字及图形信息。"他认为,"公示语与标识语、标志语、标示语有某些相同的应用特点,但公示语应用更为广泛。凡公示给公众、旅游者、海外宾客、驻华外籍人士、在外旅游经商中国公民等,涉及食、宿、行、游、娱、购行为与需求的基本公示文字信息内容都在公示语研究范畴之内"。

罗选民认为(2006),"公示语是指在公共场所展示的文字,具有特殊的交际功能,以及提供信息和完成指令的作用。具体而言,路标、广告、商品说明书、旅游指南,社会宣传、告示等都是公示语"。

皮德敏(2010)认为,"公示语是指在公共场所向公众展示或播报的,旨在实现某种交际目的的书面语言或口头语言,有时配有一些图形符号,以帮助公众理解,是一种特殊的应用文体。公示语外延甚广,涉及日常行为与需求的基本公示语言信息都属于公示语的研究范畴。公示语受众范围大,包括观看或者收听公示语信息的所有对象"。

上述公示语的定义大多较为宽泛。依照这些定义,公示语研究成了一个几乎无所不包的领域:所有在公共场所中出现的语言文字似乎都在公示语研究的范围之内。可以把它们看作公示语的广义定义。

我们依据文本类型理论,从语言功能出发,把公示语定义为一种出现在公共场所里,以指示、提示、警示、告示、劝导、宣传等感召功能为主导功能,并着眼于公众行动的文本。这种文本带有明确的目的性,即促使公众按照文本的预期意图做出相应的反应或行动。有的文本功能虽然貌似具有信息功能,但其隐性功能仍是感召功能。例如,美国当地时间 2013 年 4 月 17 日,德克萨斯州一化肥厂发生爆炸后,警方封锁了四周道路,并且设立了 Road Closed 标牌。标牌上的公示语的功能看似为信息功能,告知公众:道路已被封锁;然而,其目的在于劝止公众的行动:禁止任何人靠近事故现场。但是,那些纯信息功能的文本不应纳入公示语研究范围,如旅游景点介绍、产品说明书等。这个定义可以看作公示语的狭义定义,旨在明确并规范公示语研究范围,以把公示语研究与其他领域的研究区分开来。

公示语的应用范围非常广泛,凡是与人们生活密切相关的公共场所,公示语都随处可见。公示语常见于以下公共场所:公共交通场所,如公交车站、长途客运站、机场、地铁站、航运站、加油站、街道、高速公路等;旅游景区,如自然风景区、名胜古迹、博物馆、纪念馆等;商贸场所,如商场、超市、银行等;运动场所,如体育场、健身中心等;文化娱乐场所,如影院、剧院等;医疗场所,如医院、诊所等;科教场所,如大中小学、研究所等。由此可见,公示语与人们生活的方方面面都有着密切联系。

二、公示语的语言功能与文本类型

公示语文本类型与公示语的语言功能密切相关,因此,我们首先必须明白公示语具有哪些语言功能。公示语作为一种以社会公众为直接对话对象的文本形式,通常具有以下几种语言功能,并且各自通过不同的语言形式体现出来:

(一)指示功能

指示功能的主要作用是为公众提供指示性信息,用于指明道路、方向、处所、内容等,常见于街道、车站、机场、商场、宾馆、餐馆、医院、剧院、旅游景点等场所,主要表现形式为指示语,如:紧急出口(Emergency Exit)、问讯处(Information)、国际出发(International Departure)。指示功能看上去虽然是静态的,但这种功能实际上着眼于读者的行动，意在给读者以明确的指示，使其在需要时能够采取相应的行动。比如，在一幢办公大楼里，一旦出现紧急情况，电梯不能使用，人们将按照"紧急出口"指示的方向逃生。

（二）提示功能

提示功能的主要作用是对公众的行为加以指导和规范，告诉公众应该怎么做，通常语气比较温和，主要表现形式为各种提示语，如：坐下后请系好安全带（Please Fasten Seat Belt While Seated）、遇紧急情况请按此键（Press This Button For Emergency Call）、小心轻放（Handle With Care）。

（三）警示功能

警示功能的主要作用是对公众的行为加以约束和限制，禁止公众做某些事情，通常语气比较严厉，常用于道路交通和其他涉及安全的公共场所，主要表现形式为警示语。英语中常用 No, Do Not 开头，或者使用动词 prohibit，如：桥上禁止超车（No Overtaking On Bridge）、严禁疲劳驾驶（Do Not Drive When Tired）、严禁携带危险品（Dangerous Goods Prohibited）。

（四）告示功能

告示功能的主要作用是向公众发布信息或提出要求，以使他们按照文本意图采取相应的行动，其主要表现形式是各种公示语，如：凭票入场（Admission By Ticket Only）；货物售出，概不退换（All Sales Are Final）；将含有酒精的饮料卖给不满18岁的未成年人属于违法行为（It is illegal to sell alcoholic beverage to persons under the age of eighteen）。

（五）劝导功能

劝导功能的主要作用是劝导说服公众，促使他们按照文本意图行动，主要以广告形式出现在商场、超市、马路等地，如：清仓甩卖，莫失良机（Clearance Sale, It's Now And Never）；英语培训，经验丰富，师资雄厚（Expert English Language Training By Qualified Teachers），领略凯悦（酒店）风采（Feel The Hyatt Touch）。

（六）宣传功能

宣传功能的主要作用是营造声势、渲染气氛，当然也不乏号召公众行动的意味，其主要表现形式为各种标语口号。比如，1990年的北京亚运会口号号召运动员们"争取运动成绩与精神文明双丰收"，译作"For Better Records and Sportsmanship"。泛珠三角地区某次经济合作会议的主题口号号召成员组织"携手合作，共创未来"，译作"Prosperity Through Partnership"。

由此可见，公示语的语言功能无论是指示、提示、警示、告示，还是劝导、宣传，都着眼于公众的反应和行动,都是为了影响公众行为,促使公众去行动、思考或感受,即按照文本的预期意图在必要时做出相应的反应和行动。这种功能就是感召功能,因此公示语所具有的主要功能是感召功能,公示语文本应当属于感召型文本。也就是说,公示语是一种具有指示、提示、警示、告示、劝导和宣传等感召功能的文本。

纽马克认为,文本可能同时兼有几种不同的功能,并以其中某一种功能为主导功能。作为感召型文本,公示语的主导功能是感召功能,那么公示语还可能兼有其他哪些功能呢?下面我们来分析一下公示语文本的功能兼类情况。

(1)感召功能兼信息功能。在这种类型中,文本的信息功能是显性的,其感召功能可能是显性的,也可能是隐性的,但却是主导功能,主要表现形式有指示语、公示语和广告。指示语虽然看起来主要是在提供信息,但其着眼点仍在公众的行动上,比如作为指示语的各种店名,不仅仅是要让顾客知道这是一个什么店,更重要的是给顾客的行动以指示。顾客想要买衣服,就会去商场;想要买食品,就会去超市;想要吃中餐,就会去川餐馆、粤菜馆;想要吃洋快餐,就会去麦当劳或者肯德基。所以,商店名称所具有的感召功能不言而喻。

公示语的信息功能常常是显性的,其感召功能可能是显性的,如:前方学校,慢行(School Ahead, Slow Down)。Slow Down 所体现的感召功能是显性的。公示语的信息功能也可能是隐性的,如:前方施工(Road Work Ahead)。这条公示语表面看上去只是给司机们提供了一个信息,但其真正目的还在于告诉他们"绕道而行"(Detour)。所以,即使后面没有 Detour,司机们见到后也知道绕道而行。由此可见,在公示语中感召功能不管是显性的还是隐性的,都是主导功能。

广告也是一种具有感召和信息双重功能的公示语。比如,买一送一(Buy One and Get One Free)。这句广告中的信息很明确。但是,传递信息并不是广告的主要目的,吸引顾客购买产品才是其主要目的,所以广告也是以感召功能为主导功能。由此可见,这种类型的公示语虽然兼有信息功能,但其主要目的不仅仅是向公众传递信息,更重要的是期待公众有所行动。因此,感召功能才是其主导功能。

(2)感召功能兼美感功能。美感功能(aesthetic)是纽马克提出的三种次要功能之一,另外两种功能是寒暄功能(phatic)和元语言功能(matalingual)。美感功能以取悦读者为目的,首先是通过语音,其次是通过隐喻。句子、从句以及单词的节奏、平衡和对比也起到一定的作用。这一功能主要体现在一些广告标语中,在汉语公示语中表现尤为突出。有些汉语公示语通过押韵、对偶、排比、夸张、拟人等修辞手法来增强表现力,增加美感。比如,建设银行发行龙卡时的广告用语"衣食住行,有龙则灵",这则汉语广告语言结构对称押韵,颇有诗意,丁衡祁将其译作:

Your everyday life's so very busy, But our LongCard can make it easy。香港地铁站里有一幅标语"提高生活素质，迈向美好未来"，结构对称平行，语言抑扬顿挫，英文译作：Better Living, Brighter Future。不难看出，这两条公示语的美感功能只是一种语言手段，都是服务于感召功能的，服务于公示语的文本意图的。建行广告的目的是要通过富有汉语音韵美的文字来打动消费者，使消费者乐于接受并使用建行的龙卡消费。香港地铁站里的标语则是想要通过这条具有汉语对称美的标语来激励香港市民为香港的美好未来努力工作。所以，在这种类型的公示语中，感召功能仍然是主导功能，其文本意图在于唤起读者的行动，而不在于想要读者欣赏美文。

综上所述，公示语文本除了具有感召功能以外，还可能兼具信息功能、美感功能或其他功能。但是，不管是兼有哪一种功能，感召功能始终都是公示语的主导功能，信息功能、美感功能或者其他功能都只是次要功能。因此，我们可以说公示语是一种以感召功能为主导功能的文本，有的公示语文本可能兼具信息功能、美感功能或其他功能。

三、公示语功能及其文本类型的识别

从以上论述我们可以看出，具有感召功能的公示语与具有表情功能和信息功能的其他文本之间的一个最大不同之处在于，公示语不管是直接明确地还是委婉隐约地给公众发出指示、提出要求或对他们进行劝导，都着眼于公众的行动，期待公众做出相应的反应。这就是公示语的性质，这种性质是由公示语的感召功能所决定的。根据前面公示语的定义，我们知道，并非所有在公共场所出现的文本都是公示语，主要应当视其是否具有感召功能，是否着眼于公众的行动而定。明确了这一点，我们就不应当把公示语翻译研究的范围无限扩大，把一些不属于公示语的文本也纳入公示语翻译来讨论。比如，旅游景区里的景点介绍只具有信息功能，而不具有感召功能，它的目的只是为游客提供信息，帮助他们了解景点的历史和现状，而不在于游客的行动，因为游客已经身在景区。因此，旅游景区里的景点介绍这类纯信息型文本不属于公示语之列。

教科书、科研论文或新闻报道属于纯信息型文本。公示语与这些信息型文本的一个根本不同之处在于，它不以单纯提供信息为目的，而是"另有所图"，即着眼于通过文本所提供的信息，指导公众的行动。澳门海事博物馆里有一份告示：Tickets for the simulator are available at snack bar. Price: MOPMYM 15.00 for a ride of 2 persons（模拟器可同时供两人乘坐，售票在本馆茶座收银处，票价：每次澳元十五元正）。这则告示看似在提供信息，但我们不难看出，在一个面向公众开放的博物馆里出现的

这则告示，它不以单纯提供信息为目的，而是通过文本所提供的信息，给游客乘坐模拟器和购票的行为以提示，其潜台词为："想要乘坐模拟器的游客，请到本馆茶座收银处购票"。该告示期待游客参与的意图显而易见，感召功能才是其主导功能。因此，这条公示语的功能类型应为"感召功能兼信息功能"。

"澳门欢迎您"（Macau Welcomes You）一句看似在表达发话者对受话人的友好态度，属于表情功能。然而，公示语重在受话人（公众），而非发话者本身。这条公示语的主要意图是感染受话人，让来访者感受到澳门的热情友好，其功能等同于"You Are Welcome to Macau"。把主语换成 you 以后，其意图不言自明。因此，该句属于感召功能型文本，而非表情功能型文本。

竖立在澳门路环岛天主教堂门口的牌示"Welcome. Thank you for showing respect in this place of worship"看似具有表情和感染功能，前句似乎表达了主人（发话者）对客人的热情态度，后句似乎表达了主人对客人在教堂里所作所为的感谢。事实上，游客尚未进入教堂，何来值得感谢的行为？这条公示语实质上是在给游客的行为以提示，而非致谢，只不过在表达形式上比较委婉客气，其潜台词是：在教堂内请保持肃穆安静。这一点我们可以从其相应的汉语文本看出来："欢迎参观。在圣堂内请勿喧哗。出入关门。多谢合作。"汉语表达比较直白，感召功能一目了然。游客也知道这句话是对他们在教堂内的行为提出要求，而不是表示感谢。请看另外一条与此极为相似的公示语：Thank you for not smoking（请勿吸烟）。这条公示语不过是"No Smoking"（禁止吸烟）的委婉表达而已，并非是在表示感谢，而是在规约公众的行为。由此可以看出，这条公示语只具有感召功能，而不具有表情功能。

综上所述，我们认为不存在具有单一信息功能的公示语，因为信息功能的核心是事实，信息型文本虽然注重向读者传递信息，但不以读者反应或行动为目的。同样，也不存在具有单一表情功能的公示语，因为表情功能的核心是作者，在表情型文本中，作者使用语言表达自己的思想和感情，而不管读者看过以后有何行动。此外，公示语虽然可以兼有信息功能，但是不能兼有表情功能，因为感召功能与表情功能，一个以读者行动为重，一个不关注读者行动，二者相互排斥，不可兼容。

明确公示语的语言功能和文本类型对公示语翻译具有重要意义。正因为公示语是一种感召型文本，并且不能兼有表情功能，原作者的地位也就不是那么"神圣的"，因此，我们在翻译公示语时就不必唯原作者的马首是瞻，照搬原文，不敢越雷池一步。目前存在着不少错误的和低劣的公示语英语译文，其根源就在于译者把公示语当作了表情型文本，在原文后面亦步亦趋，尽其所能地忠实传达原文的形式，反而忽略了传达原文的感召功能。

根据纽马克的文本类型理论，在翻译具有感召功能的文本时，应当使用交际翻译法。交际翻译法强调读者、译文和译文的预期效果，即以读者为中心，注重译文语言的流畅地道、简明易懂，强调译文应当尽力在译文读者身上产生与原文读者所能获得的大致相同的效果。在具体的翻译方法上，我们可以根据不同情况，分别采取借译、仿译和创译等方法。总之，在翻译汉语公示语时，首先应当明确公示语是一种感召型文本，译出公示语的感召功能是翻译的首要任务，而不能仅仅为了形式上的"忠实"，损害译文的感召功能，从而使公示语失去应有的作用。翻译时不必拘泥于汉语原文的语言结构，应当遵从英语语言文化习惯，这样才能使译文取得公示语文本的预期效果。

第二节　公示语翻译原则

分析公示语的翻译原则首先可以分析公示语翻译的错误。在公示语翻译中，错误比比皆是，堪称非文学翻译中最为典型的一种。公示语翻译错误大致可以分为三大类、十一小类。三大类分别为：①语言失误，包括拼写错误、汉语拼音和英语混用、汉语拼音冒充英语、词不达意、语法不通、不知所云、综合错误；②文化失误，主要是不符合英语文化习惯；③语用失误，包括对号入座、文不对题、译名不统一。

一、公示语翻译错误类型及举例

（一）语言失误

在语言方面的失误主要是拼写错误（例如：紧急疏散示意图 Emergenay Evacution. Landicator DiagRamt 天一广场警务点）、汉语拼音和英语混用（例如：爱我家园，其他垃圾 AI WO JIA YUAN, OTHER WASTE）、词不达意（例如：加工蔬菜 Cooked Vegetables）、语法不通（例如：谢谢惠顾 Thank For Shopping）、不知所云（例如：民警执勤点 Police the line of duty）

（二）文化失误

文化失误主要表现在公示语译文不符合英语文化习惯。例如：

（1）禁止随地大小便 No shitting and pissing everywhere

（2）禁止随地吐痰 DON'T SPITTING

（3）请勿吸烟 Please No Smoking

（4）一次性用品 Single Use

（5）当心台阶 Caution on Stairs
（6）游客止步 PASSENGER NO ENTRY

（三）语用失误

语用失误则主要表现在以下几个方面：

（1）翻译中对号入座，例如：XX 欢迎您！ Welcome You to XX!。

（2）翻译文不对题，例如：汽车南站 South Bus Station（公共汽车南站，实为"长途客运南站"）。

（3）译名不统一，例如：千丈岩 Thousand-zhang Cliff / Qianzhang Waterfall / Thousand yard Cliff。

二、公示语翻译错例分析

公示语是一个城市的名片，公示语翻译自然与城市的形象密切相关。好的公示语译文可以为城市增光添彩，不好的译文只能给城市脸上抹黑。纵观国内各地汉语公示语的英译，可谓错误百出。比如，投诉咨询处 The Hurt Tells Consult Place（超市）；小心地滑 Slip Carefully（机场厕所）；禁止烟火 Prohibit Fireworks（野生动物园）；营业中 To Run Business / In The Business（市内繁华商业区）。这样的译文不但不能为城市增光，反而有损城市形象。黄友义（2005）在首届全国公示语大会上指出，"外宣翻译是一种门面工作，其中的错误与缺陷会被放大来看。可以毫不夸张地说，外宣翻译是一个国家对外交流水平和人文环境建设的具体体现"。公示语翻译是对外宣传工作的一个重要组成部分，一个城市里的公示语翻译错误只会给这个城市的形象带来负面的影响。

笔者根据对近年来收集的公示语资料的研究，认为所有这些公示语翻译错误都有一个共同的根源，即只顾字面和结构的对应，忽视传递公示语的感召功能。公示语是一种以感召功能为主导功能的文本，以公众的反应和行动为目的，它给公众提供信息，指示其行动；或给公众以警示，约束其行动；或给公众以劝导，促使其行动等。公示语的这种语言功能就是感召功能。正如纽马克所说，感召功能意在"促使读者去行动、思考或感受，即按照文本预期的意图作出反应"。公示语的感召功能体现了公示语文本与读者之间的互动关系，只有那些能够让读者产生反应的公示语才是有效的公示语。因此，在公示语翻译中译出原文的感召功能是至关重要的。

前面提到的"投诉咨询处"本是一个为顾客指明投诉处所的指示语，却被译成一个莫名其妙的句子"The Hurt Tells Consult Place"（受伤害者告诉咨询地），完全丧失了指示功能。其实，此处是超市里的一个顾客服务台，服务范围也包括投诉和咨询，译作"Customer Service"即可。具有指示功能的公示语多为名词词组或具有名词词组功能的其他词组，而不是句子。再如，位于一条交通要道上的一家连锁洗衣店，店名为"大象绿色洗衣"，也被译成了一个滑稽可笑的句子"Daxiang Green Washes Clothes"，导致该公示语的指示功能丢失殆尽。此处"大象"是牌子，"洗衣"实为"洗衣店"（laundry）的简称，与"绿色"合为一个词组，意为"绿色洗衣店"。因此，该店名可以译作"Daxiang Green Laundry"。公示语的指示功能尽管看上去是静态的，但这种功能实际上仍然是着眼于读者的行动，意在给读者以明确指示，使其在需要时能够采取相应的行动。比如，机场里的"行李提取处"（BaggageClaim），托运过行李的旅客下飞机后会直奔此处提取行李。一般乘客不会去光顾"失物招领处"（Lost and Found / Lost-Found Office / Lost Property Office），可是，一旦有人丢失了东西，就会立刻赶到那里去询问和认领。

出现在某机场厕所里的公示语"小心地滑"，本意是提醒公众注意地面很滑，走路时需多加小心。译成"Slip Carefully"，不仅毫无提示功能可言，反而成了向公众提出的一个很滑稽的要求："小心地滑倒。"相信那些外国乘客见到后一定摸不着头脑。这句公示语可以译作"Caution, Wet Floor"。但值得注意的是，该泽语只能用于室内，因为floor一词指的是室内地面。现在有的地方依样画葫芦，露天场地上也摆放着这样的标识牌，这是不妥的。若是室外路面滑，应当译成"Slippery When Wet / Caution: Slip Hazard / Slippery Surface"。另如，在某路公交车前后门上方都贴着的一条公示语："紧急开门时，请使用此开关"，译成"Emergency For Use"（因为使用而紧急），让人看了不知所云,失去了应有的提示功能。这句话可以译作"Emergency Use Only"。可见，翻译时要注意语言规范。

"禁止烟火"是一句具有警示功能的公示语，常见于旅游景点里树木茂盛的地方，或是存放易燃易爆物品的场所。前面提到某野生动物园里的译文"Prohibit Fireworks"中有两处错误，一是逻辑错误。译文是一个以动词prohibit开头的祈使句，而英语中祈使句所表达的动作的行为主体应当是听话人，这里即游客。因此，译文的意思成了"（游客）禁止（他人）使用烟火"。事实上，在这句公示语中，游客才是"禁止使用烟火"的对象。二是用词错误。"烟火"不是"烟花""焰火"，不能用firework。这两处错误导致该公示语丧失了警示功能。此外，"禁止烟火"也不仅仅指"禁止吸烟"。某森林公园景区里用"No Smoking"来表达"禁止烟火"，也是不准确的。此处"烟火"的中心词是"火"，烟为火生，吸烟也得点火，因此可以译作"Fires（Strictly）Prohibited"或者"No Smoking Or Open Flames"。英语中用来表达具有警示功能的常用句型为：No-ing / Do Not/（be）prohibited。翻译时要注意使用正确的句型，才能清楚地表达原文意思，正确传递原文的警示功能。

张贴在某地闹市区店铺门上的公示语"营业中"被译成"To Run Business"，让外国游客感到茫然，不知该不该进去，因为不定式常常表达尚未发生的情况。该译文给公众传达的意思是"将要开门营业"，而不是"已经开门营业了"。"In the Business"则纯属硬译。两种译文都不能正确传递原文的告示功能。英语中常用来表达"开门营业"这个意思的其实就一个词：Open。店铺关门下班则用Closed。国外有些店铺门口挂着一个牌子，正反两面分别写着这两个词，开关门时分别使用。这种具有告示功能的公示语在旅游景点的各种"须知"中较为常见。翻译时除了应当译出原文的告示功能之外，还应注意传达出原文的准确信息，否则，可能会误导公众。下面是某4A级旅游景区大门处一则"购票须知"中的一句话："购票时，请当面点清票款，门票售出，恕不退款"（Please check the change face to face when you purchase tickets. Sorry for not returning money when you left）。这句译文把告示原文的意思曲解为："购票时请面对面点清找补的零钱。一旦你离开，恕不还钱。"前一句译文中，"当面"译成"面对面"，有点"对立"的味道。后一句含有歧义："若不离开，仍可退钱。"这句公示语似可译成：Please check the ticket and the change before you leave. No refunds for tickets sold。

在某公园旁有一个房地产广告："湖畔，休闲氧生大宅"。几乎被一字一字地译成：Lakes Recreation Oxygen Grows the Large Residence。结果成了一句莫名其妙的话："湖休闲氧长出了大宅"，广告的劝导功能丧失殆尽。汉语原文中的"氧生"可能是一语双关，意指居住在湖畔，空气清新，氧气丰富，宜于养生。翻译这句广告词主要应当传达出它的劝导功能，使外国人看了以后也会产生购买房子的欲望。拟改译为：Large Houses by the Lake Give You Refreshingly Care free Life。旁边的另一条广告"公园，就是回家的方向"被译成"Park, is a homing direction"，照搬汉语原文结构，连标点符号也没有放过，且把home一词胡乱用作动词，文理不通。如此广告怎能具有感召功能？拟改译为：The Park Is Where the Home Is。

标语除了具有号召功能之外，主要还用来渲染气氛，以此感染公众。在某市市内交通要道上曾经出现过一条标语："热烈祝贺2005年中国食品博览会隆重召开"，被译为：Congratulate warmly China Food Products Exposition hold ceremoniously。这句译文基本上是字字对译，照搬汉语原文结构，导致译文语法严重错误。原文为无主句，译成英语后成了祈使句；原文主要是为了渲染气氛，译文变成了对公众的要求，结果失去了原文应有的宣传功能。拟改译为：Hail to China Food Exposition。另如，在某市乘坐出租车，上车后可以听见一句英语：Welcome to take my taxi（欢迎乘坐本出租车）。这也是一句宣传用语，问题在于 welcome 后面若是跟上一个动词，已不再表示"欢迎"，而是表示"可以随意或尽管（做某事）"。比如，You are welcome to use my car,译成汉语的意思是"我的车你尽管用"。因此，Welcome to take my taxi 的意思变成了"我的车你尽管坐"。况且这句话也不符合英语习惯。在这种场合，英语习惯用"Thank you for choosing my service"。

由上可知，忽视公示语的感召功能是导致汉语公示语翻译错误的一个根本原因。错误的公示语翻译往往满足于追求与原文字面意思和结构上的对等，忽视传达公示语在译文语境里的感召功能，忽视译文读者的反应和文本效果，导致译出的公示语无法起到感召作用，无法实现文本与读者之间的互动。

三、公示语翻译错误成因分析

根据我们的调查分析，导致公示语翻译错误满天飞的原因主要有以下几个方面：

（一）译员翻译能力不够

有时候公示语仅有几个字，看似简单，实际上翻译起来难度很大，是一项要求很高的翻译活动，并非学过英语或者持有大学专业英语八级证书的人就可以轻松完成的。公示语翻译不仅要求译出原文的意思，而且还要求译出原文的功能，译文必须要符合英语国家人士的语言文化习惯，才能起到应有的社会效果。但是，有的翻译人员认为，只要有词典就能把汉语公示语译成英语，完全不管译得对不对。正是因为这些翻译人员水平低下，直接导致了公共场所出现大量错误的公示语译文。

（二）制作单位重视不够

据我们调查了解，大多数单位如果想要制作一块汉英双语标牌，要么自己找人把汉语译成英语，要么直接委托标牌制作店的人翻译。他们把标识语翻译当作一件轻而易举的事，以为略懂一点英语的人都可以胜任。只要能够译成英语，不管译得是否正确恰当。而且，双语标牌制作好以后，也不再请人把关检查，看看有没有问题，便直接把它悬挂或张贴出去。可见，双语标牌制作单位没有意识到翻译的复杂性和难度，也没有意识到翻译的重要性以及错误翻译所产生的后果的严重性，因此对公示语翻译重视不够，这也是导致公示语错误百出的原因之一。

（三）标牌制作店的责任心不够

我们曾经在几家标牌制作店进行过调查。我们以顾客的身份进店询问制作汉英双语标牌的事宜，有的店主先要求我们自己把汉语译成英语，我们假称不懂，店主回答说，现在哪个单位里都有大学生，找他们翻译好了再来。有的店主干脆大胆地连翻译一块儿揽下，自称店里有懂英语的，还有英语词典。毫无疑问，这些标牌制作店也把英语翻译看作非常简单的一件事，似乎认为只要学过英语，或者有一本汉英词典、金山词霸之类的电子词典，就可以把汉语翻译成英语了。俗话说，"没有金刚钻，莫揽瓷器活"。可是，这些标牌制作店明明没有金刚钻，却偏偏要揽瓷器活。这里面的主要原因还在于利益驱动，只要有钱可赚，他们就敢揽下自己没有能力做的活，根本不计后果。

此外，即使有的单位自己请人把汉语公示语译成规范的英语公示语，但是在制作过程中，由于标牌制作店人员不懂英语，或者英语水平很低，导致制作出来的标牌上的英语拼写错误连连，比如少一个字母或多一个字母、字母顺序颠倒、大小写错误等。可见，标识牌制作店缺乏责任心也是公共场所英语错误的一大来源。

（四）缺乏必要的监管

从各地公示语翻译现状来看，这一领域缺乏足够的监管力度，导致公示语翻译市场成了一个名副其实的"自由市场"。这不是仅限于某一个城市的问题，而是一个全国性的问题。从客观上来说，相关的监管部门很多，如外事办、语委会、交通局、旅游局、工商局、质检局等。究竟该由一个部门来主管公示语翻译的事，还是由几个部门各负其责？或许正因为相关部门太多，责任不清，反而造成缺乏统一协调的有效监管。很多城市里的公示语翻译错误问题也曾被媒体曝光过，然而，令人遗憾的是并没能引起相关部门的重视。

（五）缺乏必要的译审制度

那些由于翻译人员的能力问题或者制作人员的责任心问题引起的公示语翻译错误，本来可以通过相关部门或某个权威机构的译审，从专业方面加以把关，从而做到及时纠正。但是由于目前缺乏这一制度，各种公示语翻译标牌制作出来以后，就直接出现在了公共场所。于是，小至拼写、译名不统一等错误，大至语法、文化习俗方面的错误，便肆无忌惮地在各种公共场所抛头露面。

上述诸多原因归结起来看，当前公示语翻译乱象正是当前整个社会还没有充分认识到不合格的公示语翻译所产生的后果。在不少地方，悬挂、张贴英语公示语似乎不是为了实用，为了给在中国生活、学习、经商、旅游的外国人提供方便，为了与世界各国交流经济文化信息，而是流于表面形式，被当成了一种时髦的装饰。

四、公示语翻译原则

爱泼斯坦（Israel Epstein）等人指出，"我们要把原来用中文所表述的内容，传达给使用外语的外国人，首先必须使你的外语符合其规律和法则，其次必须克服两种不同文化所造成的障碍，这样才能使交流完成。因此，翻译绝不是一种机械性的工作，而是一种创造性的工作"。这句话说明了决定译文质量的两个重要因素：规范性和创造性。翻译不是一种简单的语际转换行为，而是一种跨文化交流活动，因此，译文必须遵守外语语言规范，才能达到跨文化交流的目的。为达这一目的，翻译时就不能过分拘泥于原文，要敢于做创造性的工作，以消除不同文化之间的障碍。黄友义提出了外宣工作"三贴近"（贴近中国发展的实际、贴近国外受众对中国信息的需求、贴近国外受众的思维习惯）的原则。这些都为我们探讨公示语翻译原则奠定了基础。

如前所述，公示语是一种面向公众，着眼于公众行动的文本，公示语翻译的服务对象则是在华工作或来华旅游的外国人。既然如此，公示语翻译的总原则应当是"译文读者导向原则"，即公示语翻译应当以译文读者为重，充分考虑他们在语言文化和接受心理方面的差异，为他们的需求服务，给他们在中国的衣食住行提供方便。在此总原则之下，公示语翻译还应当遵循规范化原则、准确性原则、得体性原则和简洁性原则。

（一）规范化原则

公示语翻译规范化原则主要指公示语翻译应当遵循英语公示语的规范。公示语本身是一种规范标准的语言形式，大多是一些已经固定的习惯用语，不可随意改动。比如，"小心碰头"，其对应的英语公示语是"Watch Your Head/Mind Your Head"，而在国内不少地方我们看到的译文是"Take Care of Your Head / Be Careful"。英语中存在着大量的规范公示语，尤其是一些提示语和警示语，可供我们在翻译汉语公示语时予以借鉴，甚至还有不少可以直接借用。英语公示语既为我们翻译汉语公示语确立了规范，又为我们创造了十分有利的条件，翻译时应当对已有的资源加以充分利用。

（二）准确性原则

公示语翻译的准确性原则指译文的意义和功能要准确。忽视公示语译文的准确性，结果可能误导读者。在某旅游景区里就曾出现过这样的笑话：一个外国游客与导游和同伴走失之后，见到一个"Visitors Stop Here"（游客止步）的标识牌，不知所措，于是在该标识牌前停步不前。

在某几个景区里有一条相同的警示语："当心坠落"，都被译成"Caution:DropDown"。这条警示语出现的地方主要是景区里有悬崖峭壁的危险地带，意图本该是告诫游客注意安全，结果译文却变成了要游客做一种危险动作的要求："注意：坠落"，完全是本末倒置。译成 caution 不足以起到警示作用，应当译作：Danger! Cliff Edge , Stay Away !

（三）得体性原则

公示语翻译的得体性原则包括两个方面：一是文化不得体，比如，把"禁止随地大小便"译成"No shitting and pissing everywhere"。二是使用地方不得体。比如，把加油站里的"严禁吸烟"译成"Please do not smoke here"。这种高危环境下必须严厉，"No Smoking"才是得体的译文。"Please do not smoke here"可以用于其他场合，如图书馆、办公室等地。

（四）简洁性原则

公示语翻译简洁性原则指要注重译文的简洁性，翻译公示语时不必逐字翻译，汉语原文中有些啰唆繁杂的词语可以省略不译。比如，下面这句汉语公示语富有诗意，读起来朗朗上口，警示作用也很明确："碧水清清，却亦无情，河湍势险，请勿戏水。"然而，其英语译文却拘泥于汉语原文结构，仍然译成四个小句，并且几乎把原文的每一个字都译了出来，结果反而导致译文丧失了公示语原有的感召功能，成了"死译"：So blue water, but also no goodwill. So rushing current, please no play the water。其实，这句公示语所要传达的意思不过是"水深危险"。翻译时不必逐字逐句地译，可以译作：Danger! DeepWater! 其警示功能一览无余，同时也符合英语公示语言简意赅的特点。

第三节　公示语汉英翻译策略

根据汉语公示语英译的原则，在汉语公示语英译过程中，译者可采用以下几种翻译策略。如果英语中有现成的对应表达，译者可以直接照搬（借用）；如果英语中有类似表达，译者可以参照它进行仿译；如果前两种情况均不存在，译者可以按照英语的表达习惯和思路进行创造性翻译；由于不同类型的文本具有不同的功能，可以采取交际翻译策略；从语用学的角度，可以采取语用翻译。

一、借用

当汉语公示语的目的或内容与英语公示语的目的或内容相似，而且在相同条件下二者的功能也相同，此时译者完全可以借用英语中已有的规范的公示语进行翻译。很多公示语在英语中已有约定俗成的形式，为英语国家民众所熟悉，而且，这些英语公示语大多语言精练。因此，借用英语中现有的公示语，应当是汉语公示语英译的首选方法。若是不根据国际上通用的标准进行规范的翻译，而只是进行字对字的机械翻译，译文就可能生涩难懂，不符合译语的语言和文化习惯，从而影响交际目的的实现。

我们首先看看"请勿吸烟"和"严禁吸烟"如何翻译。

我们可以采用拿来主义，直接从下面现有的几种表达方法中加以选择：

NO SMOKING SMOKING PROHIBITED SMOKING NOT ALLOWED

NO SMOKING IN THIS ESTABLISHMENT / BUILDING

NO SMOKING EXCEPT IN DESIGNATED GUEST ROOMS

这里的 designated room / area 是指指定的吸烟区。如果要特别强调"严禁吸烟"，还可以这样翻译：

ABSOLUTELY NO SMOKING

Danger: No Smoking or open flame（危险：禁止吸烟和明火）

如果想要让语气婉转些，也可以这样表达：

Thank you for not smoking.

Notice: This is a smoke-free / non-smoking facility / building（此处为无烟区） For hygiene's sake, please refrain yourself from smoking in this room（为了您和他人的健康，请勿在此吸烟）

我们再来看看公园关于保护绿地的公示语的翻译：

对于下面这组例子，翻译时最好直接照搬借用英语里的现成表达。如果必须自行翻译，那么译文一定要符合译语的表达习惯和目标读者的阅读习惯，注意译文的可读性。

保护绿草，留住绿意。

小草有生命，脚下请留情。

小草微微笑，请您走便道。

护一片绿叶，献一份爱心。

不规范译文分别是：

Preserve green grass and retain the green color.

Little grass has life, please watch your step.

Little grass is smiling slightly. Please walk on the pavement.

Protect a piece of green leaf and dedicate a share of love.

这样的翻译很难让外国人看懂，用英语说就是 make no sense。较可取的翻译应该是：

Take care of the grass to keep the place green.

Treading on grass is treading on life.

Little grass says smilingly: "Walk on the pathway, please."

Your care for the green is your love for the community.

如果要采用规范地道的英语重新翻译的话，那么就应该是这样的（直接借用英语中形成的说法"请勿践踏草坪"）：

Please keep off the grass.

Please stay off the grass. Thank you.

Please be advised: stay off the grass.

当然，有时候我们希望把公示语表达得更加生动活泼一些，更有艺术性一些。假如我们想要"笔下生花"，把上述例子原文中的"文学色彩"表现出来，那应该如何翻译呢？最基本的一点就是必须按照英语的思维习惯来进行翻译，能让人看明白你表达的是什么意思。这里建议以下若干种翻译方法，以供选择：

保护绿草，留住绿意。

Keep the grass green and fresh.

Color our city green with well-attended grass.

For our environment's sake, keep the grass in top shape.

小草有生命，脚下请留情。

Please give me a chance to grow.

Grass grows in silence. Please leave it alone.

If I am trampled like a weed, I'd be dying at your feet.

小草微微笑，请您走便道。

I greet you with a smile and you should behave with a style.

If you stay off my ground, I'll be green all the year around The smiling grass would like to say: "Please walk on the pathway."

护一片绿叶，献一份爱心。

A little turf of grass grows with the care of everyone.

My healthy growth calls for everybody's tender care.

Let the grass thrive with our care.

小草青青，脚（足）下留情。

The grass so fair, it needs your care!

与爱护草坪和绿地有关的汉语公示语还有很多，例如：

爱护绿地，请勿入内。

小草微微笑，请您旁边绕。

小草正在休息，请勿打扰。

请您足下绕一绕，花草对您笑一笑。

禁止践踏草坪，违者重罚。

芳草献出爱心，请您脚下留情。

草木也知人情，护毁都有报应。

园内草坪，请勿践踏。

感谢你对花草的爱惜。

小草有情，踏之何忍。

爱护花草，人人有责。

花草与你同呼吸，绿色与你共命运。

其实，以上所列与保护绿地（草坪）有关的汉语公示语均可译为 Keep off the grass。

再如，英语里有许多关于停车场的表达用于 Parking Signs，对于这类词语的翻译，我们可以采取直接借用的办法。例如，Car park（停车场）、Parkade（多层停车场）、Underground parking（地下停车）、Boom-gate Parking（吊臂停车场）、VIP car park（贵宾停车场）、Ticket parking area（购票停车）、Pay Parking（收费停车场）、Parking meter（投币停车米表）、Time Limit Parking（限时停车）、Long Stay Parking（长时间停车）、Flat rate parking（单一的停车收费标准）、Emergency parking（紧急停车）、Stopping for loading or unloading only（只准临时停车装卸货）、Preferred parking（就近停车）、Additional parking at rear（后面还有停车位）、Three for free（三人同车可免费停车）。

英语里也有许多关于禁止停车的用语，我们也可以采用同样的办法进行翻译。例如：

禁止停车，违者拖走 NO PARKING TOW AWAY ZONE

NO PARKING UNAUTHORIZED CARS WILL BE TOWED AWAY AT OWNER'S EXPENSE

NO PARKING VIOLATORS WILL BE TOWED AT VEHICLE OWNER'S EXPENSE

消防通道，严禁停车

STRICTLY NO PARKING FIRE ZONE

NO PARKING OR STANDING FIRE LANE

NO PARKING FIRE STATION

私人车道，禁止停车

NO PARKING IN DRIVEWAY

NO PARKING PRIVATE DRIVE

DO NOT BLOCK DRIVEWAY

如在此停车，车辆及车内财物责任自负

VEHICLES AND THEIR CONTENTS ARE LEFT HERE ENTIRELY AT THE OWNER'S RISK

未经允许在此停车，车辆将被锁定

CARS PARKED HERE WITHOUT PERMISSION WILL BE CLAMPED

此处随时使用，禁止停车 NO PARKING, GARAGE IN USE NO PARKING, CONSTANTLY IN USE NO PARKING, IN USE 24 HOURS

小型车停放区

PARKING FOR SMALL CARS COMPACT CARS ONLY 未经允许，不准停车 PARKING BY PERMIT ONLY ASSIGNED PARKING ONLY AUTHORIZED PARKING ONLY 内部停车位

PARKING FOR STAFF / FACULTY ONLY RESERVED FOR EMPLOYEES MANAGER'S PARKING BAY 客户专用车位 GUEST'S CAR PARK VISITORS' PARKING ONLY PARKING FOR CUSTOMERS ONLY 门前禁止停车

NO PARKING IN FRONT OF THIS GATE

禁止停车过夜

NO OVERNIGHT PARKING

另外，英语里还有一些特别强调严禁停车的说法，例如：

DO NOT EVEN THINK OF PARKING HERE

NO PARKING, STANDING, STOPPING ANYTIME

NO PARKING, NO STANDING, NO STOPPING, NO KIDDING!

NO PARKING, NOT 5 MINUTES, NOT 30 MINUTES, NOT AT ALL!

二、仿译

仿译就是参照英语里类似的说法，稍加改变，使译文尽量更加地道自然，从而使这些公示语更好地发挥其功能。

例如，有的人把"领养绿地"翻译成英文"adopted lawn or woods"。但这样翻译并不恰当。动词 adopt 是领养小孩，也可以说是"过继"。被领养的小孩是属于领

养者自己的。而"领养绿地"是指"领养者"认领一片绿地，由自己出钱或出力照管，但绿地还是公家的。这里的"领养"是一个比喻的说法，所以不能用 adopt 一词。我们通常所说的"绿地"是指城市道路两边的公共绿化地带，而 woods 的意思指小树木，用它表示志愿者认领照管的草地或树木也不太合适。

那么，"领养绿地"又该如何翻译呢？其实它的译文应是"attendant volunteer subscribed green plots green plots subscribed by attendant volunteers" 或 "green plots taken care of by volunteers"。subscribe 是主动认购、认捐、认献（offer to buy / donate / contribute）之意。例如，How much did you subscribe to the disaster fund?（你向赈灾基金认捐了多少钱？）"绿地"泛指草地和树木，应该用 green plot/lot。那么"绿地领养者"即领养绿地的人，其英文就应该是 green plot attendant volunteer。我们用 attendant volunteer。这个表达是有根据的：美国防止虐待动物协会就有照看动物的志愿者，叫做 animal attendant volunteer: The Pennsylvania SPCA（Society for the Prevention of Cruelty to Animals） offers the opportunity to serve your community through "Animal Attendant Volunteer"（丁衡祁，2006）。

又如，在某宾馆的游泳池里有这样一句公示语：为了安全和游泳池的卫生，请游客止步。多谢！其英文译文是"Non-swimming persons stop here please for your safety and the pool's cleanness. Thanks"。这种翻译完全拘泥于汉语原文结构，是机械性的逐字翻译，其结果是译文冗长、啰唆且晦涩难懂，影响了交际效果的实现。在翻译这一公示语时，我们可以仿照 Staff only（顾客止步），将其译为"Swimmers only"。这样的译文更加符合公示语简洁明了的原则，同时也更加符合译语的语言和文化习惯。

再如，除了参照英语里类似的说法，有时还可仿拟英语谚语、歇后语或名句，借用英语单词的"音"和"形"衍生得来的幽默。我们经常见到安全警示牌"宁停三分，不抢一秒"，其英语译文"Better late than the late"仿拟了西方妇孺皆知的名谚"Better late than never"（迟做总比不做好），令人耳目一新，便于记忆。译者易 never 为 the late, 又让人感到新意扑面。其次，late 含"迟到"、"已故的"，双义 late 的重复，使警示语韵感铿锵，琅琅上口。有人（马红军：2000）提出将"Better late than the late"译为"宁迟一时，不迟一世"，但更有人在此基础上建议将其改译为"宁迟一时，不辞一世"，因为译文中的 "迟时"与"辞世"音近，且兼顾了原文中 the late 的双重含义，这两种译法都不失为较为理想的选择（杨全红，陈宏琴：2001）。

三、创造性翻译（创译）

在翻译汉语公示语时，特别是在翻译那些具有民族特色和中国文化特色的汉语公示语时，译者会发现在英语中找不到对等的表达，也没有类似的说法可供模仿。在此情况下，译者可采取创造性翻译，打破原有的语言形式，进行重新创作。当然，"创译"必须讲究章法，既要准确传达原文的意思和特点，又要使译文具有可读性（丁衡祁，2006）。

例如，当翻译"司机一滴酒，亲人两行泪"时，我们可以参考英语里的 mix drink with drive 这种说法，从而得到这样的译文：

When a man mixes drink with drive, he is likely to bring tears to his family.

该译文不但意思到位，而且形式上也整齐押韵。如果我们要保持中文原有的特色"一滴酒"和"两行泪"的对应，那么我们就可以这样翻译：

One drink of alcohol on the part of the driver can result in two lines of tears for his family.

如果想要在此基础上做到形式上整齐对称，我们也可以这样翻译：

One drink of alcohol muddles up the brain of the driver;

Two lines of tears stream down the faces of his folks.

然而，上述译文都不够简洁，我们最好将其简化为以下译文：

Drink and drive costs your Life.

又如，如果把"创建绿色饭店，倡导绿色消费"逐字译为"Establishing a green hotel, initiating green consumption"，译文会显得毫无生气，更无法表达原文的感染力和号召力，也就无法更好地实现交际目的。有人（牛新生，2007）提议将其翻译为"For a green hotel and green consumption"。在译文中，介词 For 表示目的，恰好可以体现出原文的目的性和感召功能，而且行文简洁，符合公示语简洁明了的原则，以最简洁的形式获得了最佳的反馈效果。

四、交际翻译

由于语言和文化差异，译文不可能和原文的每个方面都完全一致。那么，要保留什么、改动什么，或保留多少、改动多少，就要视翻译目的和译文读者而定。德国功能派一贯坚持的目的论认为"目的决定手段"，目的决定整个翻译过程。而且，在充分表达原文意义的基础上，译文必须让接受者理解，并在目的语文化以及使用译文的交际环境中有意义。

纽马克（2001）按照布勒的语言功能理论将所有文本划分为三大类型：表达型

文本，如诗歌、小说、戏剧等富于想象的文学作品、权威性声明、自传、散文、私人通信等，强调原作者的权威地位；信息型文本，如教科书、技术报告、报刊杂志文章、科研论文、毕业论文等，强调真实性和语言的外部现实；呼唤型文本，如通知、告示、说明书、广告、宣传品等，强调以读者为中心，号召读者按照作者意图做出反应。虽然纽马克指出，文本的划分不是绝对的，大多数文本可能同时具有这三种功能。但很显然，公示语应该是呼唤功能居多，其目的在于向译文读者提供指示或指令性信息。

由于文本的功能不同，意义和形式也应有不同的侧重。在此基础上，纽马克提出了语义翻译和交际翻译作为不同文本相应的翻译策略。表达型文本应以语义翻译为主，而呼唤型文本以读者为中心，包括所有的修辞手段都是用以感染读者以唤起读者的目的，所以应以交际翻译为主。

所谓交际翻译，就是在译文思想内容和语言形式都易被译语读者接受和理解的情况下，将原语文本的语境意义准确地传递出来。呼唤型文本的翻译，不拘泥于原文的语言形式，相反地，在必要时可做适当的语法和词汇的调整，以便更好地传译原文的信息。

根据交际翻译策略，在汉语公示语英译的过程中，公示语的中文语言文化特征仅作为参考就可以了，译者的重点是根据英语读者的需要传递公示语的内容。同样的，与其他文体（如文学）相比，公示语由于篇幅短小而不容许使用译注的方法。于是，我们在公示语的翻译中，应以照顾其主导功能（施为功能）为主，而牺牲部分公示语的次要功能（文化影响）（王银泉、陈新仁：2004）。翻译过程包括对原语的正确理解以及在译文中对原文语义和语体的恰当表达，虽然对原文的正确理解是翻译的基础，也意味着"忠实"的原始体现，但翻译绝不是一种生搬硬套的教条主义的形式对等，尤其是在翻译应用文体时，译文的语言形式不必受原语的语言形式的限制，而应进行必要的变通。

例如，有人将某候机大厅的一则公示语"为了您和大家的健康，吸烟请到吸烟区"译为"For your and others' health, the passengers who smoke, please go to the smoking area"。原文所承载的信息与译文的对应词语所承载的信息是冲突的。汉语公示语的意思但凡中国人读后都能做出这样的推理：候机大厅不准吸烟，为了您和大家的健康，请到吸烟区吸烟。问题出在译文的表达方式上，它传达的意思却是：为了健康，欢迎吸烟的候机乘客到吸烟区吸烟。看似礼貌的译文不仅没能传达禁止吸烟的社交指示，反而成了邀请词，让候机乘客误以为吸烟区备有香烟供应，为了大家的健康，欢迎去吸烟。另外，上述译文属于逐字翻译，不符合公示语翻译的简洁明了的原则，我们不妨采用交际翻译策略，将其改译为"Smoking in Designated Areas Only"。

五、语用翻译

从语用学的角度看，采用交际翻译策略的公示语是否会出现语用不等效或语用等效不彻底的结果呢？答案当然是否定的。虽然语用翻译讲究等效翻译，提倡使用语用等效来解决跨文化交际问题，注重语言在特定语境中的语用含义和目的语与源语的语用等效翻译。但是，语用等效可分为语用—语言等效和社交—语用等效。

在应用文体翻译中，尤其是公共场所的公示语翻译中，意思正确只是翻译的第一步。同时要注意，两种语言的相同话语形式，在不同文化中可能具有不同的礼貌级别，而同一种语言的不同表达方式的差别往往在于语气和情感，而语气和情感的选择又取决于具体的语境。因此，公示语的英译一定要考虑具体的交际场合与对象，考虑被提示对象的阅读心理与情感，力戒译文在礼貌问题上不对等，对读者造成侮辱或轻慢。

公共场所的宣传警示牌随处可见，对大多数中国人来说，已是司空见惯的事，而且已习惯了其中命令式的译文和居高临下的语气。但是，在公示语翻译中，采用命令式，例如将"禁止"译成"Don't"，语气就未免过重，让人产生一种距离感，不利于营造公共场所欢乐祥和的气氛，外国友人也会在心理上感到难以承受。

又如，有些旅店的旅客须知中第一条"旅客登记时，须凭足以证明本人身份的有效证件，并说明住宿原因"翻译为"Guests are requested to show their own valid papers to prove their identities and to tell the reason for lodging when they check in at the hotel"。很显然，译文的语气居高临下、盛气凌人，让人感觉中国这个礼仪之邦是浪得虚名，读了以后恨不得扭头就走。为了更好地实现交际目的，我们不妨将其改译为"Please help us to speed up your check-in by presenting your ID"。很明显，通过语用策略并改译后的译文更能提高目标读者对公示语的接受度，增加译文的可读性，更好地实现其预期的交际功能。

因此，在考虑各种不同语境的前提下，采用交际翻译策略，通过不同的目的语表达法来表达在不同情况下所须采用的原语信息，就可以获得与原文同样的语用效果。

前面讨论了汉语公示语英译的几种最常用的方法。概括起来，当英语中有现成对应的表达方法时，我们可以采用"拿来主义"的方式，将其借用过来，这一方法在大多数情况下都是适用的；当英语中有类似的表达可以参考借鉴时，我们可以采取"移植嫁接"的方式，这一方法在多数情况下也是比较普遍的；当我们想要翻译的汉语公示语在英语中找不到相同或相近的表达时，那就必须按照英语的表达习惯和译文读者的思维方式进行创造性翻译，一定要防止"对号入座"的机械翻译。除此之外，我们还可以采用交际翻译策略，充分考虑公示语的交际语境，了解公示语的功能意义，掌握汉英文化差异，将译文读者的文化习惯放在首位，力求译文简洁明了。同时，我们还可以采用语用策略，增加译文的接受度和可读性，使译文获得与原文同样的语用效果。总之，无论采取哪种翻译方法，充分考虑英语的表达习惯是汉语公示语翻译过程中译者必须遵循的一条十分重要的原则。

第四章　广告翻译

第一节　广告翻译概述

一、广告的含义

"广告"一词源于拉丁语 advertere，意为"唤起大众对某种事物的注意，并诱导于一定的方向所使用的一种手段"（王燕希，2004）。目前，各国学者对广告的解释在文字上有所不同，但基本意思大同小异。美国市场营销协会（American Marketing Association）给广告下的定义是：Advertising is the nonpersonal communication of information usually paid for and usually persuasive in nature about products, services or ideas by identified sponsors through the various media（广告是由特定的广告主，通常以付费的方式，通过各种传播媒体对产品、劳务或观念等信息的非个人介绍及推广）。

美国广告协会（American Association of Advertising Agencies）将广告定义为：广告是付费的大众传播，其最终目的是为传播情报，改变人们对广告商品的态度，诱发其行动而使广告主得到利益。

《简明不列颠百科全书》关于广告的定义是：广告是传递信息的一种方式，其目的在于推销产品、劳务，影响舆论，博得政治支持，推进一种事业……

而我国的《辞海》对广告的定义是：广告是向公众介绍商品、报道服务内容和文娱节目的一种宣传方式。

从上述定义，我们不难看出，广告通常应具备以下要素：

（1）广告的对象是广大消费者，是整个公众，而非个人。

（2）广告传达一定信息，广告的信息内容可以是有关商品的，也可以是有关服务的。同时，广告也可以用于向人们宣传某种经济、政治、宗教及社会现象的非商业领域。

（3）广告通过一定的媒介传播，多数广告通过报纸、杂志、电视、广播等大众传播媒介传播信息。同时，也可以采用邮寄、传单散发、电传、橱窗布置、商品陈列等形式。

（4）任何广告都是由特定的人或组织为达到一定目的而发起的，大多数是为了促进商品的销售或劳务输出以取得利润，但同时又需要支付一定的广告费用；也有一些公益广告，它们既不是为了获取利润，也不需要支付广告费用。

二、广告的功能

一般而言，广告具有以下功能：

（一）信息功能

广告首先应该让消费者知道是什么产品或服务，看看产品有哪些特点符合自己的需要。信息的内容要真实、具体，同时表达应浅显易懂，让消费者一看就明白。

（二）唤起需要功能

消费者在了解该商品或服务的信息后，广告就应向消费者灌输全新的欲望，使其感到好奇，并产生兴趣，进而促使消费者觉得自己确有购买的需要。

（三）说服功能

消费者获取相关商品或服务的信息后，有了想试一试的欲望，但没有实际经验，在买与不买间犹豫不决。此时，广告应消除其不安，鼓起消费者购买的勇气。当然这种说服是善意的，多以常见的事物做比喻，使消费者感到自己确实需要，而不是对其强制或施加压力。

（四）促使行动功能

消费者被说服接受广告中所宣传的事物，接下来就是要促使消费者采取进一步行动，实施购买行为。

（五）扶植信用功能

广告的以上四种功能促使消费者最终以实际行动去购买广告商品。而扶植信用的功能就是在此基础上，巩固消费者对所需购买的东西的满足感，并使消费者对这些商品产生亲切感和信赖感，保持消费者对这些商品或服务的好印象。

三、广告的分类

广告种类繁多，因此其分类方法因不同的分类标准而异。以下是几种常用的分类方式：

（1）根据不同的宣传目的，广告可分为商业广告（Commercial Advertising）和非商业广告（Non-commercial Advertising）。商业广告是以促进销售为目的的营利性组织的广告。非商业广告是政府部门、宗教组织、慈善机构等非营利性组织的公告、启事以及个人求偶、寻人等广告。

（2）以广告媒介为标准，可分为报纸广告（Newspaper Advertising）、杂志广告（Magazine Advertising）、广播广告（Radio Advertising）、电视广告（Television Advertising）、邮政广告（Direct Mail Advertising）、电影广告（Cinema Advertising）、包装广告（Package Advertising）、户外广告（Outdoor Advertising）、网上广告（Web Advertising）等。

（3）以广告对象为标准，可分为消费者广告（Consumer Advertising）、企业广告（Business Advertising）、服务广告（Service Advertising）、产品广告（Product Advertising）、旅游广告（Tourism Advertising）、招聘广告（Employment Advertising）、征婚广告（Dating Advertising）等。此外，根据不同的范畴、目的和倾向性，广告还可以产生许多其他的分类方法，如对比广告（Comparative Ads）、竞争广告（Competitive Ads）、优势导向广告（Pioneer Ads）、邮寄广告（Mail Ads）和直复广告（Direct Response Ads）等。

（四）以地理位置为标准，可分为国际广告（International Advertising）、国内广告（National Advertising）、区域广告（Regional Advertising）和地方广告（Local Advertising）。采用这种方法要根据公司或组织的经营销售方向，针对国际市场有的放矢地进行广告宣传活动。

四、广告的构成

不同的广告媒体，其构成要素也不尽相同。一般而言，一则完整的书面广告（杂志、报纸）由插图、标题、正文、口号、商标五部分构成。广告的诉求点不同，其组合形式也有较大区别。一则英文广告的文案可有这样几种组合形式：标题+正文+口号；正文+口号；标题+口号等。

（一）标题（包括副标题）

广告的标题是广告主题思想的浓缩，其主要作用在于引起读者的注意，说明广告主题，激发消费者的购买欲，起到推销产品的作用。一则好的广告标题必须具有诱导性、独特性、简洁性和针对性等特点。

Every time we race, you win.

每次我们竞赛，你总赢。

这是一则 Yamaha（雅马哈）电子琴的广告标题。标题中用两个简单的单音节动词 race 和 win 清楚地表明了广告的寓意，说明在电子琴行业的激烈竞争中，顾客总是毫无疑问的受益者，很好地达到了宣传的目的，同时又简单明了，便于记忆。

Bitter pursuit, sweet taste.
苦苦的追求，甜甜的享受。

这则广告标题中运用了 bitter 和 sweet 两个简练的形容词，形成强烈的对比，不仅客观描述了产品的特性，而且勾起了人们对产品无限回味的遐想，让人不经意间便垂涎三尺。

按性质，广告标题可分为直接性标题（direct headline）、间接性标题（indirect headline）和综合性标题（combination headline）。

所谓直接性标题就是直截了当地将产品的主要情况、产品的益处等信息告诉消费者，不再添加任何其他补充和说明成分。例如：

Grade A Milk, ￡23 a Quart.

这是一则牛奶广告的标题。其行文简洁明了，将产品的情况直截了当交代出来，并无任何新奇之处，因而不太能引起消费者的好奇心，更不能吸引读者进一步阅读广告的正文。

而间接性标题则不直接说出商品的有关情况，而是采用艺术手法来暗示或诱导消费者去阅读广告的正文和其他信息。读者只有继续阅读广告才能弄清楚广告到底在推销什么产品或服务。例如：

READ THIS AD STANDING UP.

这是一则典型的广告间接性标题，内容新颖，吸引着读者非读下去不可，其目的在于号召人们通过募捐活动获得专款，进行相关研究以帮助小儿麻痹患者重新站起来。由于这种广告能引起读者的深思和联想，具有很好的广告效果。

综合性广告将直接性广告与间接性广告结合起来，既直接说出产品的名称，又采用艺术手法使广告具有一定吸引力，使之简洁明了，富有趣味。例如：

The fastest way to get up running is with our new HP Vectra PCs.

这是惠普公司推介其 Vectra PC 机的一则综合性广告标题，与之匹配的广告画面是一双跑鞋。标题的前半部分以间接的方式指出"奔跑的最快方式是……"，这似乎与计算机无关；但标题的后半部分直接点明：使用惠普 Vectra PC 机，道出了广告宣传的产品，给消费者留下了深刻印象。

（二）正文

正文是广告的中心，是标题的延伸。它对商品的特点、使用方法及售后服务等提供了详细的说明，进而激发读者采取进一步行动。正文一般由引言、主体和结尾三部分组成。引言（the follow-up）是标题与正文的衔接段，起着承上启下的作用。主体（interior paragraph）是正文的主要部分，对所宣传商品的特点进行详细介绍。结尾是正文的结尾部分，其主要目的是以最恰当的语言敦促读者及时采取行动。例如：

Something for menthol smokers to think about

There are menthol cigarettes and there are non-menthol cigarettes. And if you're a menthol smoker, you certainly know by now which one you really enjoy smoking.

So what makes us think we'll ever get a crack at switching you?

Well, we're going to try.

Because if you're like a lot of cigarette smokers these days, you're probably concerned about the "tar" and nicotine stories you've been hearing.

Frankly, if a cigarette is going to bring you flavor, it's also going to bring you smoke. And where there's smoke, there has to be "tar". In most cigarettes, he more flavor, the more "tar", except for Vantage.

You must know that Vantage cigarettes have a special filter which reduces "tar": and nicotine without destroying flavor.

What you may not know is that Vantage is also available in menthol.

Not surprisingly, what separates Vantage Menthol from ordinary menthol's is that Vantage Menthol gives you all the flavor you want, with a lot less of the "tar" and the nicotine that you probably don't want.

Now Vantage Menthol is not the lowest "tar" and nicotine menthol you'll find. It's simply the lowest one you'll enjoy smoking.

Since you're the best judge of what you like about menthol cigarettes, don't just take our word for it.

Try a packet of Vantage Menthol and then youMl know for sure.

这是一则有关 Vantage 香烟的广告，其标题是：值得抽薄荷烟的人深思的事。读者不免要问，深思什么呢？从"There are menthol cigarettes..."到"Well, we're going to try."是正文的引言部分，点出了标题的原意，并引出下文让读者继续读下去；从"Because if you…"到"Now Vantage Menthol is not … smoking."是正文的主体部分，大胆建议吸烟者尝试改抽 Vantage 牌香烟，并指出 Vantage 牌香烟的不同之处在于不仅可以让吸烟者得到想要的滋味,还含有更少焦油和尼古丁。从"Since you're..."到"Try a packet…for sure."为正文的结尾,鼓动读者买一包试试。

(三)口号(Slogan)

口号具有宣传鼓动和加深印象的作用,维持广告的连续性。口号多为完整的短句,琅琅上口,便于记忆。例如:

Impossible made possible.(Canon)
使不可能成为可能。(佳能)
A diamond lasts forever.(De Bierres)
钻石恒久远,一颗永流传。(第比尔斯)
Intel Inside(Intel Pentium)
给你一颗奔腾的"芯"。(英特尔奔腾)
Where there is a way, there is a Toyota.(Toyota)
车到山前必有路,有路必有丰田车。(丰田)
Let's make things better.(Philips)
让我们做得更好。(飞利浦)

(四)商标(Trademark)

商标是经过注册登记后享有专利并受到法律保护的商品标记,其主要作用在于区分不同商品的生产者和经营者。商标一般由商标牌号(brand name)和商标的视觉标记(visual symbol)组成,商标本身就是一种广告形式,如"Coca-Cola"是可口可乐公司的商标,"Honda"是日本"本田"汽车的商标,"Samsung"是韩国"三星集团"的商标。

五、广告的实现媒介及选择

(一)广告的实现媒介

广告作为具有一定促销能力的传播媒体,其目的首先要引起读者的注意和兴趣,然后唤起读者的购买欲望,并以事实说服他们,进而促其采取行动。同时,要提高产品的知名度,建立厂商的信誉,树立起商标的形象,进而促进销售。要扩大商品的宣传面,提高广告的宣传效果,就必须通过某些能与广大消费者的听觉、视觉联系起来的传播工具,借助这些传播工具所固有的吸引力和适应性以及普遍的传播作用,达到广告的宣传目的。这种传播广告信息的工具就是广告媒介。主要的广告媒介有以下几种:

1. 报纸

报纸是所有广告媒介中最常用也是最重要的,报纸广告具有读者面广、传递迅速、灵活性强、印象深刻、享有盛誉等优越性,但同时具有寿命短、阅读仓促、复制效果差等局限性。另外,对文化不够普及的农村地区、边远地区,报纸广告的效果也不够理想。

2. 杂志

杂志不像报纸那样以新闻报道为主,而是以各种专门知识来满足各类读者的需要,因此,杂志广告具有选择性强、寿命长、复制效果好、能提高产品声誉等优越性,但也具有缺乏灵活性、易失广告的时效性等局限性。

3. 电视

电视是一种现代化的视听广告媒介,它综合利用文学、图像、色彩、声音和动作等丰富多彩的艺术表现形式,加上现场实物展示的生动场面,使人产生亲临其境的艺术感受。因此,对于大多数厂商来说,电视广告是一种理想的广告媒介。电视广告具有生动形象、感染力强、覆盖率广、灵活性强、反复宣传等优越性,但同时具有制作复杂、费用较高、消逝速度快、缺乏选择性等局限性。

4. 广播

广播广告尽管受到电视广告的挑战,但仍起着很大作用,在所有广告媒介中占有重要地位。广播广告具有传播迅速、灵活性强、覆盖面广、价格低廉等优越性,但具有效果短暂、听众分散、缺乏调查研究资料等局限性。

5. 直邮

直邮广告是所有广告媒介中最有选择性和灵活性的一种,它包括明信片、推销信、产品目录、传单、小册子、企业刊物、挂历等。直邮广告的优越性在于选择性强、传播迅速、形式灵活、信息全面,而局限性表现为费用较高、难以确定有效的收件人名单。

6. 户外广告

户外广告主要分布在交通要道、旅游胜地以及行人较多的公共场所。这类广告的特点在于行人能随时随地看到,能起到反复宣传的作用。与此同时,户外广告可以长时间保留,帮助树立厂商和商品形象,但由于行人来去匆匆,受时间和距离的限制,广告的效果难以测定。户外广告主要分为招贴广告、路牌广告和霓虹灯广告:

(4)招贴广告。招贴广告制作简单,费用低,传播迅速,但宣传范围小,有碍城市的美观和整洁。

(5)路牌广告。路牌广告比较醒目,且美观,能吸引行人。宣传面较广,可对行人不断进行反复宣传，以加深其印象。不足之处在于信息易陈旧。

（6）霓虹灯广告。霓虹灯广告以其色彩和光电结合的特点，具有鲜明的宣传效果，因此具有极强的吸引力，能给人留下深刻印象。

7. 网络广告

随着互联网的普及，网络广告越来越受到青睐。它具有费用低、可定向（或定时）服务、灵活性强、交互性高等优越性，其局限性在于上网人口绝对数量小、网络技术和制作水平有待提高。

8. 销售现场广告

销售现场广告简称POP（point-of-purchase advertising）。其优越性在于费用低廉，消费者能看到产品的实物，因此不仅能激发消费者的购买欲望，而且能使他们产生购买行为，同时还可宣传产品商标和形象。

（二）广告媒介的选择

广告媒介的选择是一项复杂的活动，不同的广告媒介仅适合于特定的商品，因此，广告媒介的选择通常主要考虑商品的特性、媒介的覆盖面及目标市场、时间性以及媒介的费用。

第二节　英语广告的语言特征

无论是信息型商务广告还是呼唤型商务广告，都具有其鲜明的商业特征、语言特征和文化特征。商业特征和文化特征是商务广告文本的深层结构，下文主要讨论商务广告文本的表层结构特点，即语言形式的主要特征。

一、英语广告的词汇特点

（一）大量使用评价性形容词

为了推销商品，自然需要使用大量的形容词来描述产品的质量和性能，甚至是美化产品的形象。如果对广告英语的形容词做一番分析，可以发现，多数形容词属于"评价性形容词"。出现频率较高的形容词包括：new, cool, good, better, best, big, bright, clean, crisp, delicious, easy, extra, excellent, fine, resh, ull, great, genuine, healthy, natural, new, real, original, perfect, rich, safe, pecial, sure, super, superb, ture, terrific, wonderful, 等等。例如：

Feel the new space. 感受新视界。（三星电子）

The taste is great. 味道好极了。(雀巢咖啡)

Things go better with Coca-Cola. 饮可口可乐,万事如意。(可口可乐)

(二)大量使用简单动词和感官动词

广告中常用简单动词,这样使得广告语言简洁生动,内容通俗易懂。Leech(1996)在其中概括了使用频率较高的动词如下:make, come, love, get, go, use, know, feel, have, keep, take, see, look, start, buy, need, give, taste. 这些都是单音节词汇,通俗易懂,便于记忆。同时,这些动词都是从消费者的角度来描述产品或服务的质量和性能的,能给消费者留下深刻良好的印象,刺激其购买欲望,最终促进其采取购买行动。如:

Just do it.

想做就做。(耐克运动鞋)

Go for it! Look good. Feel good. Be your best.

快去订阅!看着好,感觉好,好上加好。(健康杂志)

(三)巧用创造新词

对商务广告而言,文字最重要的是创意,要使文字富有个性和新意,因为独具个性的广告词是使消费者"一见钟情","再见倾心"的秘诀。为了创造新奇感,广告非常注重词语的选择和锤炼,甚至可以创造新词新字,标新立异。因此,广告英语常用一些按着英语构词创造的新词,甚至是怪词。

In Miami, it's no newelty.

游了迈阿密,才知天下奇。(旅游广告)

Give a Timex to all, to all a good time.

拥有一块天美时手表,拥有一段美好时光。(天美时手表)Twogether: The ultimate all inclusive one price sun-kissed holiday.

两人共度:一个阳光灿烂的假日,一切费用均包括在单人价格之内。

(四)使用外来语

广告英语中使用外来语时多用法语,以加强广告效果。有些广告商直接在广告中植入法语或插入法语,以唤起人们的想象,取得理想的效果。如:

Ours exclusively. The new essential fragrance from Estee Lauder. Fantastique. Enchanting. Let the new essential fragrance from Estee Lauder leave him positively... Spell Bound. May we suggest Spell Bound perfume, 2.5 oz, $70. Eau de Parfum, 1.7oz, $50. Eau de Parfum spray 3.4oz, $50. Perfume Baby Creme 6.7oz, $50.

(五)使用复合词

广告英语中,人们常根据需要,巧妙地构思出各种各样的复合形容词。由连字符号连接的这些复合词言简意赅,灵活方便。这些复合词大致可分为以下几类:

(1) 形容词 + 名词:top-quality bulbs; first-class service; high-fashion knitwear

(2) 名词 + 形容词:feather-light flakes; brand-new cars

(3) 动词 -ing+ 形容词:piping-hot coffee; shining-clean pans

(4) 名词 + 动词 -ed: honey-coated sugar puffs; chocolate-flavored cereal

(5) 副词 + 动词 -ed: perfectly-textured cakes

(6) 副词 + 动词 -ing: fast-foaming reactants; the best-selling soft toilet tissue

(7) 名词 + 动词 -ing: a relief-giving liquid; the hand fitting container

在如下的广告文本中,广告商大胆创新、发挥想象力、灵活运用复合词,使得语言更加口语化、趣味化,并富有诱惑力。

Newsome cloth is rain-and-stain-resisting.

If you were designing a state-of-the-art cell sorter,

which feature would you need

The minivan airbag. The rear shoulder belts.

The anti-lock brakes, all-wheel drive and built-in child seats we now offer.

二、英语广告的句法特点

(一)词组或短语代替整句

A Kodak Moment.

就在柯达一刻。(柯达相纸/胶卷)

Connecting People.

科技以人为本。(诺基亚)

Poetry in motion, dancing close to me.

动态的诗,向我舞近。(丰田汽车)

M&Ms melt in your mouth, not in your hand.

只溶在口,不溶在手。(M& Ms 巧克力)

(二)多用简单句

广告——广而告之。要吸引读者,有高度的可读性,尽可能一目了然。简单句口语特色浓厚,贴近生活,能打动人,能起到应有的广告效果。而复合句一般较长,不利于广告信息的传递。

We integrate, you communicate.

我们集大成,您超越自我。(三菱电工)

A diamond lasts forever.

钻石恒久远,一颗永流传。(第比尔斯)

Impossible made possible.

使不可能变为可能。(佳能打印机)

Introducing FITNESS magazine. It's about health, it's about exercise, it's about your image, your energy and your outlook. 向您推荐《健康》杂志,说健康、说锻炼、说形象、说精力、说展望。

（三）频繁使用祈使句

广告的目的在于引导人们采取行动(消费)或接受某种观点。祈使句的号召力、说服力都较强,因此在广告中频繁出现。如:

Help！

这是美国一本杂志上刊登的一个紧急救援公司的广告词,令你遇急遇险时自然而然想到它。又如:

Buy one pair. Get one pair.

这则"买一赠一"的广告,采用的是两个祈使句,号召力大大强于这样的表达: If you buy one, you can get one more free of charge. 再如: Make yourself heard.

理解就是沟通。(爱立信)

Take time to indulge.

尽情享受吧！(雀巢冰激凌)

Let's make thing better.

让我们做的更好。(飞利浦电子)

Come to where the flavor is. Marlboro country.

光临风韵之境——万宝路世界。

So come into Mcdonald's and enjoy big Mac Sandwich.

走进麦当劳,享用巨无霸。

以上广告都采用祈使句型,像是以好朋友的口吻建议消费者采取行动,简洁有力,具有极强的说服力和诱惑力,刺激消费者采取购买的行动,能够收到理想的广告效果。

（四）使用疑问句

无论哪种疑问句,一般疑问句,特殊疑问句,选择疑问句,或反意疑问句,都会使消费者禁不住想寻找问题的答案,因而能引起人们的兴趣与好奇心。如:

Who but the French could create a coffee with such passion?（通用食品公司咖啡广告）

Take a closer look（at Far Eastern Economic Review）.（《远东经济评论》）

三、英语广告的修辞特点

广告的目的就是宣传商品，吸引顾客，促进销售，因此很多产品制造商通常运用各种修辞手法在广告上狠下功夫，尤其是广告标语，因为广告标语是广告的灵魂。商务广告作为市场开拓的"敲门砖"，不仅是一种商业活动，还是一种文化交流，在一定程度上反映了国家和民族的文化素质。修辞是人们在言语实践中长期积累和总结的语言，是语言艺术的精华，是大众喜闻乐见的表达形式。广告中常用的修辞有：

（一）押韵（Rhyme）

押韵的使用主要是使广告富有节奏、音调铿锵、朗朗上口、悦耳怡心、增强商品宣传效果，例如：

Pepsi-Cola hits the spot，百事可乐口味好，

Twelve full ounces, that's a lot. 十二盎司真不少。

Twice as much for a nickel, too. 花五便士喝个够，

Pepsi-Cola is the drink for you. 百事可乐请享受。

Hi-fi, Hi-fun, Hi-fashion, only from Sony. 高保真，高乐趣，高时尚，只能来自索尼。

比喻（Analogy）

比喻是根据事物某一方面的特征，将一事物比作其他事物的修辞手法，包括明喻（Simile）和暗喻（Metaphor）两种。明喻用"as"或"like"连接，而暗喻则不用。例如：

Now renting a car is as easy as signing your name.（租车广告）

The next sensational place to wears at in on your lips.（口红广告）

前者用了明喻的修辞手法，把租车比作同签自己的名字一样容易。后者采用了暗喻的修辞手法，把口红比喻成缎子，意思是说这种口红擦在嘴唇这个富于激情的地方，好似穿上了光亮的绸缎一般迷人。

（二）拟人（Personification）

英语广告中的拟人修辞手法，是将宣传的事物比拟为人，将人的行为特征赋予一般事物的修辞方式，使之人格化和情感化。

Flowers by Interflora speak from the heart.（Interflora 国际鲜花速递）

The Globe brings you the world in a single copy.（《环球》杂志）

（三）双关（Pun）

双关是利用某些英语词汇读音相同但意思不同或拼写相同但意思不同的特点，使某些词语或句子在特定的环境中具有双重意义的修辞手法。

I'm More satisfied. 我更满意摩尔牌香烟。

Coke refreshes you like no other can. 没有什么能像可乐那样令您神清气爽。

A deal with US means a good deal to you. 与我们做生意，让您收益匪浅。

Try our sweet corn. You'll smile from ear to ear. 尝尝我们的甜玉米，包你乐得合不拢嘴。

"more"的巧妙运用、deal 不同含义的结合、"from ear to ear"；双重语义使得广告构思巧妙、新颖别致、通俗易懂，能给消费者留下深刻的印象。

（四）仿拟（Parody）

这是一种巧妙、机智、而有趣的修辞格。它有意仿照人们熟知的现成的语言材料，根据表达的需要临时创造出新的语、句、篇来，以使语言生动活泼，或讽刺嘲弄，或幽默诙谐，妙趣盎然。

To smoke or not, that's a question.

We take no pride in prejudice. (The Times')

Where there is a way, there is a Toyota.

（五）排比（Parallelism）

排比就是用结构相同或相似、语气一致的一连串词语，把相似或相关的内容表达出来的修辞手法。运用排比，能加强语气。排比用于叙事，语意畅达，层次清楚；用于抒情，节奏和谐，显得感情洋溢；用于说理，条理分明，适合详尽的论述。

No business too small, no problem too big.

没有不做的小生意，没有解决不了的问题。（IBM 公司）

Your good friend in life, your good companion in study.

生活中的好朋友，学习上的好伴侣。（台灯广告）

结构相似，节奏感强，是排比手法的优势。在广告语言中恰到好处地运用排比，可增强主题思想的表现力。

（六）重复（Repetition）

重复是英语中重要的常用的修辞手法之一，指连续或间断重复使用同一单词、短语或者句子，在广告中巧妙运用重复，可以收到意想不到的效果。

Clean your breath while it cleans your teeth.

清洁你的牙齿，清洁你的呼吸。

Give a Timex to all, to all a good time.

拥有一块天美时表，拥有一段美好时光。（天美时手表）

上述广告通过重复使人印象深刻，便于记忆，可增强对消费者的劝诱力。

当然，广告语言中还有巧妙运用借代，对偶，对比，夸张，顶真，反讽等其它修辞手段，这里不一一举例赘述。

第三节　广告汉英翻译策略

根据功能翻译理论，广告一类的体裁属"诱导型"（operative）功能文本，其功能核心重在"诱导"（appeal-focus），内容和形式应以获取文本预期的超语言效果为准则（Reiss，2004: 38，41）。纽马克也认为，"呼唤型文本"（vocative text，即赖斯的"诱导型"文本）的"核心"是"读者层"，其翻译的重点是信息的传递效果和读者的情感呼应，即读者效应。这类文本的功能和目的在于唤起读者去行动、去思考、去感受，"按文本预想的方式做出反应"（react the way intended by the text — Newmark，1998:41）。也就是说，广告的功能"全都是为了说服他人，或购买商品或劳务，或看什么东西，或做什么事情。因此，广告必须具备'推销功能'（selling power），使人听到或看到后能产生购货的欲望；广告必须具备'记忆价值'（memory value），给人以深刻的印象，使人能随时想起某类商品的长处和特点。为此，广告必须引人注目，具备'注意价值'（attention value）和'可读性'（readability）"（许建忠，2002: 104）。因此，要取得这种效果，就必须熟悉和借鉴英语广告惯用的表现手法，使广告译文符合译文读者的期待，有效实现广告功能和翻译目的。

一、借鉴英语表现法

（一）译文行文注意 YOU ATTITUDE

广告传递信息的目的在于刺激广告读者产生购买动机和行为，而不是企业主观上的自我满足（不论企业广告或是商品广告皆如此）。因此，在对原汉语广告进行文字处理的过程中，要注意克服某些汉语广告只从企业角度出发，忽视针对广告对象的倾向，按照英语广告惯用的行文方式和国外读者的欣赏习惯对译文进行构思，避免无的放矢，造成译文立足点上的感情错位。

国外英语广告非常重视顾客至上的原则，言必称顾客，无处不有"您"（You）的存在，尤其在人称用语的使用上，大多采用第二人称来行文（少数名牌"提醒"

式广告和第一人称"引语"式广告除外)。这种第二人称流行的原因在于,它可使广告直面顾客,针对性强,利于情感交流;其次,它可显示广告主对广告读者的尊重,语气亲切,满足人们的自尊心理;另外,它有利于广告行文,符合广告用语的"诱导"语气。例如:

The service, to your standard. When you are used to having it all... The sea, your room... The city, at your feet. The garden, in your midst. (马来西亚 BAYVIEW 旅馆图片广告词)

试译:本店服务,包君满意。轻松自在之余……不出房间您可尽享大海风光,观赏都市繁华,陶醉于花园美景。

短短五句话,处处从消费者的角度遣词用字,典型的"You Attitude"。

Vaeshartelt is an exceptional castle located in Maastricht. It is set in seven hectares of magnificent parkland graced by quiet ponds and ancient trees. Its elegant drive is lined with lime trees. King William II of the Netherlands was once the proud owner of this estate and endowed the castle with royal glamour. Veashartelt castle is known today for its unique style, which combines historical dements and modem architecture. It is pleasingly different, striking and full of character.

Guests' wishes are paramount here, with attention to detail, professionalism and continuous innovation defining our approach. Whether you are here for business, leisure or for a party, Vaeshartelt is the right choice.

试译:Veashartelt 城堡景色别致,坐落于马斯特里希特市(荷兰)风景华丽的林苑区,占地7公顷。那里古木幽池掩映,环境幽雅静谧。若驾车前往,路边酸橙树成排而列,夹道相迎,别有一番情趣。荷兰国王威廉二世曾是该庄园引以为荣的主人,使城堡平添了一份皇家气派。今天的 Veashartelt 城堡,历史与现代建筑术完美结合,以其独特的建筑风格闻名于世,它格调不凡,特色鲜明,充满个性,令人赏心悦目。

本城堡宾馆想客人之所想,急客人之所急,客户利益高于一切。为体现这一宗旨,本店将为客人提供无微不至的关怀、专业水准的服务、不断更新的设施。不论是到此经商、休闲还是聚会,Vaeshartelt 都是您正确的选择。

读到这样的广告,读者能不动心?广告行文语气的 You Attitude 在英语中可谓大行其道,人性化色彩十分鲜明。然而遗憾的是,英语的这一特点多被我们所忽略。国内不少译者常常按汉语思维行事,一味追求广告译文的所谓"响亮""顺口",摆不脱汉语广告的习惯影响,高高在上。这一方面是由于汉语广告用词简练,很少用人称代词;另一方面,也是最主要的,汉语广告大多站在企业的角度突出自我,语气响亮而自信，展示出一副高大完美的形象，这的确与汉语的文化传统和审美习惯息息相关，也正是国内不少广告译文偏离读者对象的主要原因之一，值得我们充分注意。

（二）着重于顾客的精神需要

广告创意应刺激人们的注意力，而人们对刺激的注意既取决于刺激物本身的特点，又取决于人的需要——即人的生理需要和精神需要。实践证明，人们更多地注重于精神需要。国外曾有人就一种M牌巧克力的广告效果做过一项比较研究：一种是突出精神需要："为了使消费者的工作轻松些——您应享用M牌巧克力"；另一种则突出生理需要："绝妙的高蛋白巧克力——人人喜欢的M牌"。其结果前者使销量高出原来35%，而后者仅17%（马谋超、高丹，194）。这项研究对我们如何处理译文不能不说没有指导意义，何况国内不少广告词设计的格调原本就不高，加上缺乏情感，闭口不谈人们的精神需要，翻译时若照直译出，势必情感上与国外顾客格格不入，在生动诱人的国外英语广告面前，其竞争力可想而知。国外英语广告在突出精神需要方面可谓津津乐道，请看：

Sometimes nothing but pure indulgence will do. The nights are longer, the evening is your own .. and the perfect accompaniment to make you feel special is the delicious Terry's Chocolate Orange Bar.

And we really do mean indulgence. It*s the unique blend of rich chocolate and deliciously orangey flavours, together with that melt-in- the-mouth quality, that gives the Terry* s Chocolate Orange Bar its delectably decadent feel. And its convenient size makes it just right for you to eat alone.

So, picture the scene. It's your first evening in for weeks. You've kicked off your shoes, turned the lights down low and put on some slow music, perhaps a little soft soul or gentle jazz. The whole evening is a "me-time", a special time just for you to relax. Make it complete with a Terry*s Chocolate Orange Bar... ifs sumptuous, luxurious and delectable. Go on... indulge. You deserve it.

（COSMOPOLITAN, October, 1994, p.168）

试编译：长夜徐徐，独享良宵，此时，能给你超凡享受的理想伴侣就是特利橘味巧克力。这种独特配制的巧克力浓郁香醇，橘味甘美，加上那入口即溶、细腻精巧的感受，真是妙不可言。而其大小形状刚好适合您独自享用。……想想吧：这是几周来你自己的第一个夜晚，甩掉脚上的鞋子，调暗室内灯光，打开缓缓的音乐，或许是那种缠绵温柔的爵士轻音乐——完完整整"我的"夜晚，一个让你轻松自在的特殊时刻。若在此时享用华贵精美、味醇香浓的特利橘味巧克力,将会使你沉醉良宵而倍觉今夜完美。

这就是国外英语广告的魅力,真正的以情"诱"之、以情"导"之,为迎合人们的精神需要,语言如此生动感人,句句动人心弦,在你耳边娓娓道来,使你恍如身临其境,得到了一次极大的精神享受,能不动心?

（三）标题口号新颖独到、活泼醒目

平面广告口号大都配合画面而设计,起画龙点睛的作用。一般而言,人们对广告的注意通常只能依赖于不随意注意,松散冗长的口号缺乏刺激强度,不利于被广告对象记忆并产生联想和感情交流,因此广告口号措辞必须简洁明快、活泼醒目、新颖独到并具有冲击力。

当然,在任何语言中,广告用语都具有用词灵活,形式多样的特点。特别是在广告口号当中,译者应该注意以下几点:一是在翻译过程中,词的隐含义常常要被扩大或缩小;二是根据各类修辞手法的特点和韵律节奏上口的需要,隐含义要进行层面化的显现处理;三是无论中国还是西方广告用语必须口语化、生动化,必要时采用文化范畴内的俗语和俚语的形式,形成通俗易懂,具有鲜明地域特色的画面,国外英语广告这方面的语言技巧可谓炉火纯青（当然与英语为其母语有很大关系）:

Good to 你 e /asr 滴滴香浓,意犹未尽。

（美国麦氏咖啡对华双语广告）这一双语广告口号不管从那种语言角度看,都称得上字字珠玑,充分展示了各自语言的长处:英语形容词短语言简意赅（"好到最后一滴!"）、生动醒目;汉语的四字结构珠圆玉润、"余味悠长",二者形式有别却异曲同工,堪称广告口号经典!

再看国外某酒店的一则企业广告口号:

The Oriental is perfectly poised to introduce you to the legend. 东方大酒店竭诚恭候,将您领入东方传奇。

不论是立意还是措辞均不同凡响。"东方大酒店""东方传奇",这些充满神奇色彩的字眼,对西方读者充满了诱惑,能打动他们的好奇心,引发他们猎奇探秘的冲动,从而导致购买行为。

（四）正文情真意切、撩人心弦

广告正文的措辞必须要考虑广告读者的需要、情绪、兴趣等,用亲切自然、情感真挚的语言,打动读者心弦,营造一种适合感情交流的氛围,以唤起读者心底的美感共鸣。除前面那则巧克力广告正文外（见本小节例3）,下面几则商品图片广告的正文同样精彩:

If you could take the grace of a flight of flamingoes, the sweetness of Beethoven's For Elise, the delicacy of a dawn sky, and capture all this in a wine, you would come very close to the character of Nederbury Rose.

（南非雷德堡红葡萄酒广告）

试译：您若能将火烈鸟凌空飞翔的那份潇洒，贝多芬《献给爱丽丝》乐曲的那份甜蜜，黎明晨空的那份美妙从一种酒中尽数品出，那您就快领略雷德堡红葡萄酒的特色了。

文中立意新颖的措词将一种特定情景中的内心视觉（the race of a flight of flamingoes，the delicacy of a dawn sky）、内心听觉（sweetness of Beethoven's For Elise）、内心味觉（capture all this in a wine）从读者心底引发出来，字里行间弥漫着一股浪漫清新的气息，格外感人。

Take a classic linen suit. Throw it — yes, throw it — into your suitcase. Pile on T-shirts, waistcoats and a sneaker or two. Make for the beach, and leave the iron behind. Unpack, and you have it: a loose, leisurely look to last all summer long. Natural fabrics, natural colors, natural style.

拿起一套传统的亚麻西装，扔掉它！——对，扔掉它——把它扔进衣柜。带上些T恤衫、背心和一两双旅游鞋，到海边去！把熨斗也甩了！打开行包就是宽松、休闲的一身，让你度过一个长长夏季。纯天然的布料，大自然的色彩，自然随意的风格。

广告起笔就令人意外：干吗扔掉衣服？然而又言之有理：谁不想穿得舒适得体而又不落时尚？心绪一起一落，一下抓住读者的心理，可谓匠心独具。

有一点必须指出，语言再生动，设计再精美，广告译文情感功能的发挥，必须以商品的质量做保证，舍此任何情感诱导将毫无意义。同时，广告画面的创意、构图和色彩也是保证广告情感功能的重要条件，由于本文只谈平面广告词的翻译，故不在此赘述。

二、仿效英语文本格式

从总的趋势上看，汉、英语应用文体的文本体裁似乎无太大差异，但由于汉、英语言文化上的差异，各自文本的"语域"（register）、"风格"（genre）、"体式"（tenor）等规范（Nord，2001，52）往往不尽一致，各自的语篇组合和行文用字也大不一样。因此，赖斯（Reiss）认为，翻译应该有具体的"翻译要求"（translation brief），在"原语文本情景"（source text-situation）与"目的语文本情景"（target text-situation）有差别的情况下，译者应根据翻译要求，优先考虑译文读者的需要

（Reiss，2004），用符合译文"通用文体规约"（general stylistic convention）的文本形式，更好地"为目的语目的和目的语环境中的目的语受众产生目的语背景中的文本"（Nord，2001:12）。要达到这一要求，最好的办法就是效仿英语相关的版面格式和行文风格，用英语读者喜闻乐见的方式译出。下一例宾馆广告的版面形式和行文措辞值得我们效仿：

三、打破形式重构译文

广告的主要功能是诱导，即说服读者去购买广告中所宣传的产品或服务。要强化这一功能，译文必须以读者效应作为首要标准，这是它不同于其他类体裁翻译的地方。要诱导受众，使消费者得到利益和精神的双重满足，就必须充分考虑译语的社会和文化环境，对原文信息和形式进行必要的变通和调整，不"斤斤于字比句次"，这是不同语言间的文化差异所致。这种对原文进行变通和调整的大小程度，完全取决于原语和目的语文化差异的大小，就汉、英两种语言而言，译者常常要对原文做很大的改动。纽马克就认为，在广告翻译中，译者"有权"（has the right）对文本做"逻辑上的改进"

（to correct or improve the logic），有权用"讲究的"（elegant）句法结构去替换"笨拙的"（clumsy）结构，有权摈除语言表达中任何"任性的"（wayward）、"含糊晦涩"（obscurities）、"歧义"（ambiguity）以及"同义反复"（tautology）现象，有权更改文本"个人言语方式上的怪癖"（bizarreries of idiolect）等等（Newmark，1982: 42），而这一点，却恰恰容易被译者所忽略。因此，对于汉语广告中一些不符合英语广告习惯的表达，特别是经常出现的一些空洞"调头"，译者大多要么整合，要么缩减，要么删去不译。例如下面这一企业广告片段：

进入新的世纪，中国南车集团眉山车辆厂将秉承"以人品塑造产品，用诚信改进体系，以精品占领市场，用真诚回报顾客"的方针，始终把用户的需要放在首位，竭诚为用户提供最适合其意愿的个性化产品和服务，为繁荣中国和世界轨道车辆事业而不懈努力。

这一典型的汉语广告是全盘照译，还是考虑译义读者顺应译义习惯？作为译者，首先应该弄清哪些是给中国人看的，哪些不适合用来对外。仔细分析原文便不难发现，原文中黑体部分实际已表明该广告的主题信息，而其他话语则不太合国际惯例，结合考虑英语广告的套路，译文的"语篇构架"（text frames）便基本形成：

Entering the new century, Meishan Rolling Stock Works is perfectly poised to serve our customers with quality products, credit and integrity on a strong customer focus.

(将用良好的操守和诚信,信守用户第一的原则,竭诚为顾客提供高质量的产品和服务)

该说的似乎已说完,不该说的则一字不提,这样的译文是否更合英语读者的口味?完全按译文的框架和套路行文布局,原文已成为不折不扣的"信息源"。

"翻译是一种复杂的交际行为,在这一过程中,目的语作者、读者(译者)、译语作者(译者)以及译语读者之间是一种互动关系"(M.Snell-Homby,2001:81)。因此,玛丽·斯奈尔—杭贝建议,翻译时译者应按一种"情景_结构步骤"(scenes-and-frames approach)来进行操作,即译者从原文的"结构",也就是从"文本及其语言成分"出发,根据自己的经验水准和对相关素材的主观认识来形成自己"创设的情景"(the scenes he has activated)。基于此"情景",译者必须"确定恰当的目的语结构,就会伴随着一个持续的决策过程,这一过程中他完全倚仗自己对目的语的熟练程度……来形成新的文本",而这种"情景—结构"步骤"并非单纯在词语和结构层面上进行,还必须更多地按整体方针对相互关联的语篇成分、经验、感觉和背景状况等做通盘考虑"(同上,81)。因而,对于广告的翻译,由于其特有的"语域"特征,加上不同语言文本格式上的较大差异,翻译过程中照搬原文形式明显不合翻译要求,必须对原文信息抽象概括、归纳提炼,这就更需要译者从语篇的整体高度去考虑,大胆调整甚至改写原文,形成译文正确的语篇结构(frames)。当然,这种分析"不是针对一些孤立的现象或词项作深入研究",而是要"关注于某一'关系网络'追根溯源",即关注那些"由语篇关联性和功能决定的单项内容的重要性"(同上,69),以形成译者头脑中鲜明的语篇整体图示和符合译文规约的完整译文形式。所以,从语篇整体考虑,对原文进行相应的篇章整合,在行文布局上注意上下文语义的照应,对原文做较大幅度语序调整甚至改写,都是广告翻译中较为切实可行的常见处理手法,其目的只有一个,就是尽量靠近目的语读者,投其所好,采用读者容易接受的文本形式最大程度地发挥广告的"诱导"作用。例如下面这条商品广告:

(2)涡阳苔干　　中国特产

涡阳苔干,名优特产,驰名中外,声震古今,翠绿、鲜嫩、可口,有"天然海蜇""健康食品"之称;清乾隆年间奉献皇宫,故又名"贡菜"。本品含蛋白质、可溶性糖、果胶、多种氨基酸、维生素、B2、C和胡萝卜素及钾钠钙铁磷锌等十余种矿物质,有清热降压、通经脉、壮筋骨、去口臭、解热毒酒毒及治疗心脏病、神经官能症、消化不良、贫血诸功效;畅销国内,远销日本、港、澳等地,为厨下及馈赠佳品。

本品食前须水泡发开,去缨洗净,开水焯过,凉滤备用。单盘与拼盘均可,以肉配炒,风味尤佳。温凉自便,咸甜酸辣皆宜。

Guoyang Taigan (Dried Plant Jellyfish)

A Specialty of China

Guoyang Taigan, a time-honoured specialty known both at home and abroad, is jade green in color and delicious in taste. It is also named "Plant Jellyfish" or "Health Food' and was chosen as a tribute to the imperial palace in the Qing Dynasty. It is very nutritious and good for health, especially for those who are suffering from heart failure, neurosis, indigestion and anemia. It sells well both in mainland China and in Hong Kong, Macao and Japan.

Taigan can be served as a cold dish with different flavorings or stir- fried with meat after being soaked, cleaned, cut and scalded.

（许建忠，2004:151—152）

汉英对照会发现，原文中一些化学物质以及一大堆像开中药铺一样的术语都已删去（原文黑体。国外根本不知道什么是"清热解毒""通经脉""壮筋骨""解热毒"等，说了等于没说。特别是"解酒毒"一说更有趣，酒对西方人可是好东西，从没听说过有"毒"的，更何况这终究只是一种食品，又何来如此"药效"？大有王婆卖瓜、危言耸听之嫌），而用 It is very nutritious and good for health一言以蔽之，只保留了西方人所熟悉的几个疾病名称（也说得比较婉转，只是对这样的患者"身体有好处"，这就比较客观，符合保健食品的特点，还是能够接受的），对过分强调生理需要的内容尽量少提。而至于适不适合做"馈赠佳品"，那是顾客自己的事，用不着操那份心。这就保持了译文的通畅，语言更简洁，商品信息更明确。这就是一种"创设的情景"，是译者根据自己的经验水准和对相关素材的主观认识而形成的，因为他知道，上述内容若堆积过多，会与英语广告惯常的格式相去甚远，使译文不忍卒读甚至令人生厌（当然话又说回来，随着我国中医中药的对外不断推介，特别是中药广告的不断宣传，国外对中医中药的认识也在逐渐加深，那时广告中多说一点中医术语可能障碍会小一些），破坏其"诱导"功能的正常发挥，因而大胆改写，按"情景—结构"的步骤，基本重构了译文内容。

上述各例表明，在汉、英广告的通用文体规范大不一样的情况下，译者应根据广告翻译的具体要求，优先考虑译文预期的功能和读者的期待，对原文进行大胆处理（甚至不惜对原文大段改写），形成头脑中鲜明的语篇整体图示和符合译文规范的语篇构架（frames）来重构译文文本。但另一方面，这种"改写"和"重构"并不是凭空捏造，而必须是以原文文本分析作为依据，对原文众多的广告信息进行筛选并加以概括和整合，明确哪些是国内的说法，哪些是该说给外国人听的，突出商业主题信息，恰当地译出广告的实质性内容来。

　　汉、英广告翻译中导致的如此大的"变通"，实则是两种语言间的重大差异所致，汉、英两种语言间的"通用文体规范"相差实在太大。"为保留内容必须改变形式的程度取决于不同语言间语言和文化差异的大小"（The extent to which the forms must be changed in order to preserve the meaning will depend upon the linguistic and cultural distance between languages—Nida & Taber，1969: Chi）。汉、英两种语言语系不同，文化背景不同，要做到"形式对等"的确是"强人所难"，特别是对于广告这一类应用文体的翻译，各自在长期的语言文化背景中早已形成了固有的文体规约，各自的读者也在这种语言环境的熏陶下养成了不同的阅读心理和欣赏习惯，"南橘"早已成为"北枳"，又何来一样的"口感"和"滋味"？加上广告一类体裁的文体功能又不同于文学体裁，用不着去彰显语言风格上的所谓"异域风采"，恰恰相反，它追求的仅仅是信息的交流和情感的呼应，不是展示文化多元的场所，从这个意义上来说，遵循译文的形式和规范，顺应译文读者的期待与接受，用适合译文"情感诱导"的方式去"诱导"译文受众，这应该是汉、英广告翻译中一条最基本的准则。

第五章　商标翻译

第一节　商标翻译概述

　　商标就是商品的标志，是"企业、事业单位和个体工商业者，区别其生产、制造、加工、拣选和经销某一商品的质量、规格和特征所使用的标志"。一般用文字、图形或其组合，注明在商品、商品包装、招牌和广告上面。[1] 汉英商标词绝大多数与民族文化紧密联系在一起，汉英民族文化的各个方面，诸如文学、民俗、宗教、哲学、审美心理、传统观念、思维方式等无不在商标中充分体现。汉英商标词结构简洁，通俗易懂，寓意深刻，因此联想性是其最重要的特征之一。这是因为由于市场促销的需要，商标词绝不仅是商品标识符号，其本身还应具有唤起公众购买欲的联想意义，以便吸引消费者。[2] 因此我们在对英汉商标词进行翻译时，要充分考虑汉英民族不同的文化传统、评判标准和价值观念，确保译文通顺、简朴、清晰、合乎译语习惯。笔者拟从汉英商标的构成、翻译方法及交际翻译等几个方面探讨汉英商标词的翻译。

一、汉语商标词的构成

　　汉语商标词主要由地名、植物名、人名、创新名词、专有名词和吉祥词语等构成。中国商品（尤其是土特产品）以地名为商标词的占很大比例，如"贵州"茅台酒、"景德镇"瓷器、"北京"烤鸭、"青岛"啤酒、"云南"白药、"苏州"刺绣、"西湖"龙井茶、"西藏"虫草等。这些产品历史悠久，有深厚的文化底蕴。它们不仅表明了产品的地理来源，同时还表明了特定产品的卓越品质。产地商标已成为特定质量证明和保证。

　　中华民族对许多花草树木及动物有深厚民族感情和审美情趣，因此这些动植物名称常被用作产品的商标。当然这些动植物大都在西方民族中没有特殊文化涵义，甚至含有贬义，因此这是我们将之译成英语时应特别注意的一个问题。这些商标渊源流长，已形成一定的民族特色，呈现出淳厚的传统品质及文化魅力。松、竹、梅"岁寒三友"在中国人心目中象征着坚忍不拔的优良品质。一般说来，这些商标与其产品所拥有的特性或品质联系在一起。如："象"牌千斤顶、"梅花"打火机、"春竹"羊毛衫、"牡丹"缝纫机、"菊花"电扇、"松竹"铝材、"鸳鸯"枕套等。

国产商品还有以人名作为商标的，这类商标并不多见，大都是经由历史久远且知名度高的商号或历史人物变化而来的，也有用现代名人或伟人的，目的是借人物的盛名，提高产品的品位和知名度，如"李时珍"补酒、"李宁"运动服、"张裕"葡萄酒、"吴良材"眼镜等。

还有一些商标是运用创新性名词构成，商标富有创意，优美动听，令人神往。如："露美"（Ruby"红宝石"）化妆品、"七匹狼"（Sept wolves）男装、"海信"（Hisense）电视、"西冷"（Serene）空调器、"天堂"（Paradise）伞等。之所以这些商标具有创新意识，不仅是因为中文表达标新立异，不同于传统的人名、地名、动植物名，而更要的是因为对于西方民族，他们不再实行汉语拼写，开始利用国际通用语言———英语，这完全是符合英语民族的思维理念、审美心理及文化习惯。

也有用人们耳熟能详，代表中华民族悠久历史文化与人文自然景观的专有名词作为商标，如"北极星"钟表、"泰山"千斤顶、"长城"润滑油、"黄河"推土机、"黄山"毛峰茶等，这些专有名词不仅使人们想起中华民族那丰厚的历史文化底蕴，而且使人们仰慕中国幅原辽阔的疆域和风景如画的山川。

中国人民喜欢用表示吉庆、祥和而优美的词语，给予商品冠名，这些词语一方面代表产品卓而不凡的品质，另一方面也代表这个古老的东方民族的审美情趣，如"红双喜"香烟、"恒源祥"羊毛衫、"长虹"彩电等。

二、商标翻译的标准

商标翻译标准指的是商标译名的标准。商标翻译标准应该以商标翻译原则为指导。在四个原则中，市场适用原则是直接指导商标翻译标准的主要原则。能够实现市场期待的译名就应该是一个好的译名。

营销学关于商标名标准的研究开始得比较早。Ceslie Collins 在 1977 年就从国际化命名的角度提出了6条标准：（1）独特、原创；（2）区别性，有助于提示产品类别；（3）在产品营销的所有国家都容易念出来；（4）在产品营销的所有国家都容易说出来；（5）有语义和象征联想，传达感觉；（6）在变化的环境下能够延续。笔者认为这对于目前的商标语翻译研究具有相当的启发性。另外,Kim Robertson 在 1989 提出:商标名应该反映产品的益处和产品的定位,应该表明产品的使用功能和特征。这也是商标命名非常重要的标准之一。借鉴以上的研究成果,笔者尝试在商标翻译原则的指导下对商标翻译标准进行了如下总结:

1)便于记忆。译名应该简短,方便译语使用者拼读和记忆。比如"Lay's"薯片翻译为"乐事",译名保留了原名两个音节的特点,采用简单词,使得译名很容易上口;并且"快乐的事情"这样的联想意义也增加了译名的可记忆性。

2)区别度。这主要是指译名应该独特新颖,并一定要区别于已有的商标名,这也是有关法律法规的基本要求。译名可以采用新词,也可以对大众熟悉的词汇进行重新释义或者运用,还可以采用字母、数字等标识来加强区别度。比如"Oral-B"牙刷的译名"欧乐B",译名保留了字母"B",能够增强商标的辨识度。

3)提示性。提示性要求译名应通过明示或唤起心理形象的方式等提示产品的类别、特征、益处、定位等产品信息,以达到帮助建立产品形象、促进产品销售的目的。"Safe guard"香皂的译名"舒肤佳"中的"舒"字表达用了此产品后"滑爽、舒服"的感觉,"肤"很好地提示了产品的用途是清洁皮肤,"佳"则传达了该产品的功效。译名"舒肤佳"传递了"使用产品后皮肤备倍感舒适"的信息。

4)可持续性。企业让消费者熟悉一个商标名需要付出巨大的代价。如果译名不能预见和应对企业、市场、产品、受众将来可能的变化,则该译名必将被时间抛弃,企业就竹篮打水一场空了。因此好的译名必须满足可持续性的标准。联想集团为了更好的开拓海外市场,将使用了十年的英文译名由"Legend"改为"Lenovo"。虽然译名改得好,但也意味着几乎放弃了"Legend"这一无形资产。译名"Legend"缺乏可持续性浪费了联想集团相当大的人力物力。

5)相关性。相关性是指译名应该与原来的商标名在意义、形式、语音、心理联想等方面有一定的相关度,否则就不能称之为商标"翻译",而只是商标"命名"了。比如 Amway "Queen" 锅具译作"皇后"锅具,译名是对原名的直接翻译,完全忠实于原名,具有很高的语义相关度;方正集团的商标英文译名为"Founder",其本意为"奠基者、缔造者",发音又与"方正"相似,译名与原来的商标名存在语音上的相关性。

6)全局性。商标译名的好坏必须符合企业全局的要求并服务于企业整体利益,这是由商标的性质决定的。企业出于企业形象、经营战略、营销意图等考虑,往往会对以上五条标准进行一定程度的取舍,甚至可能选择放弃更符合以上五条标准的译名,转而寻求更具有全局性的译名。企业的这一要求必须在商标翻译标准中得以体现。举例来说,实施全球化战略的企业往往希望不同市场对其形象和品牌有统一的认知，因此译名在读音上的相同或相似就会成为判断译名好坏的重要标准，即更注重相关度；相反，实施本土化战略的企业则希望能最大程度上切合当地市场和消费者的具体情况，因此对译名读音相似的要求就低得多。比如 Lexus 轿车，之前在中国市场译作"林志"，现在已经统一改译为"雷克萨斯"，译名的更改明显是出于统一品牌形象的考虑

第二节　英语商标的语言特征

商标作为企业产品的一个重要组成部分，必须明确、清楚且一目了然，以便于受众能在短时间内接受。也就是说，它必须遵循 AIDMA 的法则，即 attention 注目，interest 兴趣，desire 欲望，memory 记忆，action 行动。商标的好坏给消费者的心理刺激是完全不同的。商标不仅能反映产品的信息，还能够反映出商品生产企业的企业文化，而且由于各地在人文地域方面存在的差异又会赋予商标不同的文化内涵。

一、以人名为商标

用人名给产品命名的现象非常普遍，这种商标往往能给顾客一种信任感，让顾客体会到产品生产企业的一种责任感。例如，世界著名商标 LV 就是以他的创始人 LouisVuitton 为商标名的。LV 由路易－威登创立于 1854 年，他原是十九世纪一位专门替王宫贵族打包旅行行李的技师，他制作皮箱的技术精良，渐渐地就从巴黎传遍欧洲，成为旅行用品最精致的象征。从设计最初到现在，印有"ＬＶ"标志这一独特图案的交织字母帆布包，伴随着丰富的传奇色彩和雅典的设计而成为时尚之经典。

二、以地名为商标

以企业或商品生产地来命名产品商标也是一种经常采用的命名方式。著名的手机商标 Nokia 就是以生产地为名的，Nokia 是芬兰北部的一个小镇，最初的诺基亚公司就建在这个小镇上。再如著名的浪琴手表，来自于其生产地 LesLongines，瑞士索伊米亚市郊，Suze 河右岸一个小村庄，在当地的法语方言中意为"狭长的土地"。他们的创始人 Ernest Francillon 在这里创建了手表制造厂。

三、以文学作品中人名、地名为商标

以文学作品、传说故事或典故中出现的人名、地名为商标名,也是一种常用的商标命名方式。这一类商标名一般都带有特定的文化和历史意义,往往给消费者带来一种美好的联想。例如,Daphne 女鞋,Daphne 是希腊神话中的 "月桂女神",也是神界的第一大美女,当然能给顾客带来很多美好的联想,特别是对爱美的女士来说更是有吸引力了。再如 Shangri-La 是世界著名的商标,来自于英国作家希尔顿的《失去的地平线》中的地名,其原址位于我国云南,景色优美,是令人向往的 "世外桃源"。

四、以臆造新词为商标

产品持有人,为了某种特定的目的,借助一定的构词法来构成一个新词或者完全凭空杜撰一个词作为商标名,这也是一种常见的商标命名方式。臆造词往往读起来上口,新颖独特,既能抓住消费者的心理,又能给消费者留下深刻的印象。著名的 Kodak 商标就是由公司创始人 George Eastman 臆造的一个词。K 是他偏爱的字母,也是他母亲名字的第一个字母,用在开头和结尾,从形式上达到了平衡,配上字母 oda,产生按动快门的拟声效果,实在是生动形象,妙不可言。再如,一家乳制品公司的产品叫 klim,它是单词 milk 逆向拼写的一个臆造词,既有新颖性,又告诉了消费者产品的原料和类别。还有一种啤酒叫 Reeb,也是以这种方式来命名的,是逆向拼写单词 beer 构成的。这种方式命名的商标往往非常有特点,新颖易记,很容易吸引顾客。

五、通过词缀来命名商标

通过给一个普通名词加前后缀的方式来命名商标也会收到意想不到的效果。Timex 手表是 Time+excellent 拼缀而成的,突出了表的优良品质。再如,"Soni" 是一个和声音有关的词缀,就被广泛地用在各种音像制品的商标中,如索尼(Sony),厦华电子(Amoisonic Electron)和松下电器(Panasonic Electric Domestic Appliance)。这种方式既能体现出产品的特性,又能反映出产品的优良品质,很能吸引顾客的注意。

六、英语商标的美学特点

(一)形式美

为了引起消费者的注意、激发消费者的兴趣,商标词必须具有简洁、独特、新颖令人过目不忘的形式美。商标词的形式美主要体现在以下几个方面:简洁美、奇特美、对称美和艺术美。

1. 简洁美

商标词的简洁美是指商标词简洁、明了，容易记忆。企业名称的字数对其认知度有较大的影响，当商标名称分别为 4 个字母，5—6 个字母，7—8 个字母，以及 8 个字母以上时，它们的认知度依次为 11.3%，5.96%，4.86%，2.88%[4]。大家所熟悉的宝洁公司的商标词大部分都是字母数量较少的单音节词和双音节词。如 Aim（牙膏）、Tide（洗衣粉）、Joy（洗碗精）、Zest（口香剂）、Pampers（止尿裤）、Safeguard（香皂）、Whisper（卫生巾）、Pantene（洗发剂）等，最长的 Head & Shoulders（洗发剂）也不超过四个音节。商标词的简洁美还表现在大量首字母缩略词（acronyms）的使用。如：BMW（汽车）、GM（汽车）、NEC（电器）、IBM（计算机）等。

2. 奇特美

商标词的奇特美是指商标词采用偏离常规的表现手法，真实而又传神地反映商品的属性和效用。合乎大众的认知模式但又有点出乎意料的商标词不仅能激发消费者的兴趣，还能产生强化记忆、"出奇制胜"的效果。如：Avia 手表（Aviation），Cleanin 牙膏（Cleaning）、Intel 电脑（International）、Mirro 除垢剂（Mirror）、Mobil 润滑油（Mobile）、Ultima 汽车（Ultimate）；Brite 牙膏（bright）、Luvs 婴儿用品（loves）、Cuccess 药品（success）Hhonour 宾馆（honour）等等。商标设计师以这种缺憾和变异的形式来引起消费者的注意，使消费者有一种似曾相识却又新奇、独特的感觉。剪切法和拼写变异是表现奇特美的常用手法。

3. 对称美

对称美是指商标词通过字母对称，体积大小均衡等变化而达到视觉上的对称美。著名的计算机商标 IBM 三个大写字母并列组合构成，M 的体量恰好是 IB 两者体量之和，名称、字体、图形三者合而为一，简洁，明了，流畅，美观，一目了然。美国 OIC 牌眼镜的商标词 OIC，不仅其形状酷似一副眼镜，而且还寓有"Oh, I see"的美意。OXO 牌牛肉干，由"Ox"（牛）加一个表示食品的后缀"O"组成。"Ox"提供了该商品的原料方面的信息，"O"提示了商品的类别，两个 "O"的运用使整个商标词既醒目又对称。为了达到平衡对称美，商标设计师有时采用重复或商标词中间加"&"的手法。如：Amour&Amour（香水）、Dar&Dar（牛仔服）、Haig&Haig（威士忌）、Johnson&Johnson （日用品）等。

4. 艺术美

为了使商标词能吸引消费者注意力，博得消费者好感，商标设计师通过对字母进行艺术化处理以达到商标词的艺术美。日本 MINOLTA（美能达）相机的商标设计师别出心裁，把字母 O 全变成黑色，然后在中间加了四道白色横线，经过这样艺术化处理之后，一方面，O 里面看上去像照相机的镜头，暗示了产品的用途，另一方面能够诱导消费者产生有益的联想，消费者会把商标词设计的精美同产品的精密与先进联系起来。荷兰的 Tulip（郁金香）电脑则直接把字母 I 设计成一棵郁金香的形状，奇特、新颖，使消费者过目不忘。

（二）音韵美

商标词的音韵美是指发音响亮，节奏分明，富有音乐感，给人以听觉美的享受。商标词的音韵美主要通过体现在以下两个方面：响亮度和韵律性。

1. 响亮度

大部分英语商标词都由开口度大的响亮元音（主要是双元音和长元音）和阻塞程度小、易于拼读的辅音组成。这些元音和辅音使商标词读起来清脆、响亮，容易记忆和传播。如 Audi（汽车）、Gleem（洗衣粉）、Sharp（洗衣机）、Mars（巧克力）、Heinz（食品）等由长元音组成；Marlboro（烟草）、Nike（运动鞋）、Sprite（饮料）、Smile（化妆品）、Toyota（汽车）等由双元音组成。辅音字母 K 发音清脆、响亮，所以许多著名商标中都有 [k] 音。如：Crown 汽车、Cortina（汽车）、Kent（烟草）、Kool（冰激淋）、Canon（相机）、Contac（感冒药）、Colgate（牙膏）等。

2. 韵律性

韵律美主要表现为商标设计师采用头韵、元韵、拟声等修辞手法达到韵律和谐、节奏明快、音乐感强的效果。如 Born Blonde（洗发水）, Green Giant 食品、Intel Inside（电脑芯片）、Blue Ribbon（啤酒）、Life Long（淡啤酒）、Sea & Ski（泳衣）等采用了头韵法；头韵修辞格使商标词读起来朗朗上口，便于传播。Diet Lite（饮料）、Fanta（饮料）、Kiwi（鞋油）、Playmates（玩具）、Samrara（去痘霜）、Sanara（洗发液）等商标词则采用元韵的方法，通过重复使用同一或相似的元音，使商标词产生一种和谐的音乐美。而拟声词的使用更易引起消费者心理上的认同感，增加商标词的音响效果。如 Kodak 的发音像按下相机快门的声音；Pepsi（饮料）模仿饮料打开时发出的声音；Yo—Yo（玩具商标）发音像这种玩具的线被拉动时，忽上忽下发出的"yo，yo"声；Tic Tac（电动玩具）模仿玩具开动时发出的声音；著名的体育用品商标 Adidas 中 di 和 da 两个音听起来像是运动时鞋子所发出的"的哒、的哒"的轻快节奏声。由此可见，音韵修辞和拟声是商标设计师常用的表现音韵美的手法。

（三）意境美

商标词的意境美是指商品通过词汇的内涵或词汇的联想意义构成组合，烘托出一定的意境，使消费者对产品的功能、特性产生美好的联想，从而刺激其消费欲望。一个意境美好的商标词对产品的推销可以起到无法估量的作用。同一类产品，在性能、质量基本相同的情况下，消费者往往凭借对商标词的感觉来选择商品。商标词的意境美主要体现在商标词的直接语意联想美和间接语意联想美。

1. 直接语义联想美

具有直接语义联想美的商标词能直接说明商品的特点、功能等的商标词。如：Down（去污剂）、Clean & Clear（洗涤用品）、Delicious（食品）等这些商标词都直接向消费者说明了产品的功效或特点。Duracell 电池（durable + cell）向消费者提示了该产品的持久、耐用；Skinice 香皂（Skin + nice）使消费者联想到长期使用该香皂皮肤会细嫩、光滑。Kleenex 牌面巾纸使消费者产生"擦得最干净"的联想；Accusplit（Accurate +split）跑表提示了该产品的准确性；Fiberlite（Fiber+light）纤维板既向消费者提供了产品种类，又说明了产品"轻便"的特点。这些商标词直接、明了地说明商品的类型、功能，缩短了消费者的解码时间，加速消费者的购买行为。直接语义联想型的商标词多由混成法（blending）和词缀法（affixation）构成。

2. 间接语义联想美

间接语义联想美型商标词虽然不能直接说明产品的特点、功能等，但通过商标词能使消费者产生美好的联想，并把这种美好的联想与产品联系起来。Mayflower（化妆品）使消费者人们仿佛看到五月娇艳欲滴的鲜花，闻到沁人心脾的芳香；Mustang 汽车令人情不自禁地联想到奔驰在北美大草原上的野马，它是力量与速度的象征；Ivory 牌香皂会使消费者产生"用了这种香皂，我的皮肤会像象牙一样光洁细腻"的美好联想；Natural（染发液）利用消费者对大自然的眷恋之情来调动消费者的情感，进而使消费者产生强烈的购买欲和使用欲；适用于过敏性皮肤的 Dove（香皂）使消费者自然而然地联想到鸽子的温顺、柔和、恬静、美丽和优雅；而 Camel 香烟使消费者由骆驼的温驯、耐劳而联想到该香烟的柔和、持久。

具有间接语义美的商标词主要由寓意美好、简单、易记的普通词构成。随着经济全球化的发展，打入国际市场的国内产品越来越多，物美价廉固然是企业成功的根本、但英语商标词是否满足国外消费者的审美需求也是产品国际化不可或缺的关键因素，过去曾出现仅仅因为英语商标词不符合国外消费者的审美习俗而导致产品国际化失败的先例。因此，汉语商标词翻译的过程中不仅要考虑汉语商标名称的价值、产品或服务的特点与功能，还要考虑英语商标词构词理据和其所具有的语言美学价值是否能满足外国消费者的审美和消费需求。

第三节　商标汉英翻译策略

广告包括商标名称、广告标语和正文文本。商标名称，又称为商标，是用来将一个经营者的商品或服务和其他经营者的商品或服务区分开来的标记，是现代经济的产物。商标名称是区别商品的重要标志，它直接影响着消费者对产品质量的判断，甚至最终左右他们的购买行为。与其说消费者在购买商品，不如说是在选择商标。商标名称既是商品本身的一个构成部分，也是商品广告宣传中引人注目的内容。好的商标名称便于人们理解、记忆，能引起人们的兴趣和好感，从而扩大商品的影响，促进商品的销售。因此，商标名称翻译的好坏，对商品形象的树立有着重大意义。

一、商标翻译的原则

商标翻译是语言与语言、文化与文化之间的转换，既要保留原文的特色，又要符合译文的语言文化要求，还要照顾消费者的心理。正如翻译理论家尤金·奈达所指出的："对于真正成功的翻译而言，熟悉两种文化甚至比掌握两种语言更为重要，因为词语只有运用在文化背景中才具有意义。"

（一）尊重民族文化差异，注意词语的联想意义

文化是一个民族在发展历史中慢慢积淀下来的最为根深蒂固的部分。由于各民族生活的地理环境、历史环境、政治经济环境等因素的不同，他们在民族心理、价值观念、消费心理以及词语产生的联想意义等方面都会有很大的差别。因此，在英语商标汉译中，选词时不仅要注意词的本意，更要注意词的联想意义。例如，运动商标 Nike，是希腊神话中的胜利女神，如果译成"娜姬"，虽然更符合英语语言文化，但给人带来的联想却是女性的柔美，根本无法体现出运动的力量美。而译成"耐克"则是充分利用了字的联想意义，"耐"有耐力、坚持的意思，这正是一种体育精神，同时也可以表示产品经久耐用，可谓一语双关，"克"则让人想到克敌制胜，体现出了体育的竞技精神。

（二）反映商品特征，引起消费者注意

商标是为了抓住消费者的心理，激发消费者的购买欲望，因此，译名必须能反映商品本身的特征，体现原文中的定位概念，并且能够吸引消费者的注意。每种产品的市场定位都很清楚，销售对象明确，因此商标翻译选词时必须结合这一群体的心理期望，译名要既能反映出商品本身的特性，又要符合消费者群体的特点。如美

国橡胶轮胎 Good year 是纪念硫化橡胶的发明人 Charles Good year，但是并没有被译为"古德伊尔"，将其改为"固特异"不仅保留了原来的发音，而且还让消费者联想到该产品坚固耐用的特性，非常新颖而且极有吸引力。如在众多的美容用品中，由于主要消费对象是女性，所以在翻译时大多采用一些让人联想到女性的柔美的字词。例如：AVON（雅芳），Itlina（伊泰莲娜），Vichy（薇姿），Maybelline（美宝莲）等译名都选用了女性喜爱的字眼，贴近女性，满足她们的爱美心理。

（三）语言简练，音形结合

商标必须简洁，朗朗上口才容易被消费者记住。有资料统计发现 70% 的汉语商标只有两个汉字构成；29% 的商标有三个汉字构成，大约只有 1% 的商标会超过三个字。宝洁公司的洗发水 Head & Shoulders 原译为"海伦仙度丝"，很长一段时间市场销售困难，因为译名太长，不知所云，消费者根本无法记住该产品的名字。远没有其现译名"海飞丝"生动。"海"让人联想到凉快舒爽，"飞"则体现出了该产品的效果，用过这种洗发水会让你头发干爽甚至有飞起来的感觉，而"丝"则告诉了消费者这种产品的用途。

二、商标汉译英的翻译方法

从语言上看，商标名称的构成极为简单，通常是一个词或词组，所以其翻译过程不受句子、段落、篇章等较深语言层次的影响。然而，商标名称的翻译也是一种复杂的语际间符号的转换活动，是一种跨文化交际形式。只有充分考虑到文化背景的不同和审美习惯的差异，才能使商标名称的翻译激发译入语受众的美好想象及购买欲望。商标翻译一般可采用直译法、音译法、音义结合法以及转译法等方法。

（一）直译法

直译就是将商标名称的意义直接译出，赋予其鲜明生动、含义隽永的意义。在商标名称翻译中，直译法的使用十分普遍。如将"Microsoft"译成微软，恰好与微软公司的产品"软件"相契合；汽车商标"Crown"，直译为"皇冠"，高贵脱俗，且寓意优雅。这样的译文忠实地反映了原商标名称的内涵，符合东西方文化观念和逻辑思维，通俗易懂，感染力强，易激起消费者的共鸣，得到消费者的认同，从而对产品的外销起到至关重要的作用。再如：

英译汉：Sheir"壳"牌石油，Holiday Inn"假日"酒店，Rock"滚石"唱片，Playboy"花花公子"杂志，Fair Maiden"淑女屋"服装，Nescafe"雀巢"咖啡，Times"时代"周刊。

汉译英：熊猫（电子）Panda，黑旋风（杀虫剂）Black Swirl Wind，长城（电器）Great Wall，太阳神（口服液）Apollo，凤凰（自行车）Phoenix，钻石（手表）Diamond。

值得注意的是，商标名称直译时，也应把握好各民族文化的差异性，充分考虑目标语文化背景和审美价值等因素，这样才能达到更佳的翻译效果。反之，如果将直译仅仅理解为简单的语言转换，而忽视两种语言的文化背景差异，那么这样的翻译往往会出现问题。例如，"喜鹊"牌床单，直译成 Magpie 就不甚合适，因为 Magpie 有爱唠叨之意，会令人联想到饶舌或爱说闲话。又如，"金鸡"在汉语里有"金鸡报晓"之意，但直译为 Golden Cock，则很不恰当，因为 Cock 是禁忌语，应改译为 Golden Rooster。

（二）音译法

音译法就是在不违背译语语言规范和不引起错误联想的前提下，按其发音将商标名称进行翻译的方法。例如：

英译汉：Nike 耐克，Philips 菲利浦，Reebok 锐步，Marlboro 万宝路，Puma 彪马，Omega 奥米茄，Nokia 诺基亚，Samsung 三星，Lancome 兰蔻。

汉译英：春兰（空调）ChunLan，长虹（电视剧）Chang Hong，奥克斯（空调）AUX，海尔（家电）Haier，美加净（护肤系列）Maxam。

以上英译汉采用音译法，但仍充分表现了汉语字词的含义，展现了商标的特色。而汉译英有两种情况，一种是汉语拼音，另一种是谐音造词。汉字和汉语拼音对老外来说都是特殊的，所以用汉语拼音做商标名称时，应查阅英文中有没有这样的单词，要是有的话，还应留意该词是褒义还是贬义。若是贬义，应尽量避免使用。例如，"芳芳"唇膏若译为 "Fang Fang"，就会让顾客感到恶心，因为 Fang 一词在英文中指的是"毒蛇的牙齿"，两个 "Fang" 加在一起，效果更甚。若遇到这种情况，应该改用谐音造词。又如奥克斯（空调），若译成 AoKeSi，英文中没有与之相似的英文单词便于联想，会让顾客不知所云，而 AUX 在英文中指的是"最好的，最佳的"。再如，青岛海尔公司的"海尔"喻意为"您——上帝，和我们的所有员工共同汇集成浩瀚的大海"。它的英文名称为 Haier，是按中文"海尔"音译过去的。而 Haier 又恰好和英文单词 Higher 同音。因此就有了"海尔"绝妙的广告词：Haier, higher and higher（海尔，越来越高）。

（三）音义结合法

音义结合法保留原商标的大致发音，同时又能克服音译法缺乏具体意义的不足，使其形意兼备。所以，要选用与译入语商标名称谐音，且具有美好含义的英语词汇，使得翻译后的商标名称响亮上口、简洁易记。例如：

英译汉：Benz 奔驰，Estee Lauder 雅诗兰黛，Coca-Cola 可口可乐（饮品），Function 芳格欣（药品），Benz 奔驰（轿车），Colgate 高露洁（牙膏），Ericsson 爱立信（手机），Johnson's 强生（婴儿用品），Gillette 吉列（刀片），Budweiser 百威（啤酒）。

汉译英：黛丝 Daisy，雅戈尔（服饰）Youngor，白沙集团 Beshing，海信 HiSense，方太（厨具）Fountain，乐百氏（饮品）Robust。

上述例子中的 Benz 原本是人名，即"本茨"，作为汽车商标译成中文时更兼顾了轿车的特点，使其具有了"飞奔驰骋"的含义，也更易于汉语人群接受。Estee Lauder 这个化妆品商标的名称源于法文，它的中文译名"雅诗兰黛"典雅清新，使人不由自主联想到气质端庄、容貌娇媚的女性，且选用汉语四字词语，讲究韵味，读起来别有味道。

来自宁波的服装商标"雅戈尔"的英文译名 Younger，与英语单词 younger 相近，这个英文译名不仅与原名谐音，而且给人一种"穿上它会更年轻"的印象。又如海信 Hisense，与英语单词 Highsense 谐音，该词意指"高灵敏度，卓越远见"，不仅发音响亮，语感好，而且涵义明确，字母书写连贯，极富吸引力。这类音和义结合的译法被广泛地应用于汉语商标名称翻译中。这些商标词传递了商品质量和功效，引发消费者对产品的美好联想，从而唤起公众的购买欲。

（四）转译法

转译法是舍弃原商品名称的意义和发音，为该商品重新设计一个在译语语言和文化中具有良好传播效果的商品名称。这样做可以为商品树立良好的形象，锦上添花。例如：

英译汉：Head & Shoulders 海飞丝，Rejoice 飘柔，Safeguard 舒肤佳，Olay 玉兰油，Zest 激爽，Pampers 帮宝适。

汉译英：联想（电脑）Lenovo，统一食品 President，正广和（纯净水）Aoquariu'o。

以上例子中，Pampers 是一个纸尿布商标。Pamper 一词在英语中是对待某人过分宠爱的意思，它的对应中文翻译是"帮宝适"，字面意思是帮助婴儿摆脱尿湿烦恼、享受干净舒爽的意思，这与纸尿布的功能联系甚密。而父母对孩子的呵护之心极易被这三个字唤起。又如联想（电脑）英文名 Lenovo，其中 Le 取自原标志 Legend，代表着秉承其一贯传统，新增加的 novo 取自拉丁词"新"，代表着联想的核心是创新精神。

综上所述，商标在商业运作中起着不可忽视的作用，关系着商品的销路和商家的利润。在产品外销的过程中,商标名称的翻译应符合译入语的文化背景和消费心理,便于消费者记忆和接受。

第六章　法律文本翻译

第一节　法律文本翻译概述

本节通过典型的实例分析，提出法律语篇翻译的"准确、严谨、规范、统一"的作业原则，并强调这一翻译原则主要是由法律语言自身的特点及其特殊的法律功能所决定的。

一、准确原则

准确原则要求译文精确无误地表达原文意思，传递原文信息。无论是文学翻译，还是其他文体翻译，无不要求做到译文的准确性。然而，就法律语篇翻译而言，译文准确具有特别重要的意义。法律语篇通常规定或隐含相关当事人的权利义务及相应法律后果，因此，要求译文词义确切，意思高度完整，表达清楚、明晰。如果译文失真，则不仅难以正确有效地传递原文的信息，而且容易因一方曲解而导致法律纠纷，甚至被不法商人故意利用文字漏洞逃避责任和义务。可以说，译文失真是法律语篇翻译的大忌。

把握翻译的准确性原则，首先应注意法律专业词汇的准确翻译。专业词汇主要是指在该专业领域中使用，并且具有特殊意义的一些词汇。一个法律文本通常会涉及许多专业词汇，这些词汇在语义上具有单一性的特点，也就是仅有单一、明确的含义。要熟悉、理解及准确使用专业词汇，译者应对相关领域的专业知识有所了解，否则，翻译此类词语不仅费劲，而且易出差错。请看例句：

例1 Ten percent（10%）of the contract value as the down payment shall be paid by T/T by the Buyer to the Seller within two weeks after the contract goes into effect-

译文1：合同生效后两周内买方应将合同金额的10%作为定金电汇给卖方。

译文 2: 合同生效后两周内买方应将合同金额的 10% 作为订金电汇给卖方。

此处翻译实际上也涉及汉语中"定金"与"订金"之间的区别。两者仅一字之差，但实务中有关"定金"与"订金"之间的纠纷常有发生。依照我国法律对定金的解释，定金是指合同当事人为了确保合同的履行，一方将按合同金额一定比例的款项支付给另一方。给付定金的一方如不履行约定债务，则无权要求返还定金；收受定金的一方如不履行约定的债务，应双倍返还定金。因此，定金实质上具有担保合同履行的作用和含义。而订金仅指的是预付款，无担保含义。依据 Law Dictionary 对 down payment 的解释：The portion of purchase price which is generally required to be paid at time purchase and sale agreement is signed and generally paid in cash or its equivalent. 据此，down payment 实际上相当于 advance payment，仅指的是将合同部分款项预先支付给对方，不具有担保合同履行的含义。而译文 1 将 down payment 译为"定金"，另外，《新汉英法学词典》（P159，法律出版社）也将 down payment，advance payment 译为"定金"，笔者认为不妥。此处 down payment 仅作为预付款使用，可译为"订金"。英文中的 deposit 则具有担保含义，通常可理解为"定金"。由此可见，该例译文 1 与译文 2 仅一字之差，法律含义却截然不同。

法律语篇中的不少专业词汇是由常用的普通词汇转化而来的，因此，当常用词语作为专业词汇使用时，这些词汇已具有特殊的法律意义，在翻译时不能按其常见的意思理解。比如，consideration, action, service, negligence, limitation, offer 等词语在日常英语中可分别理解为"考虑""行动""服务""疏忽""限制""提供"，但在法律英语中，上述词语通常用作专业词汇，分别含有"对价""诉讼""送达""过失""时效""要约"等意思。因此，翻译时必须从专业角度考虑词语的选择，切勿望文生义。

法律语篇中有许多表示机构、名称、单位的用语，翻译时必须正确理解该词的构词变化及其在法律语篇中的特定含义，切忌张冠李戴。比如，consignor, consignee, shipper, carrier 这四个表示名称的词语经常会在合同文书或提单租约上出现，在做翻译练习时，学生极容易将这四个词的意思混淆。不少学生将 shipper 理解为"承运人"或"船公司"，误认为它与 carrier 等同，实际上它们是完全不同的单位。shipper 的正确译文为"托运人""发货人"，而 carrier 则为承运人。在提单租约中，consignor 的意思通常与 shipper 等同，而与其对应的词则为 consignee，意为"收货人"。

法律语篇翻译时还须注意 must, shall, should, may 等情态动词之间的区别以及在使用上的特殊要求。must 与 shall 在语义上都有"须""应""应当"的含义，语气比 should 和 may 要重得多，但 must 更多地在普通英语中使用，在立法文本英语中则很少出现，而 shall 在法律英语中使用的频率很高，表示所规定的事项具有法律义务，在法律文本中属于"强制性规范"。should 主要表明一种道义上的责任或义务，没有法律上的强制性，在法律文本中属于"提倡性规范"，一般译为"应该"。May 则无任何法律或道义上的责任或义务，通常译为"可""可以请看例句：

例 2 民事活动应遵守平等、自愿原则。（我国《民法通则》第 4 条）显然，该例译文 1 和译文 2 分别选用了 should 和 may，没有把握原文确切含义，在法律语篇中完全属于误译。译文 3 选用了 must，但没有体现法律语篇的规范要求。译文 4 使用 shall，则较为准确、规范。

此外，译者还应注意法律语篇中有关时间词、连词、近义词及缩略词的翻译。在翻译这些词时，如稍有不慎，也较容易出错。

可以说，译文准确是法律语篇翻译的首要原则，如果译文不能准确传递原文信息，意思含混不清，那就犯了法律语篇翻译的大忌，再论其他翻译原则也就毫无意义了。只有在译文准确的基础上，根据法律语言的自身特点及其特殊的法律功能，才可继续把握其他翻译作业原则。要做到译文准确，译者必须把握法律语篇的用词特点，正确理解法律词汇的特殊意义，此外，还应具备一定的法律专业知识。

二、严谨原则

法律语篇的严肃性、权威性和庄重性不仅要求其语言准确无误，而且要求措辞严谨，用词严密慎重，文意缜密，做到无懈可击。因此，译文严谨可作为法律语篇翻译的另一项作业原则。这是在准确原则基础上所提出的更高层次的一项翻译原则，也是法律语言特殊性的客观要求。译文的严谨性主要体现在用词严密慎重和句子结构严谨等两个方面。

法律语言具有很强的法律拘束力，在力求文字准确的基础上，还要求用词严密慎重，无任何疏漏，以更好地体现法律语篇的严肃性。法律英语中的近义词并用现象可以说是法律语篇措词严谨性的一个很好例证。例如，fix or make（规定），have and hold（持有），null and void（无效），terms and conditions（条款），provisions and stipulation（规定），force and effect（效力），modifications and alterations（修改和变更），interpretation and construction（理解和解释），obligation and liability（义务和责任），knew or ought to have known（知道或理应知道），等等。近义词并用为法律英语常见语言特点之一，其目的主要是强调法律语篇的严谨性，确保文意高度完整、严密。再如，法律英语中经常使用并列连词 and/or、并列介词 tm or before，upon and after，before or at the same time，by and between 及众多限定语等，也有此方面的用意。此外,法律语篇中很少使用省略词如 etc, and the like, and so on 等,而且也慎用表示"大概""大约"等意思的词,如 about, approximate, probably 等。因此,在翻译时,译者应了解法律语言的特点,在力求文字准确的基础上,还应把握翻译的严谨性原则。请看例句:

例 3 If a party has more than one place of business, the place of business is that which has the closest relationship to the contract and its performance, having regard to the circumstances known to or contemplated by the parties at any time before or at the conclusion of the contract. (《联合国国际货物销售合同公约》第 10 条)

译文:如果当事人有一个以上的营业地,则以与合同及合同履行关系最密切的营业地为其营业地,但要考虑到双方当事人在订立合同前任何时候或订立合同时所知道或所设想的情况。

例 4 A proposal is sufficiently definite if it indicates the goods expressly or implicitly fixes or makes provision for determining the quantity and the price. (《联合国国际货物销售合同公约》第 14 条)

译文:一个建议如果写明货物并且明示或暗示地规定数量和价格或规定如何确定数量和价格,即为十分确定。

例 5 An offer, even if it is irrevocable, may be withdrawn if the withdrawal reaches the offered before or at the same time as the offer. (《联合国国际货物销售合同公约》第 15 条)

译文:一项要约,即使是不可撤销的,但若撤回通知于要约送达受要约人之前或同时送达受要约人,该要约可以撤回。

例 6 Additional or different terms relating, among other things, to the price, payment, quality and quantity of the goods, place and time of delivery, extent of one party's liability to the other or the settlement of disputes are considered to alter the terms of the offer materially. (《联合国国际货物销售合同公约》第 19 条)

译文:有关货物价格、付款、货物质量和数量、交货地点和时间、一方当事人对另一方当事人的赔偿责任范围或解决争端等的添加或不同条件,均视为在实质上变更要约的条件。

以上几例中的 known to or contemplated, before or at, expressly or implicitly, before or at the same time, additional or different 等词语 主要由连词 or 构成并列动词、并列介词、并列副词、并列形容词等形式,其主要功能是确保文意的严密性,充分体现法律语篇严谨性的措辞风格。翻译此类词语时,应深刻理解这些词语的构词特点及在句中所传递的内涵,并从法律的专业角度考虑其翻译,该译出的必须完整地译出，切勿为了片面追求语言的顺畅而随意简译或省译，否则会有失译文的严密性和严谨性。

此外，翻译法律语篇中的有关数字、金额词时，也应注意措辞的严谨性。请看例句：

例7 装船前10日内买方应将合同金额的30%电汇给卖方。（合同范文中的"支付条款"）

译文1：30% of the contract value shall be paid by T/T by the Buyer to the Seller within 10 days before the shipment.

译文2：Thirty percent（30%）of the contract value shall be paid by T/T by the Buyer to the Seller within ten（10）days before the shipment.

该例为合同中的支付条款，译文1与译文2在准确性方面都不存在问题，但就严谨性而言，译文1尚有欠缺。在法律语篇中，对于数字的翻译，应尽量采用大小写并述，一是为了更好地显示法律语篇的严肃性，二则也杜绝了不法商篡改的余地。译文2很好地做到了这一点。再如：

例8 合同总金额：肆拾万美元。（合同范文中的"价格条款"）

译文1：Total contract value: MYM 400,000.00

译文2：Total contract value: Four Hundred Thousand Dollars

译文3：Total contract value :USMYM 400,000.00（Say: United States Dollars Four Hundred Thousand Only）

译文1和译文2的意思已基本达到准确，而且在日常交际中也通常采用这种表述法，但就法律语篇而言，这样的译文不够严密，不符合法律语篇严谨性的要求。无论是采用MYM还是Dollar来标示美元，都欠慎重。此外，翻译金额词时，不得随意省略大写或小写，否则会存在隐患或漏洞。译文3措辞严谨，无懈可击，充分体现法律语篇的严谨性。

法律语篇强调句子逻辑严谨，结构严密和完整。法律语篇通常采用条款形式对有关当事人的权利义务及法律后果加以明文规定。无论是立法文书还是合同等其他法律文书，无不强调法律关系叙述的完整性和严密性。可以说，法律语篇中的句子几乎是完整的陈述句，很少使用省略句。有时一个条款、一项权利或义务仅用一个句子表述，一气呵成，而且指向明确、指称直接、逻辑严谨。因此，法律语篇中惯用长句的特点也主要基于此方面的用意。在法律英语中，长句是重要的句法特征之一。例如：

例9 All disputes arising in connection with the Contract or the execution thereof shall be finally submitted for arbitration to the Foreign Trade Arbitration Commission of the

China Council for the Promotion of International Trade in accordance with and subject to its Provisional Rules of Arbitration.（合同范文中的"仲裁条款"）

该例仅用一个句子就对"争端解决"条款做出了规定，而且就"何种争端，递交哪个机构，通过何种方式解决"进行了明确限定，整个句子指向明确，各成分之间的逻辑关系严谨，体现了法律语篇的措辞特色。如果将其改写为三个独立的句子，则为：

（1）All disputes arise in connection with the Contract or the execution thereof.

（2）They shall be finally submitted for arbitration to the Foreign Trade Arbitration Commission of the China Council for the Promotion of International Trade.

（3）The disputes shall be settled in accordance with and subject to its Provisional Rules of Arbitration.

改写后的三个句子尽管句子通顺，表意完整、准确，但总体结构松散，不符合法律语篇严谨性要求。因此，在法律语篇翻译过程中，在确保句子文法准确、通顺的基础上，还应注意译文句式严谨的措辞风格。请看例句：

例10：当事人依照本法第六十八条的规定中止履行的，应当及时通知对方。对方提供适当担保时，应当恢复履行。（我国《合同法》第69条）

译　文 1：One party to a contract which suspends its performance of the contract in accordance with the provisions of Article 68 of this law, shall promptly inform the other party of such suspension. It shall resume its performance of the contract when the other party provides a sure guarantee.

译　文 2：One party to a contract which suspends its performance of the contract in accordance with the provisions of Article 68 of this law, shall promptly inform the other party of such suspension and shall resume its performance of the contract when the other party provides a sure guarantee.

英汉两种语言在思维、表达方式上有很大不同。例如，汉语强调意合，主要通过语义衔接；而英语注重形合，则更多地使用连接词。该例中的汉语条款采用两个句子分别对"合同中止履行"和"合同恢复履行"做出了规定，符合汉语的表达习惯及法律语篇要求。但在翻译成英文时，则应充分考虑到两种语言的各自表达习惯及法律语篇风格。译文1做到了准确、通顺，但在句法层面上则有失严谨。如果能用and将两个句子连接成一个句子，则既符合英语的句法结构特点，也体现了法律语篇措辞的严谨风格。值得一提的是，《联合国国际货物销售合同公约》（英文版）也有"合同中止履行"和"合同恢复履行"的条款，比如，该公约的第71条规定，就是用 and 将两者进行衔接的。事实上,译者如能经常阅读、学习英文原版的法律文献,将会进一步了解、熟悉法律语言的用词及句法特色,并对法律语言严谨性的文体风格产生更深的体会。

三、规范原则

译文准确已属不易,译文严谨则要求更高。然而法律语篇翻译原则不仅仅限于这两条,法律语篇翻译还要求译文符合相应的规范要求。译文规范是指译文的词语选用、择句谋篇必须符合法律行业特性的基本范式及约定俗成的习惯。法律语言具有与非法律语言明显不同的词法、句式及篇章特点。一份规范、地道的法律文本,在用词语上表现为正式、书面,在句式上主要限于完整的陈述结构,而在篇章结构上则呈现高度的程式化。假如一个译本尽是口语,随意使用感叹、省略甚至疑问句式,结构混乱、条理不清,显然是不符合法律语篇规范要求的。因此,译文规范可以作为法律语篇翻译的第三项作业原则。规范原则并非就是严谨原则的上位概念,两者基本上是并列的,但侧重点不一样。下面从用词、择句、谋篇等三个方面探讨法律语篇翻译的规范性原则。

一份法律文本,首先应符合措词方面的规范性要求。法律词汇主要由法律专业词汇及普通词汇两部分组成。前者为法律语言中的核心词汇,主要用于法律专业领域,是法律语言特殊性的主要体现,其正式、规范程度无须多言。然而,即便是普通词汇,在法律语篇中,也要比日常用语正式得多,其目的是更好地体现法律语言的行业特性。

如前所述,法律语言在句式上的规范原则表现为多用完整的陈述结构,尽量避免使用疑问、感叹、省略结构,主题突出,指向明确。在法律语篇翻译实践中,译者应熟悉英汉两种法律语言的句法规律,掌握常见的句型模式,做到译文符合法律语篇的规定范式。请看例句:

例 11 当事人双方都违反合同的,应当各自承担相应的责任。(我国《合同法》第 120 条)

译文 1:Both parties violating the contract shall bear the liabilities respectively.

译文 2:Where both parties violate the contract, they shall bear the liabilities respectively.

原文为汉语法律语言中最为常见的"……的,应当……"的句型模式,如果熟悉英语法律语言中的句法规律,即可采用套译法,套用"where(if, in case that)…, …shall…"的句型模式。译文 1 既不符合英语法律语言的句型范式,也不符合法律规则构成要素之间的内在逻辑关系。再如:

例 12 "Buyer" means a person who buys or contracts to buy goods.(美国《统一商法

典》第二条第 103 款）

译文 1: 买方指的是买货或订立买货合同的人。

译文 2: "买方"是指购买货物或订立货物购买合同的人员。

译文 3: 本法所称的买方是指购买货物或订立货物购买合同的人员。

这是笔者安排学生课堂翻译练习的内容，尽管原文仅有 11 个字，但表达的意思清晰明了。译文 1 为大多数学生采用的译法，无疑存在不少缺陷，如"买货""人"为日常口语体，使用在此处不甚合适；"买方"则漏加双引号，指向有含混之嫌。显然，由于学生对法律语篇的基本范式缺乏足够了解，看似简单的翻译也很难做到符合法律语篇的规范要求。译文 2 将 buy goods，a person 分别译为"购买货物"及"人员"，显得更为正式书面体，将"买方"加上双引号，则使指向更加明确。译文 3 则直接套用汉语法律语言常见的"本法所指的……是指……"的套语结构，更好地体现了法律语篇的约定俗成。

高度程式化是法律语篇的主要语篇特征。汉语立法语篇在宏观上主要由总则、分则及附则三部分组成。总则主要对立法目的、法律原则、法律效力及适用范围等作原则性规定；分则主要为实体性条款，规定法律主体的权利、义务及法律后果；附则主要是一些补充性条款，对法律施行、废止等问题进行补充说明。而在微观层面上，这三大部分大多采用条、款、段、节等形式进行逐项规定，使得条理清晰、层次分明。英汉两种语言的立法语篇结构大致相同，英语立法文本主要包括 general（preliminary）provisions，principal provisions，（final）miscellaneous provisions 等几个部分，相当于汉语立法文本的总则、分则和附则。各部分也是由 article，section，paragraph，sub-paragraph 进行逐条表述的，相当于汉语的条、款、段、节。作为具有法律功能的合同文书，其语篇也呈现高度的程式化。无论是中文本还是英文本合同，大体上可分为标题（title）、序言（preamble）、正文（body）及结尾（closing）四个部分，而且正文中的各个条款也相对固定，大多有其规范的表达模式。如果熟悉中英文两种法律语言中的常见语篇特点，通常可采用套译法来解决谋篇问题。请看例句:

例 13 This contract is made out in two originals in both English & Chinese, both versions are equally valid. Each party keeps one original of the two after the signing of the contract.（合同范文中的"结尾条款"）

译文：此合同用中英文制作成两份正本。两种文本同样有效，各方在签字后保留一份。

此例为典型的合同结尾条款，主要规定合同份数、合同文字、合同效力及签字盖章等补充性信息。中英文合同大多采用套语形式。尽管译文意思大致正确，但基本上采用照字直译法，有失合同文体的规范性要求。其实，汉语合同结尾也有类似的套语，此处可套译为：本合同以中英文书就，一式二份。两种文本具有同等效力。签字后每方各持一份。

因此，翻译法律语篇时，应把握高度程式化的法律语篇特征，在整个篇章结构上遵循其约定俗成的旧例，采用规范的格式及表达模式，以更好地体现法律语言的规范性、严肃性和庄重性。

四、统一原则

法律语篇翻译的第四项作业原则为统一原则。统一原则是指在法律语篇翻译过程中，同一法律词汇或同一意思的表述，尤其是一些重要的法律名称、法律概念、法律术语，在各种法律文本中或在同一法律文本的上下文中必须保持完全一致，不得以求得语言生动灵活为名而随意变换译文或另立门户。遵循翻译的统一性原则，商贸翻译是这样（刘法公，1999），法律翻译更应如此。请看例句：

例 14 If the seller has delivered goods before the date for delivery, he may, up to that date, deliver any missing part or make up any deficiency in the quantity of the goods delivered, or deliver goods in placement of any non-conforming goods delivered or remedy any lack of conformity in the goods delivered, provided that the exercise of this right does not cause the buyer unreasonable inconvenience or reasonable expense. （《联合国国际货物销售合同公约》第37条）

此例仅为一个句子，但 deliver 一词却重复使用7次之多。事实上，用词的重复性也是法律语言的基本特点之一。假如同一意思在上下文中刻意用同义词或近义词进行表述，比如将上例中的 deliver 用 send, dispatch, hand over, submit, forward 等词进行替换，在用词上会显得生动灵活些，但极易造成语义模糊，也有失法律语篇的严肃性。

例 15 A party suspending performance, whether before or after dispatch of the goods, must immediately give notice of the suspension to the other party and must continue with performance if the other party provides adequate assurance of his performance. （《联合国国际货物销售合同公约》第71条）

译文1: 中止履行的一方当事人不论是在货物发运前还是发运后，都必须立即通知对方。如经另一方当事人对履约提供充分保证，则他必须继续履行义务。

译文2: 中止履行的一方不论是在货物发运前还是发运后，都必须立即通知对方。对方提供充分履行担保时，中止履行的一方则必须继续履行。

译文 1 将 performance 和 the other party 分别译为"履行、履约、履行义务"和"对方、另一方",已犯了法律语篇翻译的大忌,易导致译文语义模糊,甚至产生歧义,也有失法律语篇的严肃性和庄重性;而译文 2 则很好地把握了法律语篇翻译统一性的基本原则。

法律语篇翻译的统一性原则还包含另一方面的含义,即一个法律名称、法律概念、法律术语应与业已为该领域广大读者所接受、认可的译名保持一致。在法律翻译实践中,无论是法律界还是翻译界,对于一些使用较为频繁、重要的名称、概念、专业术语,基本上已形成较为规范、统一的表述。

综上所述,法律语篇翻译的准确、严谨、规范、统一原则实质上是由法律语言的自身特点及其法律功能所决定的。仅仅采用普通、非专业译法,或片面强调译文顺畅、文采飞扬而忽视法律语篇措辞及文字等方面的严格要求,则会影响到法律翻译的整体效果及其作用,甚至因语言问题而导致法律纠纷。要做到译文准确、严谨、规范和统一,译者不仅要具备扎实的语言功底,而且还应具有一定的法律专业知识,熟悉法律语篇的自身特点,并不断地进行法律翻译实践。

第二节 英语法律文本的语言特征

一、法律英语的词汇特点

作为一种专门用途英语,法律英语在词汇层面上具有较为明显的特点。具体表现为以下几个方面:

1. 专业术语

法律英语中的专业术语主要是指用来表达法律概念,具有特定法律含义的法律用语。法律术语为法律词汇的重要组成部分,具有专门性和排他性的特点,是法律语言法律性、专业性的重要表现。无论是立法文本英语,还是诉讼英语,或是合同英语,专业术语是这些法律文体英语的明显标志。比如,"送达"(service)、"传票"(summons)、"撤诉"(dismissal of action)、"一审"(first instance, trial of first instance)、"判决"(judgment)、"上诉"(appeal)、"终审"(final judgment)等专业术语主要在诉讼英语中使用,而"侵权"(tort)、"损害赔偿"(damages)、"过失责任"(negligence liability)、"过错责任"(fault liability)、"连带责任"(joint and several liability)、"共同责任"(joint liability)等专业术语不仅可以在诉讼英语中使用，而且经常在立法文本英语中出现。又如，free on board（船上交货）、bill of lading（提单）、letter of. credit（信用证）、documents against acceptance（承兑交单）、claim（索赔）、force majeure（不可抗力）、arbitration（仲裁）等经常在合同英语中使用。考虑到特定场合的需要，有时立法文本或合同文书中会对一些关键术语的定义做出明确的限定和说明。此类释义一般可分为扩展性解释和限缩性解释这两种。例如，"patent" in this contract shall mean registered invention rights, registered utility model rights, right of registered industrial design and any technical applications listed in the attachment herewith.（本合同中的"专利"系指注册发明权、注册实用新型权、注册外观设计权及本合同附件中所列明的技术应用）。该例句对"专利"一词作了扩展性解释，它超出了一般专利的范畴。我们常见的《知识产权法》中的专利通常仅指"发明、实用新型及外观设计专利"，而此处则还包括该合同项下的"任何技术应用又如，"trademark" here means registered trademark.（本合同中的"商标"系指注册商标）此处的"商标"则做了限缩性解释，它已排除了普通商标，即非注册商标。总之，无论是哪一类专业词汇，法律英语中的专业术语力求语义准确、表意精练、严谨规范。

2. 常用词汇转化为专业词汇

法律英语中有不少由常用词汇转化而来的专业词汇。比如，consideration, action, service, negligence, limitation, offer, acceptance 等词语在日常英语中通常可理解为"考虑""行动""服务""疏忽""限制""提供""接受"，但在法律英语中，上述词语可用作专业词汇，分别含有"对价""诉讼""送达""过失""时效""要约""承诺（承兑）"的意思。又如，minor（未成年人），instrument（法律文件），preservation（保全），execute（签署），documentary（跟单），prejudice（损害），conclusion（订立），negotiation（议付），等等。对于这些由常用词转化而来的专业词汇，应从专业角度来确定其明确含义，而不能将其作为普通、常见的意思来理解。

3. 正式词汇

为了体现法律上的严肃性，法律英语的措辞风格仍以严谨、庄重为主，在语体上则采用正式书面体，用词正式、规范。日常英语词汇与法律英语词汇，两者同义不同形，日常英语词汇在构词形态上较为简单，主要在日常英语中广为使用，但在法律文体中则不甚合适，因为它难以体现法律语言行文严谨的风格；而法律英语词汇通常采用介词短语形式，在形态上较为复杂，显得更为正式，其修辞效果很好地体现了法律英语正式、庄重、严肃的文体风格。

4. 古英语

古英语（Old English）指约公元1100年以前的英语，中古英语（Middle

English）则是指约公元 1100 年至 1500 年间的英语。（孙万彪，2003）尽管法律语言的"简明化"呼声颇高，但对于具有规范性、严肃性的法律语言而言，在措辞方面仍沿用正式、刻板的行文传统和修辞风格；又因历史原因，法律英语中仍使用一些古英语词语，比如，hereby（特此、兹），herein（此处），hereof（于此），hereto（至此），hereinafter（以下），thereafter（其后），whereby（由此），whereas（鉴于）等古体词在法律英语中使用较为普遍，这也是法律文体严肃性的一个标志。

5. 外来词

法律英语中使用外来词语也颇为频繁。这些外来词主要来源于拉丁语和法语。法律英语中的拉丁语主要自公元 597 年基督教传入英国后逐渐渗入，而法律英语中的法语则主要是 11 世纪诺曼底人征服英国后逐渐从法语的法律词汇中借来的。（季益广，1999）比如，alieni juris（他人权利），de facto（事实上），in re（关于），in rem（反对某物），in person am（反对人的），in statu quo（现状），alibi（不在犯罪现场），bona fide（真正的，真诚的），quasi（好像，准），per se（自身），re gestae（真的事实），ad hoc（专门的）等为法律英语中的拉丁语。而 estoppel，judge，laches，lien，quash，void，voir dire，culpable，jury，lash，fee，breve 等则为法律英语中的法语。此外，一些外来词尤其是一些法语词语在词形上已与英语趋同，并成为日常英语词语，比如 judge, fee, proposal, entrance, date, schedule, 等等。

6. 动词名词化

汉英两种语言在表达习惯上存在差异，汉语中动词的使用要多于英语，而英语中名词的使用则相对占优势。尤其在法律英语中，动词名词化现象也是法律英语的基本特点之一。例如，acceptance（承诺），withdrawal（撤回），preservation（保全），conclusion（订立），revocation（撤销），amendment（修改），alteration（变更）等分别为 accept, withdraw, preserve, conclude, revoke, amend, alter 的名词化结构。这与法律英语中被动结构使用较为频繁也有一定关系。法律语言主要以陈述事项为主，使用名词化结构和被动结构，可以避免人称主语，使叙事更为客观、严谨。

7. 模糊词汇

汉英两种法律语言各自都有不少模糊词汇，比如，汉语法律文本中经常用到的"适当、若干、其他、严重、从重、从轻、减轻、必要、明显、重大、恶劣、显失公平、合理的、数额巨大"等词语在语义上具有不确定性，较为模糊。英语立法文本中也是如此，比如，further, general, perfect, somewhat, properly, less than, not more than, with-in, reasonable, other, necessary 等，也为模糊词汇。当然，此处指的模糊性绝不是法律语言文字存在歧义、语义模棱两可的意思，其实，法律语言中的这些模糊词语不仅具有概括性、灵活性强的特点，而且还具有丰富的法律内涵，可更好地发挥法律的调节功能。

8. 近义词并用

近义词在法律英语中并列使用，体现了法律语言的严肃性和法律用词的准确性和严密性，确保了原文意思高度完整、准确，避免意思曲解。例如，It is the intent of the parties that all documents and annexes forming part hereof shall be read and taken together and that each and every provision or stipulation hereof be given full force, effect and applicability. However, in the event that one or more provisions or stipulations herein be declared null and void by the courts, or otherwise rendered ineffective, the remaining provisions and stipulations shall not be affected thereby. 以上仅两个句子，而句中近义词并用却多达7处。可见，近义词并用在法律英语中较为普遍，也是法律英语的词汇特征之一。值得一提的是，近义词并用在汉语法律文体中并不多见，这不仅仅是因为英汉两种语言的表达习惯各不相同，还与国家之间的法律文化传统存在差异有关。在法律英语中，只有少数近义词并列使用是为了追求它们之间的相同意义，这些词可归类为"求同型近义词"，其目的是使原文所表达的意思不被曲解。例如，null and void, terms and conditions, provisions and stipulations 为求同型近义词，可分别理解为"无效""条款""规定"。然而，多数近义词并列使用则是为了强调它们之间的差别意义，可将其归类为"求异型近义词"，其目的是使原文意思表达更加完整、准确。例如，obligation and liability, interpretation and construction 为求异型近义词，可分别理解为"义务和责任""理解和解释"。相对而言，要识别求异型近义词之间的细微差别，是有一定难度的。

二、法律英语的句法特点

法律英语不仅在词汇上具有较为明显的特点，而且在句法层面上也形成了自身的特色。

（一）长句

长句是法律英语的句法特点之一。据统计，在英语法律文件中，句子的平均长度约为271个单词，而科技英语句子的平均长度则只有27.6个单词。（王道庚，2006）可以说，法律文体中的长句的出现频率远远高于其他文体。法律文体不仅句子冗长，而且句子的语法结构也较为复杂，多复合句及各种修饰语、并列成分、插入语等句子成分。请看例句：

例1 If, in accordance with the provisions of this Convention, one party is entitled to require performance of any obligation by the other party, a court is not bound to enter a judgment for specific performance unless the court would do so under its own law in respect of similar contracts of sale not governed by this Convention.

该句共有 57 个字,在法律英语中,此类长度的句子较为常见。句子整体上为一个主从复合句结构,从句是由连接词 if 引导的条件状语从句,内有方式状语 in accordance with…this Convention;主句中又有连接词 unless 引导的虚拟条件状语从句,该从句中内嵌两个方式状语 under … law 和 in respect of … sale,而过去分词 governed 对前一成分又进行了限定。这样就构成了句子完整的意思,而且句意严密,逻辑严谨。

例 2 If a letter or other writing containing a late acceptance shows that it has been sent in such circumstances that if its transmission had been normal it would have reached the offeror in due time, the late acceptance is effective as an acceptance unless, without delay, the offeror orally informs the offeree that he considers his offer as having lapsed or dispatches a notice to that effect.

该例共有 67 个单词,也是一个复合长句。较为复杂的是从句与主句中又有若干从句,可谓句中有句。对于此类复合句,可以先抓住句子的主干结构,即所谓的大句结构,然后再逐步深入到各个小句,层层剖析。句子的主干结构为主从复合句,从句为连词 if 引导的条件状语从句;主句为 the late acceptance is effective…组成的一个主表结构。if 从句中包含 that 引导的宾语从句和 that 引导的同位语从句,该同位语从句中又包含一个主从复合句,以此限定 circumstances。再看主句部分,不仅有 unless 引导的虚拟条件从句,而且内有 that 引导的宾语从句,而该宾语从句中还有两个动词短语的并列结构。由此可见,句子在结构上可谓繁琐复杂,此类句套句的现象也是法律英语典型的句法结构特点。

例 3 The seller is also liable for any lack of conformity which occurs after the time indicated in the preceding paragraph and which is due to a breach of any of his obligations, including a breach of any guarantee that for a period of time the goods will remain fit for their ordinary purpose or for some particular purpose or will retain specified qualities or characteristics.

该例句的语法结构也不是很简单,尽管 the seller is also liable for any lack of conformity 作为主干结构统领整个句子,但其后有关系代词 which 引导的两个定语从句,而且第二个定语从句后又有一个插入语 including 并占了整个句子的一半长度。该插入语中内嵌 that 引导的定语从句,并带有连词 or 连接的两个并列动词短语及两个并列介词短语。此类由主干结构后带出的多个修饰成分、并列成分及插入语等,可谓层层限定，环环相扣，这也是法律英语的句子结构特色。

（二）被动句

法律英语中使用被动句不仅仅是为了强调被动动作、突出动作的承受者，更侧重于对有关事项作客观描述、规定等方面的考虑。法律语言主要规定行为人的权利义务以及相关法律后果，具有法律上的强制性和拘束力，因此，法律文字叙述应客观公正，行文得体，措辞严谨、庄重，而使用被动句很好地体现了法律语言的风格。例如：

例 16 The parties are considered, unless otherwise agreed, to have impliedly made applicable to their contract or its formation a usage of which the parties knew or ought to have known and which in international trade is widely known to, and regularly observed by, parties to contracts of the type involved in the particular trade concerned.

例 17 Until a contract is concluded an offer may be revoked if the revocation reaches the offeree before he has dispatched an acceptance.

以上两例为立法文本英语中的句子，句中多处使用被动结构。

例 16 中的 are considered, is widely known to, observed by 以及例 17 中的 is concluded 和 be revoked 等为较明显的被动结构，其使用效果充分体现了立法文本语言客观、公正、庄重、严肃的叙事风格。又如：

例 18 Insurance shall be covered by the buyer against all risks, including war, strike risks, for 1 10% of invoice value.

例 19 All disputes arising from the execution of or in connection with the contract shall be settled through friendly consultation.

例 18 与例 19 为合同英语中的常见被动句式。合同英语中有关包装、装运、保险、支付、检验、争端解决等条款也大多采用被动句结构，不仅突出主题，而且措辞严肃、庄重。

（三）陈述句

法律英语主要以陈述句式为主，较少使用祈使句，几乎不用疑问句和感叹句，这也是由法律语言的特殊性所决定的。如前所述，法律语言主要以规定权利义务和法律后果，陈述案件事实或确认法律关系为主，因此，陈述结构为法律英语的基本句式。请看例句：

例 20 The seller must deliver the goods, hand over any documents relating to them and transfer the property in the goods, as required by the contract and this Convention.

例 21 The principal should insert the complete address of the drawee in the collection order.

例 22 Credits should clearly indicate whether they are revocable or irrevocable.

以上三个例句都采用陈述句式，主、谓、宾成分完整，指称直接，指向明确，很好地体现了陈述句式在法律语言中的语句功能。

（四）完整句

法律语言不仅以陈述句式为主，而且还要求信息陈述的完整性、详尽性和严密性，以防止因句子省略或缺省而出现漏洞或产生歧义，因此，法律英语中的句子通常为完整的句子，句中各成分较为完整，而且多用各种修辞语和限定语，以更为缜密地表述完整的意思，而省略句则很少在法律英语中使用。请看例句：

例 23 Drafts and documents must be presented by the beneficiary to the negotiating bank or drawer bank within twenty-one (21) days after the date of issuance of transport documents but within the validity of this credit.

例 24 All banking charges (including advising commission, payment commission, negotiation commission and reimbursement commission) outside Alaska U.S.A. are for the account of the beneficiary.

以上两例分别对交单议付及银行费用做出了明确规定。例23对施体、受体、时间、方式、场所等进行了详尽说明；例24则在括号中对银行费用进行明确限定，可谓表意完整、严密。此外，此类句子各构成成分也较为完整，很少有省略的情形。

（五）if 句式

法律语言主要由规则、条文组成，具体规定各项权利义务及法律后果，尤其在立法语言中，一项规定或一个条款通常由假定、处理、制裁等三要素构成，通常"假定"与"处理"要素较为显性，而"制裁"要素有时则较为隐性。可以说，if句式较为适合这种要素模式，并体现了法律英语中的句法结构特色。请看例句：

例 25 If the seller delivers the goods before the date fixed, the buyer may take delivery or refuse to take delivery.

例 26 If the seller delivers a quantity of goods greater than that provided for in the contract, the buyer may take delivery or refuse to take delivery of the excess quantity. If the buyer takes delivery of all or part of the excess quantity, he must pay for it at the contract rate.

例25与例26为英文本《联合国国际货物销售合同公约》第52条之规定。该条款全部采用if句式，为典型的"假定与处理"模式。比如，例25的"假定"为"卖方提前交货"；"处理"则为"买方可以接收或拒绝货物"。其实该例还隐含着卖方应履行按时交货的义务,否则应承担相应的法律制裁后果的意思。

(六) shall 句式

法律文本中对于义务及法律后果的规定通常具有强制性和拘束力,以体现法律的严肃性,因此法律英语中的 shall 句式较为普遍。Shall 在法律文体中实为一个法律词汇,相当于汉语中的"应当"或"须",表示法律责任或义务而不是一般的道义责任或仅表不将来时态。同理,该词的否定式 shall not 则相当于汉语中"不得"的意思。请看例句:

例 27 Where both parties violate the contract, they shall bear the liabilities respectively.

例 28 Drafts and documents shall be sent to us in one lot by regis-tered airmail.

例 29 The seller shall present the following documents required for negotiation/collection to the bank.

以上几例都采用"主语 + shall"的句子结构模式,强调所规定事项的强制性和约束力,语体庄重、严肃。另外,在法律英语中对于有关权利享有的规定,有时采用"主语 + may"或 be entitled to 的句型模式。

(七) 平行句式

法律语言尤其是立法文本语言主要采用条款形式规定法律事项。而要将大量信息罗列在有限的条款之中,又要保证信息的完整性、详尽性和清晰性,这确实对法律语言提出了很高的要求。无论是法律汉语还是法律英语,一个较为显著的句法特点就是大量使用平行句式,实际上,这也是由法律语言的上述要求所决定的。法律语句中的平行结构使用频繁,小到词、短语,大到分句甚至段落,层次丰富。平行结构的特点是排列有序,结构对称,层次分明,脉络清晰,前后照应,确保语句信息的完整性和清晰性,其修辞效果也很好地体现了法律文体的严谨性和严密性。请看例句:

例 30 However, in cases where the seller has delivered the goods, the buyer loses the right to declare the contract avoided unless he does so:

(1) .in respect of late delivery, within a reasonable time after he has become aware that delivery has been made;

(2) in respect of any breach other than late delivery, within a reasonable time:

(a) after he knew or ought to have known of the breach;

(b) after the expiration of any additional period of time fixed by the buyer in accordance with paragraph (1) of article 47, or after the seller has declared that he will not perform his obligations within such an additional period; or

(c) after the expiration of any additional period of time indicated by the seller in accordance with paragraph (2) of article 48, or after the buyer has declared that he will not accept performance.

该例中的(1)与(2)项采用 in respect of 的介词短语形式作为 unless he does so 的平行结构；而(a)、(b)、(c)项则采用 after 引导的从句形式作为 within a reasonable time 项下的平行结构，可谓典型的多层次平行句式。使用此类平行结构，不仅可以减少句子数目，还可确保在同一语境中信息的完整性，避免阅读时出现信息的纰漏。

（八）惯用句型

经过长期的实践，法律语言已形成不少惯用句型。例如，英语立法文本的序言部分通常采用 whereas, in view of, considering, given that 等引导的句型范式；此外，还有不少 means、includes、refers to 的惯用结构。而汉语立法文本的序言中则通常采用"为了根据宪法，制定本法"（This law is enacted in accordance with…and for the purpose of…）、"本法所指的……是指……"等句型范式。再如：

例 31 The contract is made by and between the seller and the buy-er ..., whereby

例 32 The undersigned buyer and seller have confirmed…in accordance with the following terms and conditions.

例 33 This contract is in 2 copies, effective since being signed/ sealed by both parties,

例 34 IN WITNESS, WHEREOF, this contract has been executed effective as of the date first above written.

例 35 This contract is made out in two originals in both English & Chinese, both versions are equally valid. Each party keeps one original of the two after the signing of the contract.

以上五例是英文本合同序言与结尾中的常见套句。此类套句或惯用句型不仅构成了法律文体的语言特色，而且也符合法律语言的规范性要求。

三、法律英语的修辞特点

语言活动离不开修辞，修辞是有效使用语言的艺术。修辞活动是一个系统的思维过程，包括择语、选句、设格、组段到谋篇的整个系列。从修辞的活动基础上看，它可大致分为词语选用、句式变化和段篇安排等三个层次。（黄任，1996:9—11）修辞效果应体现一个文本的语言风格，日常语言的修辞效果侧重语言的生动、形象、诙谐、幽默，而法律修辞效果则应体现正式、严肃、庄重、严谨的法律文体风格。

法律文本语言因其特殊的社会功能和在法律上的重要意义，使得法律修辞形成了自身的特点。以下从词语选用的层面分析法律英语的修辞特征。文中分析的语料主要选自《联合国国际货物销售合同公约》《跟单信用证统一惯例》《国际贸易术语解释通则》等英文本国际公约及国际惯例。

法律语言的权威性和约束力客观上要求法律语言在词语选用方面应遵循正式性、一致性、准确性和严谨性的择语标准。而在修辞层面上则表现为同义聚合体、对义聚合体、重复聚合体及正式书面体等措词特点。

1. 同义聚合体

同义聚合体是指两个或两个以上意义相同或相近的词并列使用而组成的聚合体。聚合体中的各个词互为同义词或近义词。一般而言，同义词或近义词的概念意义或概念意义的主要方面是相同的，但其表示事物的范围、程度及在关联意义上仍然存在一定的差别。法律英语文本中的同义聚合体可分为两类，即"相同意义型同义聚合体"和"差别意义型同义聚合体"。前者追求相同意义，使原文的意思不被曲解；而后者则追求差别意义，使原文意思更加完整、准确。例如，terms and conditions, null and void, provisions and stipulations, deem and consider, claims or allegations, insufficiency or inadequacy 等为"相同意义型同义聚合体"，翻译时取其相同意义，可分别译为"条款""无效""规定""视为""主张""不足"等意思。而 amends and alternations, agent or representative, interpreta-tions and construction, obligations and liabilities 则为"差别意义型同义聚合体"，翻译时就应考虑其差别意义，此处可分别译为"修改和变更""代理或代表""理解和解释""义务和责任"等意思。

由于英汉两种语言的表达习惯及法律文化背景存在较大的差异，汉语法律文本中的同义聚合体较之英语法律文本要少得多。因此，翻译"差别意义型同义聚合体"也是法律文本翻译的难点所在，如果仅取其相同意义，则会导致译文失真。例如：

原文：Declarations made under this Convention at the time of signature are subject to confirmation upon ratification, acceptance or approval.

译文1: 根据本公约规定，在签字时作出的声明，须在认可、同意时加以确认。

译文2: 根据本公约规定，在签字时作出的声明，须在批准、接受或核准时加以确认。

此例中的 ratification, acceptance or approval 为同义聚合体，尽管含有"同意、认可"的含义，但此处三个词并列使用，侧重表达其差别意义，应属于"差别意义型同义聚合体"。其差别意义主要体现在"程序上"，因为一国要加入国际公约，须在该国履行一定的程序，而且根据该公约的相关规定，加入该公约的国家应向联合国递交有关批准文书、接受文书、核准文书及加入文书后方可生效。因此,译文2的语义更为完整、准确。

同义聚合体的修辞特征主要是体现了法律文本英语措辞的严谨性和准确性。为了杜绝一方因利用法律规范或合同措辞所存在的漏洞而逃避责任或义务,法律文本语言讲究用词的准确性和严谨性,追求语义确切、文意严密,避免产生歧义。

2. 对义聚合体

法律规范的主要功能是调节相关主体的行为关系,因此无论是强制性规范还是任意性规范,其行为主体之间、权利和义务之间及其法律后果之间都具有相互对应关系。体现在法律修辞上,则应强调措辞的对应性。不难发现,用词的对应性也是法律文本语言在修辞方面较为明显的一个特征。如果稍加留意,就可发现在法律、法规、合同文书的上下文中有不少词语在语义及形式上互为对应,处于并列、对等关系的词语聚合使用,称之为"对义聚合体"。翻译时,如果能注意到上述修辞特征,即可采用套译法,根据译文语言的表达习惯,套用在语义及形式上具有对应关系的词语,使译文前后对应、统一。反之,如果忽视这一修辞特征,随意替换其他同义词或近义词,则难以体现其修辞效果,并有失于法律语言的严肃性和庄重性。请看例句:

例36 技术转让合同可以约定让与人和受让人实施专利或使用技术秘密的范围。

译文1: The scope of the exploitation of a patent or the use of the technical know-how may be defined by the transferor and the assignee in a technology transfer contract.

译文2: The scope of the exploitation of a patent or the use of the know-how by the transferor and the transferee may be agreed upon in a technology transfer contract.

例37 受托人为处理委托事务垫付的必要费用,委托人应当偿还该费用及其利息。

译文1: In case the agent has prepaid the necessary expenses for handling the entrusted matters, the commissioning party shall reimburse the expenses and the interest thereof.

译文2: In case the agent has prepaid the necessary expenses for handling the entrusted matters, the principal shall reimburse the expenses and the interest.

显然,以上两个例句中的译文1没有体现对义聚合体这一修辞效果,尽管 the assignee 与 the transferee, the commissioning 与 the principal 在语义上意义相同,完全可以替换,但此处 the assignee 与 the transferor, the commissioning 与 the agent 在形式上是不对应的,这样的搭配尚欠严谨、规范,不符合庄重、严肃的法律文体的要求。译文2则很好地体现了对义聚合体的修辞效果。

3. 重复聚合体

日常英语尤其是文学英语在用词选择方面较为灵活多样，同一意思在上下文中可以用几个或多个同义词或近义词替换表达，使得语言丰富、生动、鲜活。与此相反，法律文本语言在用词方面最为顾忌的正是这一点。为了体现法律语言的准确性和严肃性，同一名称、同一概念在法律文本中的表述必须前后统一。例如，A party suspending performance, whether before or after dispatch of the goods, must immediately give notice of the suspension to the other party and must continue with performance if the other party provides adequate assurance of his performance. 此例仅为一个句子，而 suspend, performance, the other party 却分别出现两次及以上。可见，重复聚合体为法律语言常见的修辞特征。翻译时也是如此，译准了的词不怕在上下文中重复，要做到译文前后统一。其实，这也体现了法律文本语言用词同一律及其翻译统一性的基本原则问题。此外，在法律翻译实践中，无论是法律界还是翻译界，对于一些使用较为频繁的重要名称、概念、专业术语，必须要有统一、规范的表述。任何一门语言中，同义词或近义词之间在语义、风格上肯定会存在一定的差异，对于具有强制力、拘束力的法律文本语言而言，如果一个概念、一个意思在同一译本的上下文中或在不同的译本中随意变换或采用不同的表述方法，不仅会导致语义模糊、概念混乱，而且会给读者增加阅读、理解的难度。请看例句：

例 38 A contract is concluded at the moment when an acceptance of an offer becomes effective in accordance with the provisions of this convention.

译文 1: 合同于按照本公约规定对发价的接受生效时订立。

译文 2: 按照本公约规定，合同于要约承诺生效时成立。

该例是国际公约对合同成立作出的规定，offer 和 acceptance 为合同法中的重要概念，但译文 1 将此分别译为"发价"和"接受"（在翻译实践中还有将该句中的 offer 译为"报价""报盘""递盘"等意思的例子），这不符合我国法学界对此类概念的专门表述。我国《合同法》明确规定："当事人订立合同，采取要约、承诺方式"，"承诺生效时合同成立"。尽管译文 1 中的"发价"和"接受"分别与"要约"和"承诺"意思相近，但作为专门术语、基本概念，其表述必须统一，不能另立门户，否则容易引起混淆，也有失于法律语言的严肃性和准确性。

例 2 本规定适用于在中国境内投资举办中外合资经营企业、中外合作经营企业和外资企业的项目以及其他形式的外商投资项目。（《指导外商投资方向暂行规定》之第二条，1995 年 6 月 20 日国家计划委员会、国家经济贸易委员会、对外贸易经济合作部令第 5 号发布）

译文：These provisions shall apply to the projects of Chinese-foreign Joint Venture, Chinese-foreign cooperative enterprise, wholly foreign-owned enterprise, as well as to other forms of foreign investment projects.

译文中的 Joint Venture 意为"合营企业"，尽管与"合资经营企业"意义相近，但两者是有区别的，前者的外延明显大于后者依据各国有关合营企业的立法和实践，合营企业依其法律性质的不同可分为股份式合营企业和契约式合营企业两种形式。我国的中外合资经营企业是指外国的公司、企业和其他经济组织或个人同我国的公司、企业或其他经济组织依照中国法律在中国境内设立的企业法人组织。就其法律性质而言，中外合资经营企业是股份式合营企业，虽然合营各方的出资一般未分成股份，但依法划分为一定的比例，各方按注册资本比例分享利润和分担风险。因此，在翻译"合资经营企业"一词时，应将其理解为"股份式合营企业"，其对等的英文词应为 Equity Joint Venture。而"中外合作经营企业"在法律性质上应为"契约式合营企业"，即合营各方不是以股份形式出资，也不按股份分享盈亏和分担风险，而是完全依据合营契约的约定对企业享有权利和承担义务，其对应的英文词为 Contractual Joint Venture。据此，译文中的 Chinese-foreign Joint Venture 与 Chinese-foreign cooperative enterprise 没有体现上述两类企业各自确切的法律含义，译文意思模糊。此处可分别改译为 Chinese-foreign Equity Joint Venture 和 Chinese-foreign Contractual Joint Venture。引进外资是我国经济建设中的一项重要举措，此方面的法律、法规、政策、规定也特别多，而且多数有相应的英文译文。但是，不难发现，不少名称、概念、术语的英语表述缺乏统一，尤其是有关"中外合资经营企业"的英译，各种版本很多，如 Chinese-foreign Joint Venture, Sino-foreign Joint Venture, Chinese- foreign Enterprise, Chinese-foreign Venture, Joint Venture with Chinese and foreign investment, 等等。如此重要的名称、概念，如果译名不统一，极易引起语义模糊、概念混乱，进而影响对外宣传的效果。

4. 正式书面体

尽管有不少学者提出，法律语言应通俗化，日常语言完全能胜任法律的交际任务，但作为具有普遍约束力的规范性法律文本，其文字应具有高度的概括性、准确性和严谨性，因此，立法机构或专门组织在起草法律文件时，在措辞方面仍沿用正式、刻板的行文传统和修辞风格，普遍使用书面语、古体词及专业词汇，以显示法律的权威性、严肃性和专业性。例如：

例 39 THE STATES PARTIES TO THIS CONVENTION, BEARING IN MIND the broad objectives in the resolutions adopted by the sixth special session of the General

Assembly of the United Nations on the establishment of a New International Economic Order.

译文 1：这个公约的各当事国，应记住联合国大会第六届特别会议通过的关于建立国际经济新秩序的各项决定的总体目标。

译文 2：本公约的各成员国，应铭记联合国大会第六届特别会议通过的关于建立国际经济新秩序的各项决议的总体目标。

译文 1 将 this, bearing in mind, resolution 分别译为日常用语"这个""记住""决定"，尽管语义相同，但不符合法律正式、庄重、严肃的文体风格。译文 2 则采用正式书面体，产生了很好的修辞效果。

法律具有很强的专业性和规范性，具有普遍约束力的法律文件通常是由精通法律的专家起草和把关的，在措辞层面上，除了普遍使用书面语之外，还有不少具有特定、明确的法律含义的专业术语及法律行话，其修辞效果则体现了法律语言的专业性和行业特性，比如，arbitration（仲裁），endorsement（背书），beneficiary（受益人），right of recourse（追束权），lien（留置），force majeure（不可抗力），mortgage（抵押），等等。这些词语不仅体现了法律的专业性，而且具有单一性或不可替代性。而从翻译角度而言，译者除了要有扎实的语言功底之外，还应具备一定的法律素养，以便准确把握这些词汇特定的法律含义及修辞特性，使译文更好地体现法律语言的文体风格。例如：

例 2 The arbitral decision shall be taken as final, and shall be binding upon concerned parties.

译文 1：仲裁决定应认为是最终的，并对相关方具有约束力。

译文 2：仲裁裁决应视为终局，对相关当事人均具有拘束力。

尽管译文 1 与译文 2 意思相近，但译文 1 显然为普通译法，其词语选用和修辞效果难以体现法律语言的专业特性；译文 2 则为专业译法，尤其是将 be taken as final 译为地道的法律行话"视为终局"，充分体现了法律语言的行业特性。

第三节 法律文本汉英翻译策略

一、立法文本翻译

立法文本主要包括各类法律、法规、规章、条例、国际公约、国际条约、国际惯例等立法文件。立法文本语言为法律语言的核心所在，法律文体的语言特点、措辞风格主要反映在立法文本语言上。翻译立法文本，首先应把握立法文本的语言、文体特点，并在准确理解原文意思的基础上，遵循法律文体翻译的准确、严谨、规范、统一的基本原则。本章根据立法文本的语言特点及翻译要求，重点就以下问题进行讨论。

（一）词语选用

法律语言是一种专业性很强的语言，具有严谨的行业规范性，强调词义确切、文意缜密、逻辑严谨、语体正式，体现了法律文体的庄重性和严肃性。在翻译立法文本的过程中，对于词语的选择，应充分考虑到上述特点，注意用词的专业性、准确性、严密性、正式性和规范性。请看例句：

例 40 当事人应当遵循公平原则确定各方的权利和义务。

译 文 1: The parties shall obey the principles of fairness in defining the rights and obligations of each party.

译 文 2: The parties shall abide by the principles of fairness in defining the rights and obligations of each party.

例 41 法人具有民事权利能力和民事行为能力，依法独立享有民事权利和承担民事义务。

译文 1 : A legal person has capacity for civil rights and capacity for civil conduct, and independently enjoys civil rights and bear civil obligations according to the law.

译文 2 : A legal person has capacity for civil rights and capacity for civil conduct, and independently enjoys civil rights and assume civil obligations in accordance with the law.

以上两例中的译文 1 与译文 2 相比较，译文 2 中的 abide by, assume, in accordance with 分别比译文 1 中的 obey, bear, according to 更为正式，显然，译文 2 更适合立法文本语言的语体要求。

（二）动词名词化与名词动词化转换

动词名词化是指在翻译时将原文中的动词词性转化为名词词性，而名词动词化则是将原文中的名词词性转化为译文中的动词词性。如前所述，汉英两种语言在表达习惯上有较大差异，汉语中较多使用动词，而英语中较多使用名词，动词名词化现象是法律英语的基本特点之一。在汉英翻译时，可考虑将一些动词转化为英语的名词化结构。请看例句：

例 42 依法成立的合同，受法律保护。

译文：The contract established in accordance with law shall be under the protection of law.

例 43 当事人一方迟延履行义务。

译文：One party to the contract delays in performance of the obligations.

显然，上述例句中的译文将汉语动词"保护"和"履行"分别译为名词化结构，这也是汉英法律翻译中常见的翻译技巧。

（三）易混淆词汇的翻译

在把握立法文本翻译的准确性方面，还须注意一些较容易混淆的词语。比如，有些词语在词形方面较为相近，但意思完全不同；而有些词语尽管意思较为相近，但用法不同。在立法文本翻译实践中，此类易混淆的词语往往是翻译中的陷阱，如稍有不慎，极易导致译文失真。

（1）damage 与 damages。damage 为常用词语，一般理解为"损害"，主要指的是对人或物的损害、伤害。该词较容易与 damages 相混淆。尽管两者词形较为相似，但不应将 damages 简单地理解为 damage 的复数形式。根据 Merriam Webster's Dictionary of law 对该词的解释，damages: the money awarded to a party in a civil suit as preparation for the loss or injury for which another is liable，damages 指的是"损害赔偿金"，而且该词在法律文体中通常用作专业词汇。因此，在法律文本翻译时，应注意这两个词的含义区别。

（2）evade tax 与 avoid tax。尽管两者都有避免交纳税款、减轻自己税收负担的含义，但就法律意义而言，两者存在本质的区别。evade tax 主要是指纳税人在纳税义务已经发生的情况下通过做假账、伪造凭证等非法手段不缴纳税款，因而这种做法是违法的，应受到法律的制裁，该词可译为"逃税"。avoid tax 则主要是指钻税法律的空子或利用法律漏洞，巧妙地规避税收义务，该行为并不直接违反税法，因而从形式上还是一种合法行为，一般可译为"避税"。

（3）third person 与 third party。在法律翻译实践中，经常有人将"第三人""第三方"译为 third person，其实，这种译法不是很严谨。尽管在法律上，"人"除了"自然人"之外还可以包括"法人"，但一般不可能指非法人的组织或实体，除非对"人"另作扩展性定义解释。因此，为了避免产生歧义，在法律文本中，最好将"第三人"、"第三方"译为 third party，因为该词不仅可以指自然人、法人，也可以指非法人组织，其外延要比 third person 更广些，而且更为正式、规范。那么，婚姻中的"第三者"是否应译为 third person 呢？其实也不然。婚姻关系中"第三者"较为合适的说法可以是 the other man（woman）。

（4）actual performance 与 specific performance。在不少国内法律文献或法律文书中，经常将 specific performance 理解为"实际履行"，这样容易导致该词与 actual performance（实际履行）相混淆。actual performance（实际履行）主要是指当事人应自觉地履行合同约定义务，这是合同履行的基本原则之一。而 specific performance 则是一种违约救济，也就是在一方当事人没有自觉履行合同义务时，另一方借助法院判决等司法强制力要求其按约实际履行。因此，specific performance 应理解为"强制实际履行"或"强制履行"，以本与 actual performance 之间的区别。

（5）judgment, decree, decision, sentence 等词的选用。以上这些词语都可理解为"判决"，但在用法上有一定区别。对于民事案件的判决，一般可用 judgment，比如，"民事判决"可译为 civil judgment；decree 以往主要用于衡平法院的判决，目前英美国家对于离婚案件的判决也经常使用该词；decision 也可指判决，但其正式程度相对次于 judgment；而 sentence 则主要用于刑事判决。另外，仲裁庭的"裁决"一般可用 award；法院的裁定则可用 ruling。

（6）fault 与 negligence。fault 在日常英语中可理解为"过错"或"过失"，而 negligence 则是"疏忽"的意思。在法律文体中，如果将"过失"一词理解为 fault，比如，将"过失责任"译为 fault liability，那么译文至少是不严谨的，甚至可视为误译。在法律领域，"过错"与"过失"为常见的法律专业词汇，而且两者是有明显区别的。从法理角度而言，如果是"过失"责任，那么行为人主观上通常不是故意的，主要因疏忽大意（negligence）而导致过错行为；但如果是"过错"责任，那么行为人主观上也可能是故意的（intentional）。由此可见，"过错"一词的外延要比"过失"广得多。因此，在法律文体翻译中，可将 negligence 转译为"过失"，而 fault 可直接限定为"过错"，这样两者在法律意义上的差别就更为明确了。

（四）模糊词语的翻译

作为调整人的行为关系的法律规范，准确性是法律语言的基本要求。只有将权利、义务以及法律后果进行明确规定，人们才能以此为指引，自觉遵守法律。也只有这样，法律才能体现其应有的权威性和严肃性。然而，不难发现，模糊性恰恰是法律语言的另一个特点。这似乎是一个悖论。其实，法律语言模糊性的存在是为了更好地体现法律语言的准确性，两者并不矛盾。首先，法律语言应具有高度的概括性，它不可能是十分具体的、细化的，假如事无巨细，统统纳入法律条文，这样的法律肯定会显得更加繁杂、啰唆。其次，法律是相对稳定的，它不可能朝令夕改，而社会则是不断变化、发展的。因此，对于各种纷繁复杂、不断变化的社会现象，最超前的法律也难以预见到所有新的社会现象。此外，执法、司法人员在执法、判案过程中，针对具体实际案情，如果享有一定的自由裁量权，则能更好捍卫法律的公平性和公正性。鉴于上述原因，法律语言一定的模糊性有利于执法人员、司法人员准确、公正地执法、判案；更能体现法应该是"活法"，而不是条条框框的"死法"，更好地体现法律的人文关怀精神。当然，此处指的模糊性绝不是指法律语言文字歧义、语义模棱两可，实际上是强调其概括性、灵活性。请看例句：

例 44 债权人行使代位权的必要费用，由债务人负担。

译 文：The necessary expenses caused to the oblige by exercising right of subrogation shall be borne by the obligor.

例 45 受要约人对要约的内容作出实及姓变更。

译文：The offeree substantially alters the contents of the offer.

例 1 与例 2 中的"必要"和"实质性"为模糊词语。这些词汇具有丰富的内涵和重要的语用功能，法律条文正是通过这些模糊词汇由"死"变"活"，充分体现了法律的活性和能动性。如果将例 1 中的"必要费用"予以明确，比如改为"通讯费"或"交通费"，尽管在语义上更为明确，但法律所应体现的合理性、公平性和正义性则大打折扣。法律不仅应体现公平、正义，还应倡导效率。若将例 2 中的"实质性"去掉，那么就意味着，只要一方对要约内容稍作调整，另一方即可认为该要约无效，这势必会影响交易效率，也背离了法律精神。

汉英两种法律语言各自都有不少模糊词汇，比如，汉语法律文本中经常用到的"适当、若干、其他、严重、从重、从轻、减轻、必要、明显、重大、恶劣、显失公平、合理的、数额巨大"等词语在语义上具有不确定性，较为模糊。英语立法文本中也是如此，比如，further, general, perfect, somewhat, properly, less than, not more than, within, reasonable, other, necessary 等，也为模糊词汇。对于模糊 词汇的翻泽，不论采用何种译法，关键的一点是，译文应与原文在语义及法律意义上保持统一。请看例句：

例 46　　致使国家或者集体利益遭受#对重大损失的，处 3 年以上 7 年以下有期徒刑。

译文：If heavy losses are caused to the interests of the state or the collective, he shall be sentenced to fixed-term imprisonment of not less than three years but not more than seven years.

该例中的"特别""重大""以上""以下"都是模糊词语。"特别"与"重大"为程度性模糊词汇，表明程度界限；而"以上"与"以下"则为方向性模糊词语，表明了趋向。模糊词语翻译时，在保持语义统一的前提下，可采取灵活的译法。比如在翻译该例中的"特别"时，就可采取省译法，无须将该词译出。原因很简单，因为 heavy（重大）已含有 especially, to great degree 的含义；此外，对于"以上"和"以下"的翻译也可采用"正说反译"的变通译法。由此可以看出，翻译模糊词汇时，在与原文保持在语义、法律意义上的统一的前提下，可以根据上下文及文化语境进行灵活处理。

（五）"归化"与"异化"处理

翻译中"归化"（domesticating translation）与"异化"（foreignizing translation），长期以来是翻译界争论较多的问题。"归化"一般是指在翻译时主要采用以译入语或读者为中心的翻译策略，并使译文符合译入语的文化价值观。而"异化"则主要是指在翻译时采用以源语或作者为中心的翻译策略，强调译文仍保留原味，即源语的文化价值观。可以说，翻译的归化与异化处理主要反映在文化形态上的重构。"归化"与"异化"两者孰优孰劣，很难定论。然而，无论译者偏向何种翻译策略，都必须考虑到所翻译的文本类型、自身特点和翻译目的等因素。

我国与英美国家在法律文化方面有很大的差异。我国的法律主要属于大陆法系，而英美国家的法律则属于普通法系。大陆法系直接受罗马法的影响，以制定法（成文法）为法律渊源，重视法典编纂，在结构上强调法律的系统化、归类化、法典化和逻辑化，并把法律区分为公法和私法两个部分；而普通法系则源于英国在中世纪时期形成的一种法律制度，它以判例法作为法的主要渊源，其法律规则是由高等法院的法官以判决的形式发展起来的，并有普通法与衡平法之分。可以说，两大法系在法律渊源、法律体制、法律结构和法律概念等方面差异很大。因此，在英汉立法文本翻译过程中，对于那些反映英美国家法律文化价值的法律概念、法律术语的翻译，可采用"异化"的翻译策略。比如，consideration（对价制度），adversary system（对抗制），implied authority（默示授权），by estoppel（禁止反言），strict liability（严格责任），barrister（巴律师），Solicitor（沙律师），等等。

(6) 长句处理

长句是法律英语的句法特点之一,而长句翻译也是立法文本翻译的难点。立法文本以规范性条款为主,为了缜密地表述法律条款的完整意思,立法文本往往不惜使用长句甚至超长句。翻译长句时,首先应对句中错综复杂的语法结构进行剖析,理清各成分之间的逻辑关系,准确理解句子的完整意思,然后按照汉语的表达方式对原句进行翻译。译文不仅要符合汉语的表达习惯,而且还应充分体现法律语言的准确性和严谨性要求。

例 47 If a letter or other writing containing a late acceptance shows that it has been sent in such circumstances that if its transmission had been normal it would have reached the offeror in due time, the late acceptance is effective as an acceptance unless, without delay, the offeror orally informs the offeree that he considers his offer as having lapsed or dispatches a notice to that effect.

译文 1:如果载有逾期承诺的信件或其他书面文件表明,它是在传递正常、能及时送达要约人的情况下寄发的,则该项逾期承诺具有承诺的效力,除非要约人毫不迟延地用口头通知受要约人该要约已经失效或用书面形式将该意思告知对方。

译文 2:如果载有逾期承诺的信件或其他书面文件表明,它是在传递正常、能及时送达要约人的情况下寄发的,则该项逾期承诺具有承诺的效力,除非要约人及时用口头或书面通知受要约人该要约已经失效。

对于此类从句在前的条件复合结构,翻译时句子的主干结构仍可采用原句的逻辑顺序,但对句中的某些成分可做适当调整或进行换位处理。比如,在翻译句子最后部分 the offeror orally informs the offeree that he considers his offer as having lapsed or dispatches a notice to that effect 时,可将动词短语 dispatches a notice to 前移,与 orally informs 结合在一起,作为谓语成分,并译为"口头或书面通知",而后面的内容则作为"通知"的宾语成分。显然,译文 2 比译文 1 更为紧凑,而且更符合汉语的逻辑顺序。

例 48 If the seller, in accordance with the contract or this Convention, hands the goods over to a carrier and if the goods are not clearly identified to the contract by markings on the goods, by shipping documents or otherwise, the seller must give the buyer notice of the consignment specifying the goods.

译文 1:如果卖方按照合同或本公约的规定将货物交付给承运人,而且假如货物没有以货物上加标记,或以装运单据或其他方式清楚地注明有关合同,卖方必须向买方发出列明货物的发货通知。

译文 2: 如果卖方按照合同或本公约的规定将货物交付给承运人，但货物没有以货物上加标记，或以装运单据或其他方式清楚地注明有关合同，卖方必须向买方发出列明货物的发货通知。

该例的句子结构似乎没有上一句复杂。句子为主从复合结构，但从句却有两个由连词 if 引导的条件状语从句组成并列结构，第一个 if 从句带有方式状语 in accordance with ... Convention；第二个 if 从句则带有 by 引导的并列方式状语；主句结构相对简单，仅有一个现在分词短语作为修辞成分。翻译该句的难点主要是两个并列的条件状语从句，假如仍按原文的逻辑关系翻译，即采用译文 1 的翻译模式，则会导致译文"欧化"，也不符合汉语的思维方式。因此，翻译时可将此处的两个从句之间的并列关系转换成转折关系，如译文 2 所示，这样反而更符合汉语的表达习惯。

例 49 The seller is also liable for any lack of conformity which occurs after the time indicated in the preceding paragraph and which is due to a breach of any of his obligations, including a breach of any guarantee that for a period of time the goods will remain fit for their ordinary purpose or for some particular purpose or will retain specified qualities or characteristics.

译文 1: 卖方对在上一款所述时间后发生的任何不符合同情形，也应负有责任，如果这种不符合同情形是由于卖方违反他的某项义务所致，包括违反关于在一段时间内货物将继续适用于其通常使用的目的或某种特定目的，或将保持某种特定质量或性质的任何保证。

译文 2: 对在上一款所述时间后发生的任何不符合同情形，如果因卖方违反其某项义务所致，包括违反关于在一段时间内货物将继续适用于其通常使用的目的或某种特定目的，或违反将保持某种特定质量或性质的任何保证，卖方则也应承担责任。

翻译此类句子时，可对原文的结构顺序进行调整，并按汉语的逻辑结构和表达方式对原义进行重新整合。显然，译文 1 与译文 2 相比较，译文 2 则更符合汉语的逻辑顺序。

综上所述，在立法文本翻译过程中，译者应在词语选用、词类转换、易混淆词语的处理、模糊词语的语用意义、归化与异化的处理以及长句的翻译等几个方面加以足够的注意，以确保译文的准确、严谨、规范及统一。

二、诉讼文书翻译

诉讼文书，主要是指在民事、刑事、行政诉讼法律事务中所制作的具有法律效力或法律意义的重要法律文书。与具有普遍约束力的规范性法律、法规文本相比，诉讼文书为非规范性法律文件,主要适用于具体案件,对相关当事人具有法律效力。而就其法律意义而言,诉讼文书为实施法律的有效工具,是进行法律活动,明确当事人权利和义务的有效凭据,同时,也是实现司法公正,维护社会公平、正义的有效载体。诉讼文书在语言上要求准确精练、朴实庄重。(马宏俊,2001)如同其他法律文体一样,文字准确是诉讼文书语言的第一性要求。诉讼文书中的文字必须表意精确、严密,避免因语言含混不清、模棱两可或凭任意猜测、臆想、估计而言不及义,影响语言整体效果,并对诉讼文书的实施和执行带来消极影响。在语言准确的基础上,诉讼文书还要求语言精练,力求言简意赅,避免冗长繁杂。此外,诉讼文书语言不同于文学语言,不提倡文学作品中常见的华丽辞藻,恣意渲染、夸张,而要求语言平实无华、庄重严肃。下面主要就诉讼文书的标题、相关当事人名称、诉讼专业词语、诉讼套句的翻译及译文语体等进行探讨。

(一)标题翻译

标题,为首部的组成部分。诉讼文书种类较多,按其制作主体、适用范围或功能,可分为若干类型。通过标题,即可了解该诉讼文书的主要类型和其法律性质。因此,在诉讼文书翻译过程中,首先应注意标题的翻译。翻译标题时,应做到规范统一,即译文应与英语相应诉讼文书的习惯表达相统一。实际上,英语国家大多都有类似的诉讼文书,因此翻译时可直接采用套译法,套用英语同类诉讼文书的标题。具体翻译如表3-1所示。

表3-1 诉讼公文标题翻译

汉语诉讼文书标题	英文同类诉讼文书标题
民事起诉书	Civil complaint
刑事起诉书	Indictment
答辩书	Answer
传票	Summons
民事判决书	Civil judgment
刑事判决书	Criminal sentence
民事裁定书	Civil order
授权委托书	Power attorney
宣誓书	Affidavit

假如译者不了解英语同类诉讼文书的习惯表述,单凭自己主观上的想法而随意翻译标题,比如,将民事判决书、刑事判决书、授权委托书分别译为 Civil case decision, Criminal judgment, Letter of authorization,那么,即便与原文意思相近,译

文仍不符合规范统一的要求。

（二）相关当事人名称翻译

诉讼作为一项重要的法律活动，通常会涉及不少相关当事人，而对于当事人的翻译，不仅要求译文准确，而且还应做到译文之间在语义上的对应。具体翻译如表 3-2 所示。

表 3-2

相关当事人汉语名称	相关当事人英语名称
原告（民事）/ 被告（民事）	Plaintiff/Defendant
原告（刑事）/ 被告（刑事）	The procurator/The accused
上诉人 / 被上诉人	Appellant (appellor) /Appellee
控方 / 辩方	The prosecuting party/Advocate
委托人 / 代理人	Principal/Attorney
债权人 / 债务人	Creditor/Debtor

从上表可以看出，在民事诉讼中，"原告"与"被告"对应的译名应为 Plaintiff 与 Defendant。若将"原告"与"被告"译为 The procurator 与 Defendant，则在语义上互不对应，该译文至少不符合法律文体翻译的规范要求。同理，如将表中的代理人译为 agent，在语义上也是不对应的，因为此处的"代理人"实为委托方的法律代理人，较为恰当的译文应为 Attorney，而 agent 则更多地用在商务领域。

（二）诉讼专业词语翻译

诉讼是一种专业性很强的法律活动，因此诉讼文书中会涉及不少专业词汇，如"送达"（service）、"撤诉"（dismissal of action）、"判决"（judgment）、"上诉"（appeal）等。翻译时，较容易出错的主要是那些从常用词转化而来的专业词汇。比如，若将 service，damages 分别译为"服务""损害"，就是明显的误译，因为这些词汇在法律英语中可用作专业词汇。因此，对于专业词汇的翻译，应采用专业译法，切勿望文生义。

（三）诉讼套句翻译

汉语诉讼文书中有不少套句或惯用句型结构，这些用法是在长期的诉讼法律活动中逐渐形成的，并为法律工作人员所普遍接受和使用。此类套句或惯用句型主要出现在诉讼文书的正文及尾部。请看民事诉讼文书中的常见套句：

（1）……一案，本院受理后，依法组成合议庭。

（2）现提出答辩如下：……

（3）原告诉称……

（4）被告辩称……

（5）驳回原告诉讼请求。

（6）案件受理费……，由……负担。

（7）如不服判决，可在判决书送达之日起……日内，可直接向……法院提起上诉。

对于此类汉语诉讼文书中的套句或惯用句型的翻译，假如英文诉讼文书中也有类似或相同的表达方式，那么即可采用套译法，并能起到事半功倍的效果。即便英语中无此类套句，最好也能形成较为统一的英文句式结构，以便日后在翻译同类文书时参考、借鉴。

以上惯用句型试译如下：

（1）With respect to the action filed by against ... , the court accepted the case and formed the collegial bench in accordance with law.

（2）We hereby answer as follows: ...

（3）Plaintiff claimed as follow : ...

（4）Defendant defended as follows：

（5）The claims of Plaintiff are rejected.

（6）The court fee of ... shall be borne by ...

（7）If not satisfied with the judgment, either party may make appeal to ... within ... days upon service of this judgment.

同其他法律文书一样，诉讼文书不仅具有重要的法律功能，而且有鲜明的语言特点和文体风格。翻译时，应把握译文准确严谨、规范统一的基本要求。

（四）译文语体

为了体现法律上的严肃性，诉讼文书在措辞方面仍沿用正式、刻板的行文传统和修辞风格，在语体上表现为正式书面体。请看列表：

表3 3

原文	译文1	译文2
认为	think	deem, hold
根据	according to	pursuant to
遵守	obey	comply with
请求	ask for	pray
终止	end	terminate
变更	change	alter

撤销	cancel	rescind
为了	in order to	with a view to
解释	explanation	interpretation

显然，上表中的译文 1 与译文 2 为同义不同形，译文 1 为日常用语，它们尽管在日常英语中广为使用，但在法律文体中则不甚合适，难以体现法律语言的措辞风格；而译文 2 则采用书面英语，其修辞效果很好地体现了法律文体英语正式、庄重、严肃的语言风格。因此，在翻译诉讼文书时，译文措辞应尽可能采用正式书面体，与原文风格、修辞保持统一。

三、涉外公证文书翻译

涉外公证文书主要是指发往域外使用的公证文书，通常由开办涉外公证业务的公证机构办理。随着我国对外交往的不断深入，越来越多的国人申请赴国外留学、移民或从事贸易及投资等活动。在具体的手续办理过程中，当事人通常需要提交相关的公证文书。比如，在办理留学签证时，领事馆可能会要求申请人提交学历、成绩、经济担保等公证文书；在贸易、投资领域，则通常要求当事人提供相关法人资格、资信状况、合同及章程等公证文件。而在涉外公证实务中，多数国家要求公证文书附上外语译文，有时还要求提供证明译文与原文相符的公证书。基于阅读便利等原因，外方通常直接从外文译本获取信息或进行有关认定。而译文质量好坏、准确与否，可能会带来意想不到的结果。由于涉外公证事项涉及面很广，而公证机构又不是专业的翻译部门，因此不少涉外公证翻译是由当事人自己或通过社会上一些翻译中介机构来完成的，总体翻译质量不容乐观，应值得注意和重视。

（一）涉外公证文书翻译中存在的主要问题

如果仔细观察、留意目前一些涉外公证文书的翻译情况，不难发现，仍有不少译文存在各种缺陷。除了译文中的拼写、漏词、语法等常见错误之外，涉外公证文书翻译中存在的主要问题有以下几个方面：

（1）照搬原文，照字直译。英汉两种语言在表达上存在较大的差异，因此，公证文书汉英翻译时，如果照搬原文，照字直译，往往会出现译文"汉化"问题。

（2）文体不当。尽管公证文书要求文字简明、扼要、易懂，但作为法律文体，公证文书强调用词准确、措辞严谨、格式规范统一，在语体上则表现为正式书面体。如果没有把握这一法律文体的特殊性，在翻译时则容易出现译文文体不当的问题。

（3）译文缺乏统一。法律文体要求一些概念、名称，尤其是一些机构名称的译文必须与官方或业已为广大读者所接受的表述相统一，不得另立门户。如果不了解这一点，凭译者自己的想法随意翻译，则会出现问题。

（4）译文尚欠简练。由于汉英两种语言的文化背景不同，在翻译时，对一些具有中国文化特色的赞扬、鼓励类的套语，如果不加处理，全盘译出，那么，译文既显烦琐，也会使英语读者感到费解。

（5）用词模糊、语义不清。作为认定事实的重要依据，公证文书在措辞上必须准确严密，尤其对一些专业词汇，表述必须确切，做到前后统一。如果不熟悉这一用词特点，随意翻译，往往因望文生义而造成译文意思模糊，甚至产生歧义。

（6）逻辑不清、结构混乱。法律文体要求措辞严谨，但往往句子冗长、结构复杂。如对两种语言的驾驭能力有限，汉英翻译时译者易受到母语的干扰和影响，加上不熟悉法律文体特点，容易造成译文逻辑关系不清、结构混乱等问题。

（二）涉外公证文书及其汉英翻译的基本要求

由于公证事项种类繁多，涉及的面很广，因此与相对较为稳定的合同语言、信用证语言相比，公证语言的变化较大，尤其是要素式公证语言，较难把握。然而，作为一种法律文体，涉外公证文书在词法、句法及篇章等方面仍有规律可循。总体而言，涉外公证文书在用词层面上表现为准确严密、简明易懂；在句子结构上要求逻辑严密、结构严谨；在语篇上则要求格式规范、统一。而就其语体而言，则表现为正式书面体，以体现法律文体的严肃性和庄重性。在涉外公证文书汉英翻译过程中，译者时应熟悉公证文书的语言特殊性，做到译文准确严谨、简明扼要、规范统一。

1. 准确严谨。

准确严谨，是指在涉外公证文书翻译过程中，译文用词必须准确严密，句子结构严谨，逻辑严密。做到译文准确严谨，这是法律文体翻译的基本要求。假如译文语义模糊，逻辑不清，结构混乱，这不仅会严重影响法律文体的严肃性，而且也难以发挥其应有的社会功能。请看例句：

例 50：立遗嘱人指定其女儿为财产的唯一继承人。

译文：The testator appointed his daughter as the only successor to his personal property.

例 2 兹证明该代理协议真实有效。

译文：This is to certify that this agency agreement is authentic.

以上两例在用词方面仍有一定缺陷。例1将"继承人"译为 successor（我国《继承法》的英译本也采用这一译法，参见《中英文 对照法律类编——民法》，中国法制出版社，2003）。依据《牛津现 代高级英汉双解辞典》对这一词的英文解释（person or thing that succeeds another），successor 更多地用在职位上的继任或继承；而 heir 的英文解释贝 person with legal right to receive a title, property, etc when the owner dies，可见此处 heir 应比 successor 更为准确严密。例2将原文"真实有效"译为 authentic，在语义上尚欠完整、严密。authentic 仅为"真实""属实"的意思，表明该代理协议确实存在，但并不证明该协议在法律上一定是有效的，因此，此处还是加上 valid，effective 或 has force in law 更为严密些，表明协议不仅属实而且依法有效。用词准确严密，这是涉外公证翻译的基本要求。尤其是在该领域中经常使用的一些重要词汇，译者应尽可能地加以熟悉、掌握。比如，学历或毕业证书（diploma）、学位证书（degree）、结业证书（courses certificate）、成绩单（academic transcript）、学分（credit）、住所（domicile）、经济担保（financial support）、经济担保人（financial sponsor）、无犯罪记录（no record of criminal offence）、婚姻状况（marital status）、亲属关系（family relation）、收养（adoption）、遗嘱（will）、遗产（estate、inheritance）、继承（inherit）、企业章程（articles of incorporation）、营业执照（business license）、授权书（power of attorney），等等。

2. 简明扼要

公证文书的语言在准确严密的基础上还应简明扼要，尽量避免繁琐。在翻译时，对一些推荐信中具有中国文化特色的赞扬、鼓励类的套语，从译文简明扼要角度而言，可不译出。在句子层面上也是如此，应力求紧凑。对于常见的学历公证文书，如用一个句子即可将完整意思进行表述时，就应避免用多个句子，这也体现法律文体严谨的要求。请看下例：

例51：兹证明张晓萍，女，1980年8月3日出生，于2000年9月至2004年7月在　　大学商学院国际贸易专业本科学习，修完教学计划规定的所有课程，成绩合格，准予毕业。

原　译：This is to certify that Zhang Xiaoping, female, who was born on Aug. 3, 1980, has studied International Trade as her major at Business School of university from September 2000 to July 2004. Upon completion of all the courses specified by the four-year undergraduate teaching program with qualified score, she is qualified for graduation.

该例为常见的学历公证文书的正文内容。原文仅用一个句子将证明的事项做了表述，可谓简明扼要。原译将此译为两个独立的句子，意思基本准确，但译文既显烦琐，而且句子之间的逻辑关系也较为松散。第一个句子用 certify 对将"出生、学习年限、专业、学校"做了证明，但余下内容却另启一句，这样，整个语篇连贯上显得不甚严密。此处可将原译第一个句中的 who was 删除，并将两个句子整合为一个句子，再对一些用词做些适当处理，使得译文更为扼要些，而且在语义上也更为连贯、完整。

试改译：This is to certify that Zhang Xiaoping, female, born on Aug. 3, 1980, has studied in International Trade at Business School of University from September, 2000 to July, 2004, and has been qualified for graduation upon completion of all the courses under the four-year undergraduate program with qualified score.

3. 规范统一

译文规范统一在公证文书翻译中也颇为重要。在涉外公证文书翻译过程中，要求译文中的有关概念、名称、术语的表述必须与官方正式的译法相统一；同一译名在上下文中必须统一；有关时间词、出生年月日、数字等必须与原文和其他材料中的表述相统一；此外，因英语国家之间在某些用词以及公证文书的格式规范等方面也存在着差异，因此译文还须与目的语表达习惯及公证文书的格式规范做到基本统一。不少领事馆拒签的例子表明，译文正是因为在规范统一方面出了问题。例如，因身份证与毕业证书、公证书及译文中的出生年月日没有统一（公历与农历混在一起）而造成拒签；因学校名称译名与校方沿用的译名没有统一，比如，将"国际交流学院"译为 International School，而校方沿用的译名则为 International College，将"理工学院"译为 Institute of Science and Technology，而校方沿用的译名则为 Institute of Technology，最后遭到领事馆的拒签；等等。此外，看似简单的姓名翻译也应规范统一。姓名的翻译必须采用拼音，拼音必须完整、准确，切勿采用在平时英语课堂上使用的英文名。英语国家通常采用名前姓后的称呼方式，这与我国的习惯表达不同，但无论采用哪种方式，译文中的拼写必须与相关表格、护照等材料中的表述完全一致。

涉外公证文书的语言特殊性及其重要的社会功能客观上要求译文必须做到准确严密、简明扼要及规范统一。这也是涉外公证文书翻译的基本要求。而对译者而言，不仅要具备扎实的语言功底，而且还应熟悉涉外公证文书的语言、文体风格及相关的法律专业知识。

第七章 科技文本翻译

第一节 科技文本翻译概述

一、英语科技英语的翻译概述

一般情况下,汉语中的"科技"多被理解为"科学"与"技术"的并称,包含两个概念。其中,"科学"一词与英语中的 science 对应,"技术"一词则与 technology 或 technique 相当。因此,英语中与"科技"一词相对应的说法为 science and technology 或 science and technique。这样一来,汉语中并称意义的"科技翻译"就有两个对应的英语说法,即除了 scientific and technological translation 之外,还有 scientific and technical translation。严格来讲,这两种提法有一定的意义差别,但也经常混淆使用,在使用频率方面,后者远高于前者。

除了作为"科学"和"技术"的并称之外,汉语中的"科技"有时做单一词使用,实际上只与英语的 technology/technological 对应。据此,汉语中的"科技翻译"应理解为英语中的 technological translation。但同样地,鉴于汉语中的"技术"与英语中的 technique/technical 之间形成的对应,英语的 technical translation 即可理解为"技术翻译"或"技术性翻译",也极易混同于"科技翻译"。

从一个较为狭义的角度来理解,科技翻译涉及典型的科技领域或行业(如机电、化工、生物、航空、航天等),翻译的材料包括大量科技内容,所处理的语言类型为典型的科技文体,如科技英语(English for Science and Technology)一类,其中不乏令人生畏的术语、公式和符号,译者的服务对象往往是专业的科技人员。

从一个较为广义的角度来看,科技翻译可涉及更多的领域,翻译材料里科技内容可以多寡不一,文体风格可以更加丰富多彩,既可以有纯科技文本,也可包括文学味道颇为浓郁的科幻作品，译者服务的对象不仅有科技人员，也包括非专业人士及普通读者。

从学习者的角度出发，我们甚至不必从文体风格和行业领域来定义科技翻译，而不妨把科技翻译看成是为他人或为自己服务的个别的、具体的翻译行为。从这样的角度看，科技翻译实际上就可以体现在一切翻译活动中。例如，当你翻译一份政府文件时翻译处理了几个科技术语。当你从国外购买商品时，为了正确使用这些商品，你完成了对说明书的理解和翻译。诸如此类的活动本身或许算不上严格意义上的科技翻译，被翻译的东西也不能被轻易归类为科技语篇，但这样的活动毕竟还是与科技有关。这就意味着即使是在非科技领域从事翻译工作，人们也很有可能遇到有"科技含量"的翻译原材料。在这样的情形下，科技翻译知识和经验就不会没有用武之地了。

科技翻译其实离我们很近，我们大可不必将它神秘化。虽然科技文本在词汇和文体层面上有自己的特点和难点，但在基本的语法结构方面，科技文体与其他文体之间并不存在根本的区别。因此，在基本翻译原理方面，科技翻译与其他类型的翻译之间也并无根本区别，在科技翻译方面取得的经验大可以为其他类型的翻译所借鉴，反之亦然。例如，在语言风格上，科技英语可与法律英语、体育英语、财经英语等归入到专门用途英语（English for Specific Purposes）中，它们有相似的文体风格，都有许多专门术语。因此，在语言细节的理解和分析方面，在翻译资源的应用和术语译名的处理方面，科技翻译与其他专门用途英语的翻译之间有着许多可以相互借鉴的地方。

二、对译者的要求

在总体技术难度方面，科技翻译未必会超过其他类型的翻译。但是，科技翻译的质量如何，其在实际应用中受到检验的严苛程度恐怕是其他类型的翻译所难以比拟的。从这个意义上讲，科技翻译无疑是具有挑战性的，译者也因此必须从自身做起，努力提高自己各方面的素质。

无论是在科技翻译还是其他文体翻译领域，对译者素质的要求都有基本类似的方面，如扎实的语言基本功、较为全面的知识结构、正确的翻译态度和方法等。除此之外，对科技翻译者来说，一定的专业知识也是必不可少的。

译者的语言基本功主要体现在其对外语和汉语的理解与表达能力方面，具体而言，就是译者对两种语言的语法知识和词汇知识的掌握程度和应用能力。有人在学翻译时轻视语言基础知识，把过多的热情和精力投入到翻译技巧的学习上，认为只要掌握了翻译技巧，翻译中的一切问题都可以迎刃而解，这种认识是十分片面的。

译者的基本翻译能力体现在两个方面：一是译者利用大脑中已有的知识储备为具体的翻译实践服务的能力；另一个方面则是译者利用各种资源获取新知识，使之服务于具体翻译实践的能力。对于科技翻译来说，新知识的获取尤为重要，而且它往往也意味着大量的文献工作。获取新知识的最有效途径是"查"。"查"对于翻译工作的意义不容小觑。在翻译实践中，译者可利用各种各样的资源，获取资源的方式也没有太多限制。笔译工作毕竟不是闭卷考试，译者完全不必把自己看成是被监视的考生，从而轻易放弃各种本可以充分利用的翻译资源。要有效地利用翻译资源，译者首先应正确理解翻译能力与翻译资源利用的关系，处理好"译"与"查"的关系。

"查"对于"译"的重要性具体体现在三个方面：首先，查询相关背景和原理知识有利于提高译文的准确性。其次，当某些词语需要回译到源语时，"译"出来的往往不如"查"出来的更原汁原味。例如，英语中提及阿基米德传说中的那句名言"我发现了！"时，一般多采用希腊语的说法 Eureka 或加英语注释处理成 Eureka（I have found it!）。如果汉译英的译者对此一无所知，也不去查阅相关资料，想当然地把那句名言从汉语译成纯英语的 I found it!，恐怕英语世界的读者也不见得会欣然接受。第三，"查"是解决翻译中的术语和专有名词问题的最根本手段。可以说，只要不是首译，译者基本上不可能凭借纯粹的语言功底，借助名称的形态线索（语义、语音以及文字形式）把名称"翻译"出来。在当前的汉－英或英－汉翻译语境中，术语和专有名词与其说能够"译"出来，不如说只能通过资料检索将译名"查"出来，因为"译"出来的往往是"错"的，在现实语言中正常流通使用的译名，往往必须通过各种资料检索才能最终确定。可以说，好的科技翻译译者同时也必然是很好的资料检索员，因为在译者的实际操作中，术语和专有名词的处理合理与否，与常规意义上的翻译能力基本没有什么相关性，译者的相关背景知识、资料检索的意识及能力才是解决问题的关键。

"查"意味着艰苦而细致的工作，但只有通过不懈的资料查找工作，翻译才不至于偏离既定目标。唯有如此，译者才会有所回报。因为"查"不仅有利于翻译质量的提高，而且对于译者的语言能力、相关知识乃至整体修养的提高都大有裨益。

第二节　英语科技文本的语言特征

一、科技英语的词汇特点

（一）科技词汇的大量使用

科技词汇指的是应用于各个学科或专业的专业词汇或行业术语，它们有其特定的含义，并在各自的专业领域中被广泛运用。如 reinforced concrete（钢筋混凝土）；elastin（弹性蛋白）；consolidation grouting（固结灌浆）；tender documents（投标书）；project proposal（项目建议书）；photosynthesis（光合作用）；appendicitis（阑尾炎）；seismograph（地震仪）；stress（应力）、formwork（模板）、masonry（砌体）、prefabrication（预制）等。

此外，还有一些科技词汇由普通词汇转化而来，除了其基本词义外，在不同的学科中具有不同的专业词义。如 carrier 的基本词义为搬运人，还可以表示载波（航天）、载流子（半导体）、带菌体（医学）、载体（集成电路）、刀架（机床）、运输机（航空）、航空母舰（军事）、媒体（计算机）、载波耦合装置（电力）等。

因此，正确理解并翻译科技文献不仅需要译者具有一定的英语知识，还要具备相应的专业知识，掌握词汇特定的科技含义，翻译时根据专业和具体语境判断词汇的具体含义。

（二）缩略词的广泛使用

科技英语中含有大量缩略词，因其具有省时、简便的特点，被广泛运用于科技文献。缩略词的构成方法较多，在此不再赘述。如 DDU=Delivered Duty Unpaid（未完税交货）、GTS = global telecommunication system（全球通讯系统）、SARS = severe acute respiratory syndrome（非典）、P2P= person to person（个人对个人）、AIDS = acquired immune deficiency syndrome（艾滋病）、e-mail = electronic mail（电子邮件）、A-ACID=ascorbic acid（抗坏血酸）、flu = influenza（流感）、OD 1/4"（OD = OUTSIDE DIAMETER）外径 1/4 寸、DISPORT = discharging port（卸货港）。

（三）词的前缀、后缀意义

科技词汇大多是由源于拉丁语或希腊语的词根、前缀和后缀构成的，这是科技词汇在词源方面的一大特点。

根据科技英语专家统计，在一万个普通英语词汇中，约 46% 的词汇源于拉丁语，

7.2%源于希腊语,这一比例在科技词汇中更高(阎庆甲,1992)。最常见的前缀和后缀如:-logy(学,论)、-ship(状况、性质、职业)、auto-(自、自动)、micro-(小、微量)、super-(超、过分)、anti-(反、反对、抗)、inter-(相互、在之间)、multi-(多)、pseudo-(伪、拟)、trans-(横过、贯通)、-graph(书写物,复制的形象)、semi-(半,部分)、-ism(主义、学说)、counter-(逆,对应)、bi-(双,重)、extra-(额外的)等。采用这些词缀派生、合成出来的词,往往是名词。因此,译者在学习科技英语的过程中应当尽量多地掌握前缀、后缀及其派生、合成出来的词汇,扩充词汇量,增强阅读能力,提高翻译速度和译文质量。

(四)合成词多

科技英语文献中由名词和名词、名词和形容词、副词等组合的新词比比皆是,如 bootsector(引导区)、bitmap(位图)、built-in(内置)、digital-to-analog(数模转换器)、cut-and-paste-software(剪贴软件)、closed-circuit TV。这类词可采用直译法,即将两个合成词素的词义合译,做偏正连缀,必要时可适当增词。

(五)名词化倾向显著

名词化(nominalization)是有关句子和名词短语的一种句法过程,主要指广泛使用能表示动作或状态的抽象名词或起名词作用的非限定动词(许颖欣,莫莉莉:2006)。

例1:The provisions of the legal instruments set forth below that have entered into force under the GATT 1947 before the date of entry into force of the WTO Agreement: ...

译文:WTO 协定生效之日前,在 1947 年关贸总协定下丰尊的法律文件的规定如下:……

例2:Having decided to establish a basis fro initiating a process of reform of trade in agriculture in line with the objectives of the negotiations as set out in the Punta del Este Declaration; ...

译文:决定依照爱思特角宣言确定的谈判目标,为开始农业产品贸易的噗罕进程建立一个基础;……

名词化结构的中心词一般是由动词或形容词派生或转化而来的抽象名词。在以上例句中,名词化短语的中心词分别是 provisions, entry, having decided 和 reform(n.)。它们分别源于各自的同源动词 provide,enter,decide 和 reform(v.),并保持着原词的状态和内涵。根据英汉两种语言的差异,可以把名词化结构转变为汉语的动词结构(如 entry into force 译为"生效")。但有些仍需译为名词结构(如 decisions 译为"决议",provisions 译为"规定")。译者应根据具体语境和语意的连贯酌情考虑,灵活变通。

二、科技英语的句法特点

（一）复杂长句的大量使用

在科技英语文献中常使用长句来阐述科学现象或事物的内在联系或解释说明科技语和名词，这类长句往往含有各种从句、分词短语或后置定语，结构较复杂。

例 3：A typical warehouse or distribution center will receive stock of a variety of products from suppliers and store these until the receipt of orders from customers, whether individual buyers (e.g. mail order), retail branches (e.g. chain stores), or other companies (e.g. wholesales).

译文：一个典型的仓库或配送中心将从供应商处接受各种产品的存货并把它们储存起来，直到有客户订单，他们才出货，不管客户是个体买家（如邮购）、零售分店（如连锁店）或其他公司（如批发）。

例 4: In this way the distinction between heavy current electrical engineering and light current electrical engineering can be said to have disappeared, but we still have the conceptual difference in that in power engineering the primary concern is to transport energy between distant points in space; while with communication systems the primary objective is to convey, extract and process information, in which process considerable amounts of power may be consumed.

译文：在这一方面，强电工程和弱电工程之间的区别可以说已经消失了；但是我们仍旧认为它们在概念上有所不同，因为电力工程的主要任务是在空间相距较远的各地之间输送能量，而通讯系统的主要目的则是传递、提取和处理信息，尽管在这个过程中或许消耗相当大的电力。

例 5: The Employer shall be entitled subject to Sub-Clause 2.5 [Employer's claims] to an extension of the Defects Notification Period for the Works or a Section if and to the extent that the Works, Section or a major item of Plant (as the case may be, and after taking over) cannot be used for the purposes for which they are intended by the reason of a defect or damage, but a Defects Notification Period shall not be extended by more than two years.

译文：如果因为某项缺陷或损害达到使工程、分部工程或某项主要永久工程设备（视情况而定，并在其接收之后）不能按原定目的使用的程度，业主应有权根据第 2.5 款 [业主的索赔] 的规定对工程或某一分部工程的缺陷通知期限进行延长，但缺陷责任期的延长不得超过两年。

例 6: The objective of the industrial firm may be stated as the effective coordination of men, materials, machines and money to provide a product or service when and where needed at a price attractive to the customer, which will provide a profit to the firm and serve the society.

译文：工业公司的目标可以解释为人力、材料、机器和资金的有效整合，以便在合适的时间、地点（适时适地地）为用户提供具有价格优势的产品或服务，使公司盈利，为社会造福。

（二）被动句的广泛使用

科技英语专业性强，内容多为客观事实、信息量大。使用人称代词，尤其是第一、二人称，用主动语态行文容易造成主观臆断的印象，而且，主动语态在结构上不利于句子扩展，表达内容有限，重点不够突出。要克服上述不足，须借助于被动语态。因为被动语态能够避免提及有关动作的执行者，使行文显得客观，同时还能够使句子在结构上有较大调解余地，有利于采用必要的修辞手段，扩展名词短语，使用名词化结构，扩大句子的信息量（唐崇文，1997）。

例 7: The surface is merely shaped with a grader, wetted, rolled, and allowed to dry, the wearing surface is then laid on.

译文：路面仅用平地机平整成型，洒水，压平并使之干燥，然后摊铺磨耗层。

例 8: The top layers were bound together more firmly by mixing the crushed rock with asphalt.

译文：用沥青与碎石混合，能使表层更坚固地粘结在一起。

例 9: Electric energy can be stored in two metal plates separated by an insulating medium. Such a device is called a capacitor, or a condenser, and its ability to store electric energy (is called) capacitance. It is measured in farads.

译文：电能可以储存在由一绝缘介质隔开的两块金属极板内。这类装置称之为电容器，其储存电能的能力叫作电容。电容的测量单位是法拉。

（三）大量采用省略结构

对科技英语来说，明确和简练是最基本的要求，为此就要尽最大可能把句子压缩得短一些，尽量杜绝不必要的重复，在不影响准确、清晰表达技术内容的前提下，能省略的词语尽量省去。

并列句中的省略。在并列句中，在接续的分句里出现的相同句法成分，如主语、谓语（包括"是"动词、行为动词和被动语态助动词）、宾语、表语乃至状语等，有时甚至包括连词，为避免重复皆可予以省略。

例 10: Friction can be reduced and the life of the machine (is) prolonged by lubrication.

译文：润滑能减少摩擦，延长机器寿命。

（2）复合句中的省略。复合句中的省略主要体现在状语从句和定语从句中。状语从句中的省略现象是最为常见的。当状语从句的主语和主句的主语所指相同时，从句的主语和相应的被动语态助动词往往予以省略，有时甚至将从属连词及相同的谓语动词也一并省去。

例 11: (Since it is) Composed of several different pure substances, air is a mixture.

译文：由于空气是由几种不同纯净物质组成的，它是一种混合物。

另外，通常情况下，由做主语的关系代词 which/that 引出的定语从句都可将关系代词连同其被动语态助动词一并省去。

例 12: A diode (which is) placed in a circuit acts like a valve, (which is) allowing current to flow in only one direction.

译文：装在电路中的二极管就像一个只允许电流按一个方向流动的阀门一样。

（3）工程图纸说明中的省略。工程图纸使用文字最多的是技术要求，其内容包括产品用途、材料、制造精度及其他要求。考虑到工程图纸的空间有限，常使用句子缩略形式表达。句中往往省略了助动词和情态动词，仅保留主要的名词、关键的动词和数词等实义词。

例 13：All surface (should be) clean and free of carbon, residue, oxidation, and other foreign material.

译文：所有表面清理干净，去除碳、残渣、氧化物和其他异物。

惯用省略句型。科技英语中还有一些惯用的省略句型，这些省略句型大都由状语从句缩略而来，其中有些已转化为固定表达法而被收录于英语词典中。例如：

As described above 如上所述

As shown in Table X 如表 X 所示

As previously mentioned 如前所述

如有必要如果 / 即使有的话 需要是；如果需要（的话）（当）必要时；如有必要 在使用时；当工作时 在可能的情况下

Unless otherwise stated/specified/indicated in ... 除中另有说明 / 规定 / 注明外

Except otherwise provided for / specified in …除中另有规定外

Except where otherwise provided for in…除中另有规定外

其他省略。有时可通过改变句子结构或采用特殊词语，在此基础上再省略若干词语，便可将长句压缩成短语。

例 14: Thus presented (= In the form in which they have been presented)，the figures give no useful information.

译文：这样给出的数字不能提供什么有用的信息。（用 thus 代替 in the form，其后的定语从句缩略为一个分词 presented）

（四）惯用句型的使用

（1）带有形式主语的陈述句型。

It appears that ... 看来，

It can be seen that ... 可以看出，

It has been proved that ... 已经证明，

It is believed that ... 据信，

It is well-known that ... 众所周知，

It must be noted that ... 必须注意，

It is evident that ... 显然，

It will be found out that ... 将会发现，

带有表语或表语从句的陈述句型。

Of importance is / are that ... 重要的是

Of recent concern is / are that ... 近来引人重视的是

Particularly noteworthy is that ... 特别值得注意的是

The chances are that ... 很有可能

The case is that ... 问题在于

含有宾语或宾语从句的陈述句型。

Experience has shown that ... 经验证明

Results demonstrate that ... 结果表明

Calculations indicate that ... 计算表明

This implies that ... 这意味着

带有条件状语从句的句型科技英语文献中常需要提出假设和进行推理，因而条件句使用较多。

例 15: If (they are) put together and heated to 25℃ at constant pressure, these substances will result in a new compound.

译文：如果把这些物质放在一起并在恒压下加热到 25℃，将会生成一种引得化合物。

三、科技英语的修辞特点

（一）时态变化少

在科技英语文献中，多用一般现在时阐述科学定义、自然现象和常规定理，因为客观真理的内容是没有时间性的；常用一般过去时叙述过去进行的研究和科学发现，但如果这种研究或发现对现在有较大影响时，则用现在完成时；当涉及计划中还未实施的研究项目时，常采用一般将来时。

（二）修辞手段单调

由于科技英语注重事实和逻辑推理，因此极少使用拟人、夸张、明喻、隐喻或对照等修辞手法，否则会破坏科学的严肃性和真实性。普遍使用逻辑连词，以加强逻辑性。

第三节　科技文本汉英翻译策略

随着中国改革开放的深入发展，国外的许多先进技术和设备被源源不断地引入国内，大量的国内产品纷纷进入国际市场，科技翻译工作也就变得越来越重要。科技翻译在引入外域技术信息和文化的同时，也向世界传播中国文化和科技信息。从事科技翻译的先决条件是译者必须掌握相关学科的专业知识，特别是专门科技文本，由于其学术性很强，外行人几乎是不可能翻译好的。即使是通俗科技文章，译者也应通晓相关学科的基础知识才行。此外，译者良好的原语和译入语功底也是成功翻译的必备条件，否则便无法在透彻理解原文的基础上写出自然贴切的译文。汉语科技文本英译应遵守下述原则。

一、科技术语的翻译（technical terms）

科技术语集中反映了科学概念和科技内容，是科技信息的主要载体，也是科学论述的必要条件。因此，准确无误的科技术语翻译应该是准确理解和再现原文内容的前提和基础。目前在术语翻译中还存在许多问题，比如概念不准确、名称不科学、译名不统一、一词多译、用词生涩难懂，等。为此，马清海先生提出科技术语翻译三原则。

（一）概念准确，一词一义的单义性原则

从概念对比的角度看，译文术语与原文术语应单义等值，表达同一概念。概念

准确是术语定名和译名的出发点。概念及其所属的概念体系是理解和翻译术语的根本依据，首先要在本专业的概念体系中弄清术语所表达的概念、概念范畴和概念关系，然后进行两种语言术语概念的对比和翻译。这是确定术语译名的正确途径。

术语学原理和国际标准化组织都规定，一个术语仅指称一个概念，一个概念只用一个术语来表达。我国的国家标准规定："同一名词、术语应始终用来表达同一概念，同一概念应始终用同一名词、术语来表达。"科技术语翻译应该运用概念体系的理论，根据国家和国际标准，贯彻一词一译的原则，以利于术语与概念的统一，同时也便于国内和国际的科技交流与标准化工作。

对于在不同科技领域表达不同事物和概念，但在某一特定专业及概念体系中获得了确定含义和相对单义性的多义术语，应当按副科从主科的原则，根据国家标准，坚持一词一译。对表达同一概念的几个同义术语，应贯彻概念与术语一一对应的单义原则，异词同译，以消除不必要的同义术语所造成的混乱。对于一词多译的现象，则必须杜绝。

（二）简明易懂、见词明义的简洁性原则

从词汇学角度看，科技文章要求其术语简洁易懂。科技文献翻译，目的就是把科技知识传达给读者，要求所用的语言形式，特别是含有科技内容的大量术语，应力求简明，以免影响对内容的理解与掌握。汉语科技文本中比较复杂的长术语和全称意译太长的术语，可按英语构词法，利用英语构词材料，根据长术语和全称的整个词义创造简洁的新术语。

（三）符合译入语语言及其科技语体规范的原则

从实用语言学角度看，科技术语翻译应符合译入语语言及其科技语体的规范。汉语科技文章中的相关科技术语，应尽量利用英语中现成的等义术语对译。在英语中没有现成等义术语的情况下，则采用意译的方法，根据原语术语所表达的概念，利用译入语的构词方法和用词习惯，参照国际统一的《命名原则》，创造内容与形式统一的新术语。

科技术语规范化对科技发展、信息传递、科技交流和标准化工作等都具有十分重要的意义。科技术语规范化是一个揭示概念体系和研究术语有序体系的复杂过程，涉及面广，工作量大。因此，各国与国际上都成立了专门机构从事此项工作。例如，国际标准化组织第37技术委员会（ISO/TC37）制定了 ISO/R860—1968《概念和术语国际统一》和 ISO—DIS704《术语学原则与方法》。我们在制定规范性的科技翻译标准和术语翻译原则时，应参考有关的国家标准和国际标准（马清海，1997:1）。

二、句子的翻译

科技文章本身有一种平淡叙事的特点，因而译文也可用平铺直叙的语言，把理论和事实叙述清楚就行了。文字越平易，用词越浅显，就越容易被读者所理解，这一点与文学语言截然不同。科技文章翻译严禁卖弄文字，也不允许掺入译者自己的感情，应就事论事，决不夸张。

例句 16：医学全球化，主要是全球性的疾病预防与控制。这一问题早有动向，因为医学界早就认识到，有些疾病是可以跨越国家和地区流传的。

译 文：The globalization of medical science refers mainly to the worldwide prevention and control of diseases. Such a trend appeared long ago because the medical circles had realized that some diseases can go beyond the national and regional boundaries.

例句 1:7：灰尘是什么？灰尘就是存在于空间的大量小微粒（直径小于0.5毫米）。它们在飘荡、浮动，也被称作浮质。技术上将灰尘按大小分成粗灰尘和细灰尘，直径小于2.5微米的浮质特别有害。

译 文：What is dust? It is the abundance of corpuscles (minute particles with a diameter of less than 0.5 millimeter) in the air. As these particles are drifting or floating, they are also called aerosol (floating substance). Technically, dust is divided into two kinds: coarse and fine, in accordance with the sizes of the minute particles. And those with a diameter less than 2.5 microns are especially harmful.

科技文章翻译还应保持科技文体的风格，也就是客观性。科技英语多用非人称代词 it 或用某个事物作主语而避免用人称代词 you, I 或 he, 译文中应该保持这种风格。

例句 18：电流的定义是流经一个导体的电子流。

译 文：The electric current is defined as a stream of electrons flowing through a conductor.（主动→被动）

例句 19：试验结果准确与否事关重大。

译文：It matters very much whether the test results are accurate or not.（真实主语是 whether 引导的从句）

汉语科技文本中有很多长句，英译时需要拆译成两个或两个以上的句子，才能完整地表达其原意。在这种情况下，译者应注意研究英语言的特点与差异，转换思维方法，调整句型结构，使译文表达顺畅，合乎英语语言规范。长句的拆句译法大致有下述两种情形：①汉语长句中包含的概念太多，而英语句子则要求一致性，因此不宜将不同的概念安排在同一句中；②如果译成一个英语句子，层次不够分明，重点不够突出，这时就需要将原句拆译成几个句子。

例句 20：当前国境卫生检疫已成国际惯例，对人员、物资、交通工具等进行出入境检疫，检疫期限也按新规定缩短，控制疫病的传入传出。

译　文：Nowadays, border sanitary quarantine has become an international practice. Any people, goods and materials or means of transport must be quarantined before crossing the border so as to prevent an infectious disease from spreading in or out, but the quarantine time has been shortened according to new regulations.

原句中包含了三个方面的内容，即：①卫生检疫已成国际惯例，②对……进行出入境检疫，控制疫病的传入传出，③检疫期限缩短。英译时拆译成两个独立句，而且对句子结构做了调整，将"人员、物资、交通工具"改作主语将"控制疫病的传入传出"部分前移。

例句 21：人员和物资的流动历来是疾病传播的通道，再加上现代交通工具的发达，都使得疾病传入传出的态势空前严峻。

译　文：The flow of people and the exchange of goods and materials have always been a channel of dis-ease transmission. And, together with the advanced modem means of transport, they have created an extraordinarily grave situation in which diseases may spread in or out of a country.

该句英译时拆译成两个独立句。原句中"发达"为名词，译句中则改为形容词作前置定语，修饰 modem means of transport；原句中"空前严峻"为宾补，译句中则改作定语，修饰 situation。

一般说来，汉语句子结构是线型展开，按时间或逻辑顺序铺陈，而英语句子则是空间构型，由若干层次构成。如果汉语句子的这种铺陈具有明显的阶段性，英译时就可以按阶段来进行拆译。

例句 22：但自 1961 年，由于社会动荡，人员大量外流，开始向我国及邻近其他国家传播，进而传播到世界各大洲；迅速形成起源于印尼的第 7 次世界霍乱大流行。

译　文：Ever since the year 1961, however, due to the social turbulence and the outflow of people in large numbers, it began to spread first into China and other neighboring Asian countries, and then to every continent of the world. As a result, it soon became the seventh worldwide cholera epidemic that originated from Indonesia.

第八章　商务文本翻译

第一节　商务文本翻译概述

一、商务英语翻译概述

作为一种社会功能语言变体，商务汉语（Business Chinese）或商务英语（Business English）是在商务情景或商务语境（business contexts）中使用的汉语或英语。包括商务英语在内的特殊用途英语并非是一种独立或特别的语言形式，而是现代英语的一种社会功能语言变体（HutchinsonWaters，1987），是专门供特定的社会文化群体所使用的一种语言范围（Halliday，1964）。笔者认为，这一论断同样适用于商务汉语。

为了更深入更全面地把握作为专门用途的商务汉语或商务英语的本质属性，在此需要回答以下两个问题：

（一）商务以及商务英语的内涵

1. 商务以及商用

人们一提到"商务"就会马上想到"商业"（commerce）。商业仅仅是指"以买卖为手段促进商品流通的经济行业"（黎运汉，2005）；英语用于表示商业买卖活动的词语不只commerce一词，还有shopping、trade、selling等词，如"商业街"（shopping street）、"商店"（shopping mall）、"商业用语"（trade language）、"商业特色"（selling points）等。另外，"商业"一词还可用来指"商业管理"，所以，"商务部"的英译就是Ministry of Commerce，"美国商务部长"就是US Secretary of Commerce。虽然"商业"（commerce）与"商务"（business）经常混用，但是，严格来讲，"商业"只是"商务"所涵盖的其中一个意思，"商务"一词的内涵与外延较广。

从广义上讲，商务汉语或商务英语"围绕国际贸易、国际投资等各类国际经济、公务和交往活动中使用的外语而展开学术研究,如国际贸易、国际金融、国际营销、国际旅游、国际财经新闻、国际法、国际海事研究等,表现出职业话语和专门用途的特点"(王立非,2011)。可见,商务汉语或商务英语涉及到的商务不单指商业或生意,而是指商业经济活动中的一切事务,即除私人事务之外的围绕贸易、投资开展的各类经济、公务和社会活动,如:商业贸易、金融保险、证券投资、交通运输、营销、旅游、信息、新闻、法律、外事等。从狭义上看,商务汉语或商务英语"涉及到的商务类型及其文本至少包含3种:商务广告、企业介绍、产品描述等文本;与商务人员跨文化交流、求职工作等相关的文本;与世界经济、国际贸易、金融、证券及投资、市场营销、管理、物流与运输、合同与协议、保险与仲裁等相关的文本"(石春让、白艳,2012)。

此外,书中有时所说"商用"是指"应用于商务或商贸语域"这个意思,也就是汉英在商务或商贸这个特殊社会功能中的专业用法、半专业用法和行业用法。比如,"公事公办"这一俗语用于商务或商贸之中,就另有说法,即"生意场上无父子"。对应的英译——"Business is business."用于普通场合就是"It is a serious matter."(安亚中、张健,2008)的意思,而用在生意场上的意思则是"There's no pity in business./In the business world there is neither father nor son"(尹帮彦,2005)。再如,"average"一词用于普通英语,意思是"平均",而用于商务或商贸英语时,其词义就获得了专业词义,并且,用在不同行业有着不同的专业词义:在证券投资业中,其意思通常是"股票平均价格",如"industrial averages"(工业股票的平均价格);而用于保险业中,它主要指"海损",如"general averages and particular averages"(共同海损与单独海损)。

(二)商务语言以及商务英语

商务语言是一种特殊用途或专门用途的语言变体。具体地说,商务语言就是商业主体在商业实务中为实现商业目的而运用的语言(黎运汉,2005),就是"在国际商务中使用的语言"(王立非,2011)。再具体地说,商务语言就是"在商务社会交际、采购、销售、洽谈、登广告、拟计划、管理、服务、储运、调查、统计、导游以及商品说明、招牌和商标命名乃至商务记者招待会、商务讲话和庆典致辞、演讲等商务活动中所使用的语言"(李明,2007)。

虽然"商务汉语"之说目前还没有广为流传,但在广为国际社会接受的"商务英语"这一学科与专业名称的影响之下,教育市场上已经有了类似于"剑桥商务英语"教材和"剑桥商务英语考试(BEC)"的《商务汉语》(湖南科技出版社)教材和"商务汉语考试"(BCT),并且,"经贸汉语"(黄为之、黄锡之,2000)之说却广为流传。

相比之下，"商务英语"（English for Business Purposes；Business English）之说则早已深入人心（李明，2007）。当今，商务英语培训席卷全球，英国人主编的《剑桥商务英语》教材更是风靡全球。除了在英美等以英语为母语的国家已有高校（如：英国的 University of Central Lancashire）开设商务英语专业外，商务英语已在包括中国、日本、韩国、泰国、马来西亚、巴西、越南和阿拉伯国家在内的以英语为外语的许多国家和地区，被设置为一门专业或课程，对学生进行系统而全面的国际商务英语知识与技能的培训。这些显然都是"商业全球化、文化多样性在商务活动中与日俱增"（王正元，2001）的国际社会的普遍需求。虽然商务英语作为一门学科进行学术研究的历史可以追溯到 20 世纪六七十年代，作为一门课程来开设在我国已有 60 多年的历史"（王立非，2011），但近几年，商务英语在我国作为一门新兴专业（2007 年教育部批准开设的商务英语本科专业）来开办，发展势头很猛。"在我国，目前已有 540 多所高校设立了商务英语专业或方向，在校商务英语本科生达到 20 多万"（王立非，2011）。可见，在我国已经掀起了"商务英语热"。

二、商务翻译活动中的跨文化交流问题

中国人到了美国，在大商场或国际机场里，如果搞不明白"restroom"这个标识语，就很可能想当然地把它误解为"休息室"；甚至有人在我国学校教学楼的教师休息室门口，竟然悬挂标有英译"Restroom for Teachers"的门牌，结果闹出了外教到"教师休息室"上厕所的笑话。在英语中，"restroom"是指像机场、商场、超市这样的大型公共场所里的"厕所""洗手间"或"盥洗室"。可见，我们对"厕所"这一标识语的理解与英译可能因文化语境的不同而引发错误。

"为了检测英文缩略语 WC 的准确意义，记者采访了来自美国的杰克。杰克认为这样的标志用在公共场合非常不雅，因为在英国英语中，WC 类似中文所说的"茅厕"，是比较粗俗的说法。而在外国（英、美等国）表示厕所时多用 Restroom，意思为"洗手间"（《北京晨报》，第 14 版）。而"我们在伦敦实地调研得出的结论与此恰恰相反。在 London Tower 附近我们就拍摄了一个 24 小时开放的 WC 的公示语牌。我们还询问了长驻英国，不久前归来的外交人员，得到的回答是 WC 在伦敦较少使用，但外国人多的地方反而使用。北京第二外国语学院公示语翻译研究中心的专家们，2004 年和 2005 年在对西欧、北欧和南欧等 11 国的实地考察中发现，国际化程度高的旅游城市 WC 都昭然悬挂。在某种意义上来说，WC 已经不再是原始意义的'茅房'，已经更新，已经'中介化'"（王颖、吕和发，2006）。由此可见，小小的"厕所"这个公示语的英译——"WC"虽对英语为本族语的人来说是个粗俗的说法，但是，在国际化程度越来越高的今天,越来越多的以英语为外语的人已经普遍接受了"WC"这个简短的公示语。无论是外国游客云集的英美等国的旅游景点,还是在以英语为外语的国家,"WC"这一公示语随处可见,比其他同义词更常见更常用。

再如,商务汉语信函称呼语—"敬启者"在英国英语中应翻译成"Dear Sirs",而在美国英语中的英译则是"Gentlemen"。又如,汉语"商业步行街"一词在以英语为本族语的英国、美国、澳大利亚等国却有不同的文字表达:在英国,"步行街"被称为pedestrianized zone(供步行使用的区域);在美国,他们则叫pedestrian mall(只准步行不准开车驶入的购物中心);在澳大利亚,"步行街"干脆就叫shopping mall(购物中心)。根据我国步行街的含义,我们可以将它译成"pedestrian mall"(翁凤翔,2002)。

上例表明,语言是一种社会文化现象,人们的言语表达形式无时无刻不受存在于语言之外的社会文化要素的制约。语言的这种社会文化属性决定了语言的学习和应用不能局限于语言本身,而应把语言放到一定的社会文化背景之下来考察。

首先,我们应牢记,语言与文化密不可分,相互依存。一方面,语言是民族文化的折射,它反映了一个民族的思维模式、文化心理、道德观念、风俗习惯、历史地理等。所以,英国语言学家帕默尔(Palmer)认为,"语言忠实反映了一个民族的全部历史、文化,忠实反映了它的各种游戏和娱乐,各种信仰和偏见"(罗常培,1989)。比如,汉语"下海(经商)"这一生动的比喻说法意味着"投身商海"(engage in trade /start doing business);对于中国这样一个有着悠久农业社会文化的大陆国家的人民来说,"下海"暗示更多的是,经商做生意如大海行舟,茫茫商海暗藏杀机和风险。又如,从英语"hotmoney"直译过来的汉语外来词——"热钱/游资",是指在国际间快速流动、利用汇率和利差图利的资金;它生动地揭示了"忙于逐利的游资"的本质属性,也反映了西方社会的商业经济文化。

另一方面,文化是语言的土壤和基座。任何语言的生存发展都离不开其赖以生存的社会文化环境,社会文化在一定程度上制约着语言的发展与完善,影响着语言使用者的思维和表达习惯。比如,中西方对对外贸易的观念和做法传统上大相径庭:中国属于"重农抑商"的自给自足的农业社会,很多人在很长时间里都认为泱泱大国的中国不需要对外贸易,"重农主义"(agrarianism)大行其道,所以,我国历史上就出现了"海禁"(ban on maritime trade or inter-course with foreign countries),也称"洋禁",即中国明清政府为了整顿沿海治安,清理走私,保障社会安定起见,采取的一种禁阻民间人士私自出洋从事海外贸易的政策。相比之下,西方极力推崇自由贸易和"重商主义"(mercantilism),对外大肆掠夺,他们依仗自己的坚船利炮强行打开他国贸易大门,如中国人永远不会忘记的在历史上由鸦片贸易引发的"鸦片战争",所以,在英语中就出现了"舰炮外交"(gunboat diplomacy)和"舰炮贸易"(gunboat trade)等说法。

其次,我们须清楚,国际商贸交往同时也促进国家或地区间不同商贸文化的交流。在国际商贸交往的过程之中,一方面,西方文化作为强势文化不断侵入进来。许多具有鲜明西方文化色彩的英语语汇,随着国际商贸往来的不断发展,悄无声息地进入了汉语,进入到我们的生活。其中,包括大家耳熟能详的十分鲜活而新奇的商用外来词,如"热狗"(hot dog)、"三明治"(sandwich)、"跳蚤市场"(flea market)等;另外,还有不为大家熟悉的商用新词,如"金砖四国"(BRIC group)、"白色家电"(大型家用电器:white goods)、"辛迪加"(企业联合组织/商业财团:syndicate)等。另一方面,汉语有着悠久的历史和丰富的民族文化传统,一些具有自己独特民族文化色彩的商务语汇在汉语中沉淀了下来,如"倒爷"(profiteer)、"红案"(red board—cooking that deals with dishes, both meat and vegetable)、"一铺子买卖"("once for all" deal—the one and only business deal to be made with somebody, from which the greatest possible advantage is to be derived)等;再加上近年来改革开放,我国经济快速发展,新近形成了一些很有中国特色的具有鲜明民族文化特色的商务语汇,如"三包"(3-R guarantees /relevant guarantees)∶三角债"(chain debts /triangle debts)、"半拉子工程"(never-to-be-finished project; uncompleted project)等。

在国际商贸交往的过程之中,翻译起着重要的桥梁作用。作为跨语言、跨文化交流桥梁的翻译应包含语言与文化两个层面才完整。所以,我国著名学者王佐良教授(1989)在谈到文化与翻译的关系时曾指出:"翻译者必须是一个真正意义的文化人。他处理的是个别词,他面对的则是两大片文化。"Mary Snell-Hornby(2005)明确指出,翻译是一种跨文化的活动。商务汉英翻译理应如此,其"翻译过程不仅是语言的转换过程,而且是反映不同社会文化特征的文化转化过程"(黄艺平,2010)。可见,商务汉英翻译就必然是在自觉或不自觉地对汉英两种不同语言与文化的对比分析的基础之上进行的转换。

三、商务翻译中涉及的语言与文化具有特殊性

商务汉英翻译体现出来的语言文化具有有别于普通汉英语言文化的独特的专业行业特征,这些独特的专业行业特征带有明显的商务或商贸英语语域(register)属性。

(一)商务汉英翻译背后的特殊用途语言变体

商务汉英作为其所属汉语或英语的重要组成部分的特殊用途汉语或特殊用途英

语,是专门供特定的社会文化群体所使用的一种语域,是一种社会功能变体(Halliday, McIntosh & Srevens, 1964)。作为特殊用途或各自语言变体的商务汉英,除了有着汉英作为个别语言的普通语言规律、修辞特征、行文方式之外,还有其独特的东西,即专业术语(technical terms)、商业行话(commercialese or jargon)、套语(conventionalities)或过于程式化的公文文体(stereotyped officialese)、应用文文体特有的篇章结构和言语程式等。上述这些独特的东西就构成了商务汉英作为特殊用途语言变体的言语特征。因为汉英语言分属两大完全不同的语言体系,商务汉英作为特殊用途语言变体,自然有着各自不同的语言特征。比如,商务汉英涉及到不同行业,因此,在词汇上大量使用专业术语和缩略词,如汉语"商检""货代""保单""结汇"和英语"FOB"(Free on Board/船上交货价)、"GDP"(Gross Domestic Product/国内生产总值)、"clean L/C"(clean Letter of Credit/光票信用证)、"clean Blading"(clean Bill of Lading/清洁提单)等。再如,商务汉英因其特殊用途和特定语域的本质特征在其发展过程中产生并形成了一些生动形象的语汇,来特指某些商贸现象或行为,如汉语的"大路货"(popular goods of dependable quality)、"一条龙服务"(one package service)、"一分钱一分货"(the higher the price, the better the quality)等和英语的"bellwether"(领头羊/龙头企业)、"big-name company"(金字招牌/大牌公司)、"a package deal"(一揽子交易)等,又如,商务汉英文体正式,行文简约,具有"重记实、少文饰"的文体行文特征。"文言半文言词、四字结构短语等多见于商务汉语,而商务英语多用名词化短语、介词、被动语态、复合句,等等"(李太志,2008)。

(二)商务汉英翻译背后的语用文化

具有浓厚东西方文化特色的商贸语汇、行话套语、修辞习惯、行文方式等都是汉英两种不同语言所特有的,各自都有其民族特有的国俗语义或民族文化内涵。同时,这些具有国俗语义或民族文化内涵的商贸语汇、行话套语、言语程式、行文方式等又是汉英各自文化在商贸这个特殊用途语域的应用和体现,所以,对于这些带有浓厚东西方文化色彩的汉英语汇的理解和翻译,要慎之又慎。比如,汉语有"聚宝盆"之说,而类似的英语对应词则是"goldmine"10(金矿,财源)。如果不了解汉英语言文化上的差异,在国际商贸交往中就会带来困难,甚至发生巨大的经济损失。例如金鸡"(鞋油商标)在汉语中能让人联想到"金鸡报晓","雄鸡一唱天下白",富含积极的文化内涵。但它的直译—Golden Cock,却会给英美人士留下语言粗俗的不良印象。英语中的cock既可作"公鸡"解,同时又具更深一层的俚语隐喻义,暗指生殖器官,属禁忌词汇。再如,"鸳鸯枕"在中国文化里象征夫妻恩爱,但英译成"Mandarin Ducks Pillowcase",其语用效果就会大打折扣,很难实现商标翻译的目的(朱福月,2008),原因是外国人并不了解中国的"鸳鸯"文化。所以,为了有效地进行商务汉英语言文化的翻译转换,需分别把以上外销商品的商标改译成"Golden Rooster"或"Lovebirds Pillowcase"。

四、商务英语中的功能对等

(一)商务汉英"体中有体",翻译力求"得体"

商务涉及的文体类型较多,有公文体(如:商务信函、通知)、广告体(如:商务广告、旅游景点的宣传资料)、契约体(如:商贸合同、贸易协议)、应用体(如:请柬、说明书)、论说体(如:商贸评论)等。可见,商务汉英真是"体中有体"。

不同的文体类型自有其独特的文体特征。比如,商务信函这种文体具有较强的专业性、实用性和规范性特征,其中最为突出的一个就是"行文用字高度程式化,往往为顺应'实用'要求而不避章法雷同"(贾文波,2004),常用约定俗成的套语。再如,商贸合同属于法律文件,语言表达精确严密,因此,并置结构、限制性修饰语、长句、复合句、略显冗余繁复的行文方式在国际商贸英语合同中比比皆是。

如此繁杂的文体类型和为实现不同语篇功能而采用的灵活多样的语言手段要求商务汉英翻译"得体"(潘红,2004)。所谓"得体"主要是指译文的语体应当与原文的语体保持一致,同时译文的语言和行文方式也必须符合商务文献的语言特征和行文方式。若无敏感的文体或语域意识,商务汉英翻译就有可能"跑调串体"或"选择错误的语域,混淆不同的语域"(Halliday,1973),出现文体修辞失误。

(二)商务翻译中的功能对等

商务文本类型繁杂,大致可分为"表达型"功能文本、"呼唤型"功能文本和"信息型"功能文本。比如,商贸评论文章属于"表达型"功能文本;商务信函和商贸合同属于"信息型"功能文本;商业广告属于"呼唤型"功能文本;包括产品说明书和企业简介在内的商业说明书则属兼具"呼唤型"和"信息型"的功能文本。由此可见,商务汉英"类中有类"。

不同的文本类型其功能自然大不相同,实现其语篇功能的语言形式也自然有着较大差异。比如,商务信函重在提供信息与业务沟通,名词化和介词短语因信息承载量较多以及语言表达简约、经济等原因而在国际商务英语信函中得以大量采用。又如,商业广告旨在激发消费者的购买欲望,因此,文才飞扬的辞藻,浮夸的渲染之辞和祈使句、感叹句在国际商业广告中随处可见,以此实现其移情功能。

如此繁杂的文本类型要求商务汉英翻译应分"体"别类、不拘一格,按照不同的语篇功能，遵循灵活的、有区别的翻译标准或原则，采用多种翻译方法与策略，实现"功能对等"（Functional Equivalence）（Nida，2001）的翻译转换，进行有效的跨语言跨文化的商务交际活动。比如，为了跨越汉语商业说明书和广告偏爱浮夸堆砌修饰语与英语讲究精确记实的行文习惯上的障碍，汉英商业说明书和广告不能"务虚""死译"，而应考虑译语读者的文化语境，采取"务实"策略：去繁就简，删除毫无实际意义的浮夸之辞。

第二节 英语商务文本的语言特征

一、商务语境制约下的商务英语语言特征

商务语境的三个变项：话语范围、话语方式和话语基调自有其特点。商务英语的话语范围或语场（field of discourse）是商务，它涉及到商贸活动的各个环节、各个场所。商贸活动牵涉面广，如金融、保险、运输、法律等，信函、传真、电邮、备忘录等商务英语书面交流伴随着商贸活动各个环节，贯穿商贸活动启动、开展和结束的全过程。十几年前还十分流行的电报电传，因编码解码过程烦琐、信息传递性能低下和麻烦耗时等缺陷，已逐渐被淘汰；取而代之的是用明语（plain language）表达的方便快捷的电子邮件和电子传真。但其内核仍是传统的商务信函。从体裁和传播渠道看，商务英语语篇大多不繁复冗长，而是简洁扼要。撰写商务英语应用文旨在解决商务中的具体事务，其中牵涉到业务磋商、索赔理赔等语用功能。最终目的是使商贸运作顺利并盈利。所以，商务英语应用文文体"范围十分广泛、庞杂，在长期使用过程中，根据事务的性质和应用的场合逐渐形成了若干固定的篇章格式，即固定的篇章结构形式和言语程式（王德春、陈晨，2001）。总体来说，商务英语应用文文体"重记实，少文饰"，崇尚简洁直白的语言表达风格。上述这些便构成了商务英语的语式或话语方式。由于商务工作者懂得在经商时，"需要有国际上接受的行事方式，以使来自不同文化、说不同母语的人们能很快地、更自如地相处"，因而，他们注重贸易往来中的社交礼仪。这种意识、心态和行为准则要求或决定他们在商务英语书面交流与沟通中，往往采用"以您为先"（You-attitude）、积极主动的写作修辞语气。这就是商务英语的语旨或话语基调的表现。

作为英语的一种社会功能变体，商务英语因其使用语境不同而"有着与其特殊语境密切联系在一起的语言特征"（to identify the kind of language associated with a specific context）（HutchinSon& Waters，2002）。换言之，"商务英语明显有着在商务语境比在其他语境更常用的语言形式"（There are clearly language forms that tend to be used more frequently in one context than in another.）（Hutchinson & Waters，2002）和文体修辞特征。总的来说，"商务英语目的性强，选词恰当、精确，讲究礼貌用语，意思清晰，行文简约"（罗健，2002）。这就是商务语境对商务英语这种社会功能性语言变体及其写作翻译加以制约的结果。

（一）话语范围制约下的商务英语语言特征

话语范围对词汇和话语结构选择的影响是显而易见的。在语言使用过程中，交际参与者需要根据所谈论的内容和所从事的社会活动，在语言系统所提供的意义潜势中做出选择。因此，话语范围在一定程度上决定语言表达的引申意义。可见，"语言寓于行为之中，意义见于运用之中"（Language in action；Meaning as use）（Leech，1981）。所以，弗斯指出："词本无义，义随境而生"（转引自：马会娟，2004）。"维特根斯坦（Wittgenstein）对意义与语境之间的关系的表述最为明确、直接"（刘宓庆，2003）。维特根斯坦（1953）在他的《哲学研究》中多次说道："…the meaning of a word is its use in the language"（一个词的意义要根据它在语言中的用法来定）。维特根斯坦所说的"in the language"就是语境。根据维特根斯坦的理论观点，词语一旦进入语篇生成过程，它们便不再是一个个孤立的词语，它们的意义也不再是字典上所罗列的孤立的、静态的意义。词语的意义是不同词语组合的结果，是受不同的上下文，或者说是受语境的制约而生成的。因此，语篇中的词语的意义是相互支配或制约的。比如，在普通英语中，action, subject matter, absorb 表示"行动""题材""吸收"，而在商务这个话语范围或语境中，就有了自己的半专业词义，即"诉讼""标的物""并入"。以下，请对比分析下例中下划线词的半专业词义：

（二）话语基调制约下的商务英语语言特征

话语基调也影响交际参与者对语言手段的选择，特别是参与者的社会地位、角色、职业以及相互关系等因素都会对言语表达和修辞手段的运用产生影响。针对不同交际对象，要选用不同的言语方式，以求达到最佳的言语交际效果。

首先，以商务合同为例，来分析说明话语基调或语旨在商务英语这个特殊语境中的体现。商务合同的语旨是指参与者的性质以及身份与角色，这里指签订合同的双方建立了正式的法律约束关系，当事人必须承担法律责任和经济责任，因此当事人的角色关系是正式的、严肃的，语言行文要求逻辑严密、正式严谨，用词专业，表达精准。

第二，请对比分析下表中几类不同语体的称呼与信尾客套语：

Style Salutation Complimentary defies

Very Formal My dear Sir/ Madam, Respectfully/ Respectfully yours?

Formal Dear Sir/ Madam, Gentlemen/ Sirs, Yours truly ? Yours faithfully, (British usage)

Less Formal Dear Mr. /Mrs. Smith, Sincerely yours» (American usage)

Personal (Implying personal relation.) Dear Mr. /Mrs. Jeferson, Dear John, Cordially, Best regards? (British usage)

从上表可以看出，针对所选用的称呼语，要选用不同的合适的信尾客套语。一般来说，"关系亲密的程度越高，选用的商务英语称呼语和信尾客套语就越随便（less formal）；关系亲密的程度越低，选用的商务英语称呼语和信尾客套语就越正式（formal）"（何维湘，1997）。例如，从一对恋人的几封信的信尾客套语就可看到他们之间关系的发展变化，也可看出写信人"调整语辞，使达意传情能够适切的一种努力"（陈望道，2006）。

再如，另一封信的信尾客套语就更有意思：先是写上"Yours"，后又改成"Your friend"。之所以如此，可能是因为他们两人之间的关系经过一番曲折后，现在又热乎起来了（黄任，1996）。这种措辞实在是煞费苦心，足见其修辞用意。

第三，请对比分析美国AKAI公司针对不同交际对象，分别在《新闻周刊》（Newsweek）和《音响评论》（Stereo Review）刊登的同样内容的两则广告：

刊登在《新闻周刊》上的广告：

Big Name Recording Star AKAI cassette decks are known worldwide for quality sound and state-of-the-art features. Including AKAFs exclusive GX Heads —guaranteed for 150,000 hours, over 17 years of play. See our wide selection of cassette decks at your AKAI dealer....

因为《新闻周刊》是以读者大众为其对象，所以刊登在上面的广告，其受话者或交际对象也是读者大众，因此，信息的表达方式也必须是大众化的，所用词汇比较通俗，句式结构也较简单。同时，它采用了直接的方式来树立公司的品牌形象，比如，广告宣传说他们的产品是"known worldwide for quality sound and state of the art features"，公司是Big Name Recording Star"，等等。

刊登在《音响评论》上的广告：

Good Sound Is in Your Hand. AKAFs GX Head is guaran-teed for over 17 years.

What you're looking at is AKAI's exclusive GX Head.

A technical departure from any other recording/playback head design on the market today. Its composition: glass and crystal ferrite.

Imagine, if you will, a virtually wear-free head with a smooth glass face that doesn't allow dust to collect. A head that AKAI guarantees to perform for over 150,000 hours. That's 17 years of continuous, superb play.

It's a head that many audiophiles feel has set the industry's performance and durability standards. And you'll find it exclusively in AKAI cassette and reel-to-reel decks.

All of which means that to get the clean, crisp sound your head deserves, use ours.

因为这则广告的对象是《音响评论》杂志比较专业化的读者，所以，公司采用了另一种劝说策略。不像《新闻周刊》上刊登的广告那样，它侧重于对受话者或交际对象的诉诸，通过与他们进行直接交流来赢得信任。广告的表达方式不仅劝说性强，而且又很诙谐幽默，如 "head" 的双关用法。比如，广告上说："It's a head that many audiophiles feel has set the industry performance and durability standards."其言外之意是：作为《音响评论》杂志的读者也一定是音响爱好者，也一定会持同样的观点，所以，也一定会认同我公司的品牌（胡曙中，2004）。

以上两则广告，由于受话者不同，所用语言表达方式也随之发生了变化，这样的变化是很自然的。

（三）话语方式制约下的商务英语语言特征

话语方式指语言在实现社会行为中起的作用。话语方式与符号现实相关。"对于一个语篇来说，它不仅要与语境发生联系，反应意义的社会交换，而且词汇、语法的表现形式也要与语篇所表达的意义相匹配"（朱永生，2004）。商务英语属公事公办持重感较浓的商用公文体，因此，它们在遣词造句、布局谋篇等方面均有其言语和行文方式。

在遣词酌句上，商务英语常用书面词汇（learned words）、大词（big words）或古体词（archaisms）替代通俗词汇（popular words），如：正式的商务英语信函常用 "forward"（发送）、"Subnnt"（提交，呈送）替代 "send"（寄）、"give"（给）；合同常用 "Whereby" "prior to" "hereto" "thereafter" 代替 "by which" "before" "to (what is said)" "after this or that"。在句法结构上，语体庄重的英语句型结构 "We would be much grateful to you if you could.（如果……我们将不胜感激）就比口语化的 "Please."（请……）在一定场合更为得体，对于特定的交际对象来说就更符合商务英语行文方式。在布局谋篇方面，商务英语除了其特定格式之外，还有其固定的篇章模式和言语程式。请观察分析下面的一封商务英语信函。

STANDARD EQUIPMENT COMPANY

第八章 商务文本翻译

THE STANDARD BUILDING

75 NEWELL SQUARE.OMAHA.NEBRA.68124

March 25, 1970

Mr. Owen L. Conover Complete Office Supplies, Inc.

79 Broadway

Centerville, Nebraska 68724 Dear Mr. Conover,

Dear Mr Conover

Thank you very much for sending us your financial statement so promptly. You are to be congratulated on the fine credit record your company has established. We have shipped your order of March 21 by express today? and you should receive this merchan-dise by the first of next week. As you know, we will bill you on the 10th of each month for goods purchased the previous month. Payments within ten days of the date of our invoice entitle you to a two percent discount.

We hope that you will like doing business with us. For our part, we want to do everything we can to deserve the confidence you have placed in us. We regard every order as an opportunity for prompt and efficient service.

Yours sincerely,

Maurice A. Nesbitt

Maurice A. Nesbitt

Credit Manager

商务英语信函属公函体，它有固定的格式，如：信头、收信人地址、称呼、正文、信尾客套语、签名等。商务英语信函的交流目的是磋商业务，因此，它一般使用正式语体英语（如：promptly, purchased, established），用词力求简洁、准确、庄重，避免空泛和文饰，讲求记实。例如，在上例的商务信函中，没有华美的辞藻，较少使用动听的形容词，但偏爱使用名词化结构和介词短语，如：sending us, doing business, on the fine credit record, for prompt and efficient service；句式比较单一（陈述句和祈使句），很少使用感叹句或疑问句；句子有短有长，但以长句为主。另外，它还倾向于使用被动句（如：be congratulated），以求达到记实、客观的修辞效果。

可见，"语域是由多种情景特征——特别是指话语范围（field）、话语方式（mode）和话语基调（tenor）——相联系的语言特征构成的"（The linguistic features which are typically associated with a configuration of situational features—with particular values of the field, mode and tenor—constitute a register.）（Halliday, 1976）。如果没有必要的语

域或文体意识,那么,就很可能"选择错误的语域,混淆不同的语域"(Halliday,1973),而导致措辞不得体,不适合交际对象而有损交际效果。韩礼德(Halliday,1976)所说的"语域"就是语境。语域的确定与遣词酌句有着直接的联系。从某一方面讲,语域就是指词语的使用范畴,主要指正式与非正式语体的等级(levels of speech)。狭义的语域也指词语使用的职业或行业领域。譬如,商务合同常使用古体词(如:whereby, hitherto, whencesoever 等)、介词短语和名词化结构,商务信函倾向于使用 被动句(如:be appreciated, be placed)。这种遣词造句的修辞行文倾向正是商务这种特定语域的措辞或行文方式。

二、商务英语文化特征

何谓"文化"?"文化"一词含义广泛,定义颇多。最简单而笼统的定义是"一个民族的全部生活方式"(Newmark, 1991)。任何一个语言使用者都是在一定的文化氛围中成长的。这就是他/她赖以生存的文化语境。"他/她的一言一行、一举一动,包括他的行为习惯、思维模式、通常要说的话、要表达的意思无一不受他所赖以生存的文化语境(文化背景)的影响。"(谢建平,2008)对于一个在非英语文化语境中成长起来的人(英语作为外语的学习者)来说,跨文化交际(包括商务汉英翻译)的成功或失败不仅依赖对英语语言知识的掌握,而且更重要的是取决于对英语语言以外的文化知识的掌握,即"文化语境"。综合来说,"文化语境是指某种语言赖以根植的民族里人们思想和行为准则的总和,即交际参与者所共有的背景知识,包括特定的社会传统习俗、历史文化知识、社会认知结构、社会心理、民族情感以及交际个体之间的文化背景、认知结构和心理状态"(谢建平,2008)。

如上所述,文化语境对语言的影响至关重要。不言而喻,文化语境对作为特殊用途英语的一个分支的商务英语同样有着十分重要的影响。在文化语境的影响之下,商务英语有着什么独特的文化特征呢?

作为用于商务语域的一种社会语言功能变体,商务英语有其独特的文化烙印。文化烙印之一就是商务英语的专业性与行业性特征。一方面,作为应用范围和领域十分广泛的商务英语,不同行业就有着蕴含不同行业文化知识的专业术语。这些专业术语无不体现商务英语的文化内涵。比如,Clean Bdl of Lading 这个外贸专业术语中的 clean一词是指货物或包装无破损或无玷污等不良情况,把它译成"清洁提单"才是准确而规范的对等翻译,而不是随意找 clean 一词所有的另一个表示"抗疾病传染、对健康有益无害"而原文没有所指的汉语对应词——卫生",来胡翻乱译(李太志,2009)。再如"blue chip"(蓝筹股)几乎成了"绩优股"或"值钱而热门的股票"的代名词,其中有个典故:美国人打牌下赌注,蓝色筹码为最高,红色筹码为中等,白色筹码为最低,人们后来就把股票市场上最有实力、最活跃的股票称为"blue chip"。另一方面,商务英语的专业性与行业性还表现在大量行话与套语的运用。比如,"rock-bottom price"和"loan shark"属非正式俚语用法,前者是指"最低价"(the lowest price),后者的意思是"高利贷者"。再如,"lemon market"不是"柠檬市场",而是"次品市场";"dry goods"不是"干货",而是"纺织品"(陆国强、卢晓娟,1997)。又如,"Enclosed please find our order(PO No. V-576)for 100 each door hinges.99(信函套语)、"At your request, we are pleased to make you an of-fer, which is effective until March 26."(信函套语)和"This Con- tract shall come into force from the date of execution hereof by the Buyer and the Builder."(合同套语)这三句商贸套语虽然陈腐,但是,人们仍在使用。这就充分反映出商务语言文化对商务英语交际强大持久的影响力,同时,也体现了商务合同、商务信函之类的文本"句式固化、严肃正式、信息准确"(谢建平,2008)等语言文化特征。

文化烙印之二就是商务英语中涵盖丰富商务文化的习语熟语。以习语"in the red"和"in the black"为例:"in the red"是指"发生亏损""出现赤字"或"欠债";"in the black"的意思正好相反,是指"有盈余"或"有存款"。又如,"Black Friday"(黑色星期五)这一英语习语是指感恩节过后的那个星期五,通常标志着圣诞抢购季节(Christmas Shopping Season)的开始。在这一天,美国商店总是会提早开门、减价促销,代表着销售旺季的开始,美国人则纷纷上街抢购圣诞礼物。即使平时赔钱的商家这一天也会转亏为盈。

文化烙印之三就是商务英语有别于普通英语的"简洁明了、用词具体客观"的语言文化特征。比如,在宾馆餐馆大堂的墙上可以看到这样的牌匾:"Home from Home"(宾至如归)或"Booming Business"(生意兴隆)。又如,在宾馆洗手间或建筑工地可以看到这样的标识语——"Caution: Wet Floor!"(地滑,小心摔倒!)或"Danger: Building Site"(工地危险,禁止入内!)。上例表明,不同的文化心理造就了不同的句子结构模式(彭增安,1998)。以上用词简洁、结构固化的语言背后透视着:与汉民族"倾向于浮夸和渲染"(蔡基刚,2003)和注重形象、概括性强的语言个性不同,英美等西方人注重理性分析,语义细腻具体。

文化烙印之四就是商务英语透视出不同的商业社会文化心理和商业价值观。比如,"The employees only"(闲人莫入)这句标识语的着眼点是自己,而不是他人。这就反映了有别于中国人"群体取向"的西方人的"个人取向"价值观。又如,"Ask for a Diamond brand watch, if every second counts for you."(出手不凡钻石表)这则广告突出的是消费者，不是产品。这也反映西方社会以人为本的价值取向。

文化烙印之五就是有别于普通英语的商务英语的特殊语用功能。比如，"If you can offer us competitive prices and the delivery time is acceptable, we shall place a large order with you." 表面委婉，而实际上则是很老练的讨价还价用语。再如，"Please let me think it over. Let me have a word with my boss first" 表面上是说"让我好好想一下，让我先跟老板谈一下"，而实际上是一种缓冲之策。上例表明，在商务英语功能文化语境中，已经约定俗成的这些委婉而老练的言辞反映出英美等西方人性格含蓄的另一面。这不能不说也是一种文化在商用语言中的表现。

三、商务英语功能对翻译的制约作用

（一）功能语境与成功翻译的条件

翻译理解的难点不是"明说"的"字面意义"，而是跟功能语境有关的"指称"、"辨别歧义""修辞意义"等。所以，英国翻译理论家纽马克（Peter Newmark，1982）认为，语境在所有翻译中都是最重要的因素。纽马克还指出："语境的重要性大于任何法规、任何理论、任何基本词义"（傅敬民、张顺梅、薛清，2005）。由此可见，交际的成功与否，在很大程度上取决于交际双方对"言内语境""情景语境"和"社会文化语境"因素的共享程度。语境因素的共享程度越高，交际的成功率越大，反之，交际的成功率越小。比如，若对"Naderism"一词的社会文化语境不清楚的话，汉译只会按表层信息直译成"纳德主义"，汉语读者也就不知所云；若对"Naderism"一词的社会文化语境因素有很高的共享程度的话，那么，译者就会透过表层深入其背后的文化引申义（因批评政府和大公司、维护消费者权益而闻名的美国律师Nader的名字被引申喻指"客户第一"），灵活对等地把它译成"客户至上"（冯志杰，1998）。这种功能对等的翻译转换是译者充分把握原文语境因素并对其文化语境意义进行灵活转换的结果。

可见，若想成功翻译这种跨文化跨语言交际活动，须在交际的全过程中将译者和作者之间的语境共享程度尽可能最大化。下面具体看一下，怎样才能在翻译理解过程中提高语境的共享程度。

在翻译理解过程中，译者充当原文本的信息接受者，他要努力根据原文语境来实现原文语码和信息的理解，目的就是 $M2 = M1$。M1、M2 和语码、语境具有如下等式关系：

M1= 原文语码 +（原文言内语境 + 原文情景语境 + 原文社会文化语境）

作者创作的原文语境 = 原文情景语境 + 原文社会文化语境

M2 = 原文语码 +（译文言内语境 + 译文情景语境 + 译文社会文化语境）

译者理解的原文语境 = 译文情景语境 + 译文社会文化语境

在翻译理解过程中，译者看到的语码与作者使用的语码是一样的，即原文语码。作者根据特定语境来传达意欲传达的语言文化信息。译者想要理解原文语码传达的语言文化信息，就得共享与作者一样多的语境因素。因此，尽可能多地探索并把握原文的特定语境因素，是译者正确理解原文的关键。对原文的特定语境因素的把握出现任何偏差，都会导致翻译理解的语言文化信息与原文传达的语言文化信息发生偏离。语境因素把握欠额，会导致原文真正语言文化信息的走失，或根本就得不到原文的真正语言文化信息；语境因素把握过额，就会凭空臆造。只有原文的特定语境被译者完全共享时，译者理解的原文语言文化信息才会与作者意欲传达的语言文化信息完全一致。请对比分析以下下划线的商务汉英翻译实例。

例1：我们公司一成立就来了个开门红：在开业后的第一周就得到了三笔大宗订单。

[译文1] Our company got off to a good start when it opened to business; we got three big orders during the first week of opening.

[译文2] Our company got off to a flying start when it opened to business; we got three big orders during the first week of opening.

[对比分析] "开门红"这一商用汉语习喻指生意在一开始就取得了显著成效。只有了解汉语"红"文化，才能真正把握其特有的民族文化内涵与生动用法。在理解并掌握原文语言文化信息的基础上，一般可以如译文1那样，把汉语原文通俗地英译成 make a good beginning 或 get off to a good start。而经过修辞分析与优化，在修辞意义上能够达到功能对等的英译则是译文2所用的比喻：get off to a flying start。get off to a flying start 属于比赛用语：在快艇或汽车比赛时，所有参加比赛的快艇或汽车发动时必须达到一定的速度，这种"助跑形式"在英语中叫 a flying start。后来人们将其喻指办事一开始的促动力，表示"有着好的开端"（make a very good beginning）（萨默斯著、朱原等译，2004），也就相当于汉语所说的"开门红"。

三、语境与翻译表达

翻译表达就是要把原文语码在原文言内语境、情景语境与社会文化语境传达的语言文化信息改由译文语码和译文语境来传达，其目标就是使 M3（译文传达的语言文化信息）。在此使用"等于或约等于"，因为"等于"一般说来只是译者追求的理想境界下面，以具体实例来说明翻译表达应考虑的语境因素。

（一）翻译表达应再现原文文体修辞情景

原文的情景语境是作者用风格不同的语言文字表现出的客观现实，译者作为作者的代言人，也得站在作者的立场上周旋于这些客观因素之中，作者的情景现实就是译者的情景现实，准确地再现作者的情景现实，不仅可从客观上再现原文的风格，也为准确再现原文文体修辞意义提供了客观依据。请对比分析以下下划线的商务汉英翻译实例。

例2：本保险单一经涂改或无承保公司（指出单的分支机构）盖章及代理机构经办人签字无效。

译文：This policy shall not be valid unless all the particulars remain unamended and the policy is issued with the agents signature or the seal of the branch of the issuing Company.

上例是保险合同用语，属法律语言，因此，原文的句型结构——"一经……无效"和第一个用词——"本"都是文体程度较高的正式语言。所以，在掌握了原文的文体修辞意义之后，译者就可选用英语同等文体程度的句型结构（shall not be valid... unless...）再现原文的文体修辞情景和法律风格。

（二）翻译表达应充分考虑译语言内语境，表达应符合译语习惯

翻译目的论认为，翻译是人类行为研究的范畴，"人类交际受情境的制约，而情境又根植于文化习惯"（Nord, 1997）。译语要让译语读者理解和接受，文字表达就须以译语习惯为参照，接受译语言内语境的限制。超出译语言内语境的文字，要么令译语读者迷惑不解，要么会使译文读者产生误解。换言之，在直译或异化不通的情况下，就要采用意译或归化的策略。例如，把"拳头产品"译作"fist product"，就令人费解，而采用意译或归化法所做的正确翻译应是"knockout product"或"core product"；将"红利"翻成"red profit"，就是胡翻乱译，正确的应是意译"dividend"。又如，将"亚洲四小龙"简单地直译成"the Four Asian Dragons"，就有可能会使译文读者发生不好的、消极意义的联想，所以，最好采纳已被广泛接受的意译或归化翻译"the Four Asian Tigers"。

（三）翻译表达应照顾译语文化语境，忌不顾译语读者理解力的限度

"存异"不是保存"不可理解"的东西，而是在如实保存不同东西的同时，处理得让读者能够理解"异"之所在及其含义。"存异"如果让读者难明其义或者使意义发生改变的话，变更表达方式就是必要的了。请对比分析以下下划线的商务汉英翻译实例。

例3：尽管他多年来对他老板阿谀奉承、拍马溜须，但是他们没有给他加薪。

译文：They didn't give him a raise? though he had licked his boss's boots for years.

[对比分析]汉语表达"奉承某人"的通俗说法有"拍马屁""给某人提鞋子"、"做哈巴狗"等，如果直译成英语——"pat a horse on its buttock"，译文读者就不可能理解汉语这一比喻的文化喻指意义。所以，为了功能对等地传译出原文的文化义，不妨把汉语习语"拍马屁"套译成英语同样生动而通俗的习语——"lick one's boots"（安亚中、张健，2008）。

（四）翻译表达应尽量照顾原文文化语境，忌过于归化

照顾原文文化语境，既是对原文历史文化的尊重，也是对译语读者拥有的对原语文化的一定理解力的充分信任，以"存异"的原则，增进不同文化的交流与沟通，提高不同文化在不同读者心目中的可理解性。最典型的例子就是，把"铁饭碗"采用"异化加注"法译成"an iron rice bowl—a secure job"；而不是采用"归化"法翻译成"a lifelong job"（安亚中、张健，2008）。

由上述分析可以看出，在商务英语翻译过程中，语境起着非常关键的作用。译者在依据各种语境因素所理解的语言文化意义或效果，可以称为语言文化语境。译者在翻译表达时要考虑的语境因素，称为"翻译语境"。翻译语境是原文本所有语境因素与译者解读原文本时由原文本的语码和语境激活的相关语境因素的总和，是两种语言和文化对比融合的结果。R. Daniel Shaw（1987）对语境与翻译问题做了极具启发性的论述，他把"翻译语境"定义为"翻译过程中聚合起来的文化互动的总和"，从而揭示了语境在文化互动中的调和连接作用。

第三节　商务文本汉英翻译策略

一、商务文本汉英翻译词语翻译策略

（一）"虚"与"实"之间的差异分析

汉英分属两种不同的语系。汉语是以分析型为主的语言，英语是从综合型向分析型发展的语言，属综合—分析语。汉英两种语言之间的这种本质差异反映在词汇上，则表现在汉语趋向于具体，而英语趋向于抽象。比如，同样一个意思，汉语说的"不怕不识货，只怕货比货"实有所指；而英语则说的"Comparisons are odious"虚无实指。汉语往往将具体或抽象的事物度量化、单位化。与汉语相比，英语词义通常比汉语词义"虚"。商务汉英词汇与普通汉英词汇一样具有上述差异。比如，商务英语常使用一些内涵比较空泛的名词、副词、形容词等。这类词语的词义抽象、概括、笼统，

词义范畴宽泛;而汉语则多倾向于使用所指较具体的表类属的词。请对比分析汉英"实"与"虚"的词义差异与转换。

例4:出口物资不得超过限制范围。

译文:The export is not permitted to exceed its limitation.

汉英都有表达抽象词义的名词、副词、形容词等,但表达抽象词义的程度不同。如果说英语抽象名词、副词、形容词表达的是抽象的话,那么汉语名词、副词、形容词表达的东西就较具体。

(二)"实"与"虚"相互转化

在商务汉英词汇翻译时,有时会遇到某些词在词典里找不到恰当的译文;或者说,词典里的翻译不能恰当准确地表达出原文含义。遇到这种情况时,应该按照一定的语境和逻辑关系,对词义做"引申"处理,选择恰当而准确的译词来表达。"引申"分为:逻辑引申、语用引申、修辞性引申和概念范围的引申四种。这种"引申"的翻译法,也可以说是,根据汉英词义和表达上的差异,对汉英词语做"实"与"虚"的转化,即从汉语用词的"实"向英语用词的"虚"的转化;反过来就是,从英语用词的"虚"向汉语用词的"实"的转化。具体来说,应根据汉英表达习惯在翻译中做到该增就增、该减则减。

1. 英译"虚"化

汉语有许多所指较具体的名词、形容词、副词等,英译需进行"虚"化处理,也就是按照英语的语言表达习惯与要求使用抽象名词或词义较抽象的形容词、副词等。请对比分析以下下划线的汉英翻译实例。

例5:银行与经济活动中的货币流入量与流出量有密切关系。

译文:Banks are closely concerned with the flow of money into and out of the economy.

在以上两句中,汉语名词"经济活动"和与英语名词economy相比,词义就比较具体,而对应的英语名词就较抽象模糊。汉英翻译须根据汉英语言表达习惯做必要的删减。

2. 英译减词

根据英语表达习惯与修辞要求,在汉译英中要删减一些表具体范畴的词语,使语言表达更简练更明快。请对比分析以下下划线的汉英翻译实例。

例6:由于失业率增高,美元币值下跌,股票市场处于困境之中,经济问题将是总统所面临的最严峻的考验。

译文:With high unemployment, the low dollar and the stock market in distress, the economy problem will be the president's sternest trial.

在以上例句中，英译省去了汉语原句里表示属性的具体化用词，如："率"等。

（三）"虚""实"不可过度

汉语用词较"实"，英语用词较"虚"。因此，在商务汉英翻译时，应有意识地把握商务汉英用词的"虚""实"度，避免出现受汉语负面影响或干扰而发生的"画蛇添足"式修辞失误。下面分析一些受汉语修辞表达习惯的影响所译的商务英语错句，并按照英语修辞表达习惯加以修改，使其符合英语修辞要求。

例7：随着日本泡沫经济的破灭，对这个位居第三的资本主义经济大国的期望值正在下降。

译文1：As Japan's bubble economy bursts, a downsizing of expectations is taking place for the world's third-largest capitalist economy.

译文2：As Japan's bubble bursts, a downsizing of expectations is taking place for the world's third-largest capitalist economy.

在以上两例中，误译属一字一字的对译死译，结果有悖英语修辞习惯。为了使英译更地道，更合英语表达习惯。

（二）普通词语向专业词语转换

1. 商务汉英"普通"与"专业"的词义差异对比分析

商务英语是普通英语在商务语域中的运用，是英语的社会功能语言变体，因此，许多普通英语词语在商务这个特殊用途的英语变体中经引申获得了特殊词义，逐渐固定下来而变成了专业、半专业词汇。另外，值得注意的是，商务英语有大量的语义已经约定俗成的专业缩略术语，而商务汉语则往往是从英语中直接借用过来的。可见，商务英语词语的表义范围较广、较大。与商务英语相比，商务汉语词语的表义范围较狭、较小。如：FAS除了是常用的价格术语外，还可以是商品的等级，意为"一等品和二等品"（firsts and seconds），以及（美）"农产品外销局"（Foreign Agricultural Service）。因此，对应的商务汉语常用修饰限定语、范畴词、两个甚至更多的词语，以确保语言表达的准确性；有时，商务汉语就直接从英语借用。

"有人曾经对部分商贸文献中的专业术语和行话进行过统计，发现其中相关术语的数量占总字数的9.1%，这么高的术语使用率在其他文体里并不多见。"（转引：张新红、李明，2003）这显然是商务英语写作力求语言规范专业和表达准确经济的客观反映。夸克等人（Qmrk et al）认为："不管任何特定情况中人们关于最清楚的表达持有什么样的理由，一般总是强烈地倾向于采用最经济的变体，即那种表现最大程度缩约的变体。在其他情况相同时，语言使用者总是遵循'尽量缩约'的准则。"（伦道夫·夸克等著，王国富等译，1989）。

2. 对商务汉英翻译的启示

词有一般含义（用于文学和社会生活方面的含义）与特殊含义（用于专业方面的含义）之分。商务英语中的许多词都具有这一特点。这类词可以一词多用，出现在不同专业领域中表达的概念也会截然不同。以"policy"为例，该词在一般意义上做"方针"、"政策"解，如"a business policy of the company"（该公司的经营方针）。但是，用在保险业中却做"保单"解，这就是该词的特殊含义。因此，翻译选词时，务必注意区别词语的一般含义和特殊含义，做到用词准确、翻译恰当。

（三）商务汉英褒贬词义对比分析及其翻译

1. 商务汉英褒贬词义差异对比分析

在汉英两种语言中，词语都会带有感情色彩，因为语言的使用者对所描绘的事物都有喜欢与厌恶之分。因此，这就决定了词语的褒贬修辞色彩。在词的概念意义层次上，可分褒、贬和中性修辞意义。比如，同样是形容一个人爱说话，"辩才无碍"就是褒义词，与英语的 eloquent 相对应，而"喋喋不休"就是贬义词，它与英语的 garrulous 相当。再如，propoganda, problem, politician, self-indulgence, malpractice, serious 等英语词语含有贬义，而与之对应的英语中性或褒义词语是 publicity（或 exposure to the media）, issue（或 question）, statesman, enjoyment, practice, outstanding 等。请对比分析以下下划线的汉英翻译实例。

例如从汉语字面上看，"影响"并无褒贬之分；而英语 influence 一词为中性词，读者看不出事情的好坏，辩不出积极还是消极之义。但是，起影响的是不好的东西（质量不好而价格偏高的货物），因此，选用含有贬义的 affect 一词来翻译，似乎更妥、更恰当。

2. 对商务汉英翻译的启示

在同义词组或同义词群中，词的感情色彩更为精妙、细致，要充分注意其褒贬或积极/消极意义。例如，表达"影响"这一词义的英语词语有 influence, impact 和 affect，它们之间就有或褒或贬或中性的色彩之分，affect 往往带有贬义色彩，而 influence 和 impact 一般有着中性词义色彩。此外，词义的褒贬大多数是由上下文决定的。所以，商务英语翻译就应力求表达准确，确保读者能够根据语境准确无误地理解和把握词语的褒贬修辞。请对比分析以下下划线的汉英翻译实例。

（四）正式与非正式语体词义对比分析及其翻译

1. 商务汉英正式与非正式语体词义差异对比分析

在同义词组或同义词群中，词的语体修辞色彩也极为精妙、细致，应充分注意辨别其不同的语体修辞意义的细微差异。请对比分析下表（沃特森著，鲁刚译，

2004）中的同义词的不同语体修辞意义。

INSTEADOF（语体正式词）USE（语体中性词）

anticipate	expect
ascertain	determine, find out
alleviate	lessen, ease
advise	tell
aggregate	total
application	use
utilize	use
expedite	speed up
initiate	start, begin
susequent	after
demonstrate	show
necessitate	require
obligation	duty
substantial	large
objective	aim, goal
subsequently	later, since
notwithstanding	but, despite, regardless of
variation	change
eventuality	result, outcome
forward	send
signify	mean

上表第一栏目中的词偏长，大多来自于古拉丁、古希腊文或从法语借用而来，其语体较正式，一般只用在商务合同、契约之类的语体极正式的文体翻译中。相比之下，第二栏目中的词较短，它们一般都来源于古英语，其语体较随便，属中性词，既可以用在日常口语交际中，也可以用于像商务备忘录、商务信函那样的语体不那么正式的文体翻译。

汉英两种语言的同义词或短语很多，它们的语体等级不同，表达的语体修辞色彩不一样。不同语体有着不同的修辞规范，并选用语体等级不同的词语表达修辞立意。商务英语翻译应树立语体修辞意识，也就是，时刻对原文语篇的语体属性保持高度的敏感和觉悟。在译文语篇建构时，应先考虑语篇服务的活动领域、社会用途，及由此而来的语体属性，从而确保选择恰当而正确的语体。商务英语翻译确立并运用语体修辞意识的指导作用，对准确而得体的修辞意义表达是很重要的。修辞意义又名"修辞色彩"（王德春，1987）。修辞色彩包括"感情评价色彩"和"语体语域色彩"（张会森，2003）。词汇、语法形式、句子结构可以具有修辞色彩，同样，由它们构成的语篇也是具有修辞色彩的。修辞色彩的浓淡在很大程度上是"修辞立意"的表现和"修辞优化"（刘宓庆，2005）的结果。"修辞优化"就是炼词炼句，追求"语随境、文适体"，提高语篇的可读性。

2. 对商务汉英翻译的启示

（1）因人而异，选用不同语体

读者对象不同，选用的语体就不同。比如，公司对公司的商务信函就会有较重的公事公办的持重感，词句十分正式；而关系亲密的贸易伙伴之间的业务信函所用语体就不会那么正式，词句比较通俗自然。请对比分析以下下划线的汉英翻译实例。

例8：我们非常抱歉，你们11月15日订购函上所说的那种货，没有现货可供。

译文：We are sorry to tell you that we do not have in stock any of the articles you said in your order of November 15.

例9：兹复贵公司11月15日的订购函。贵公司所述货物现无货可供，甚为遗憾。

[英译]In reply to your order of November 15, we regret to advise that we do not have in stock any such articles as you de-scribed.

例：9用词用语多为书面或学术语汇，语体正式。如果这封回函是给初次订货的客户的信，这种正式语体的风格较为可取而得体。相比之下，例8措辞通俗易懂，使人感到亲切自然。很显然，这种中性语体的风格属于直白的当代商务英语风格。

（2）因时而变，选用不同语体

文风不是静止不变的，而是一个不断变化的过程。这就是一个时代风格的问题。"时代风格是因时代因素而产生的语言运用特点的综合。随着时代的变迁，语言形式也在变化，可以分成今用语、过时语、陈旧语、古语、废语等。此外，不同时代有不同的风貌和时尚，在语言运用上呈现不同的格调，即时代风格。"（方梦之，2002）例如，20世纪五六十年代，商务英语信函写作还倾向于使用烦琐、冷僻难懂的行话，而在今天，"随着现代语言的发展演变，书信语体日趋崇尚自然、朴素、率直和简洁的风格。某些曾属信函套语的咬文嚼字的措辞现已经非常罕见。例如，开头用的"We beg to acknowledge…"、结尾用的"Awaiting your reply, I am…"或"I remain…"，凡属此类在过去十分流行的极其正式的用法现已不合时宜，而在现代商务英语信函写作中，已经渐渐显得古板陈旧或过于烦琐"（连先，2002）。翻译即写作，所以，商务汉英翻译应因时而变，选用不同的语体风格。

（五）正反义对比分析与翻译转换

1. 商务汉英正反义的差异对比分析

汉英两种语言都有从正面（肯定）或从反面（否定）进行表达的方式，但两种语言使用正反、反正表达方式存在差异。这种正反不同的表达方式在商用汉英中也有体现。汉语的反面表达方式多于英语。相比之下，英语的肯定表达多于汉语。这种差异特别是在一些标识语、商用习语中比较常见。请对比分析以下汉英翻译实例。

例10：生意场上无父子。

译文：Business is business.（尹帮彦，2005）

例11：不怕不识货，只怕货比货。

译文：Comparisons are odious. The worth of a thing is shown through comparison.（尹帮彦，2005）

上例汉语原文均是反面表达方式，带有诸如"无""未""不"等表示否定意义的词，而对应的英语译文则是肯定表达。

2. 对商务汉英翻译的启示：正反式转换

汉语有些从正面表达的句子翻译成英语时更适合使用反面的表达方式。反之，汉语有些从反面表达的句子而对应的英译则习惯用正面表达方式，这种翻译方法就是正反式转换法，亦称"反译法"。但是，在有些情况下，汉英思维表达方式一样，那么，正正或反反对应转换的译法也就顺理成章了。请对比分析以下汉英翻译实例。

例11：对于证卷交易，他可是内行。

译文：He is no stranger to securities trading.

例11汉语原文表达的是肯定意义，而英译表达的却是否定意义。这汉英翻译采用的转换法是正反转换法。

二、商务英语中的句子翻译

（一）商务汉英意合与形合之间的句法差异对比分析与翻译

1. 商务汉英意合与形合、短句与长句之间的句法差异对比分析

从句法结构来分，句子分为简单句、并列句、复合句和并列复合句。商务文体对句法的一大要求就是其完整性、严密性和逻辑性。因此，商务汉英文体较多地使用诸如"因为""因此""以便""鉴于""关于"和"therefore""that""because""so that""regarding"之类的过渡与衔接词语。正是由于上述关联词语的大量使用，商务汉英语句偏长，特别是在商贸合同、商务报告、商务计划书等商务汉英正式文体中，

长句比比皆是。但相比之下,商务汉语因其意合型语言行文特征而短句居多;商务英语因其形合型语言行文特征而长句居多。

由于汉英分属意合型语言与形合型语言,汉英句法结构与语序完全对应或基本对应的情况很少。汉语是意合型语言。汉语句法结构比较松散,各部分的衔接靠的是语义和逻辑。只要在上下文中,意思能达意、能理解,汉语就较少使用衔接词、介词等形合手段。因此,汉语句子具有结构短小、排比连动、灵活运用、富有弹性的特点。

例12:枯藤老树昏鸦,小桥流水人家,古道西风瘦马。夕阳西下,断肠人在天涯。(马致远《天净沙·秋思》)

这是一首散曲小令。文字简短而意蕴丰富。前三句共写到9种东西,表面上看,它们似乎彼此没有联系,但通过后两句,即通过一个旅人的眼睛,通过他的思想感情,就将这些事物有机地联系起来了。由此可见,汉语句子各个部分之间的联系靠的是语意的贯通(张新红、李明,2003)。

相比之下,英语属于形合型语言。为了前后连贯,英语比汉语使用更多的衔接词、介词等形合手段。所以,英语句法结构比较严谨,各部分之间通过使用衔接词紧密地衔接成整体。例如:

(2) As we have not had the pleasure of doing business with you in the past, we would like to inform you that our goods for export are to be inspected by the Shanghai Commodity Inspection Bureau before shipment, and necessary certificates in regard to the quality and quantity of the shipment will be provided. (57 words)

这是一个外贸英语信函语句。该复合句句法结构复杂,不仅有"As"引导的原因状语从句,而且还有两个并列的由"that"引导的宾语从句。

汉英之间在行文修辞上的上述差异,就自然而然地导致了这样一个结果:汉语短句多,英语长句多。请对比分析以下商务汉英信函翻译实例。

例13

敬启者:

你方2009年12月2日来函已经收悉。获知贵公司想在罐装食品行业与我方建立贸易关系,我方十分高兴。

按照你方要求,我方航空邮寄产品目录一份,并附一套小册子,以供你方参考。

如果产品目录所列任何商品符合你方要求,请具体询价,我方将马上寄去报价单。

同时,在第一笔生意做成之前,请将你方银行行名告知我方。

译文

第八章 商务文本翻译

Dear Sirs

With reference to your letter of December 2, 2009, we are glad to learn that you wish to enter into trade relations with this corporation in the line of canned goods.

In compliance with your request, we are sending you by air a catalogue together with a range of pamphlets for your reference.

If any of the items listed in the catalogue meets your interest, please let us have your specific enquiry, and our quotation will be forwarded without delay.

In the meantime, you are requested to furnish us with the name of your bank prior to the conclusion of the first transaction between us.

Sincerely yours,

以上汉语信函有五句，而只用了一个复合句（第三段），因为汉语这种意合型语言没有英语那么多的关联词可供使用。相比之下，英译只有四句，而复合句就有两句。并且，英译信函所用介词随处可见，如"With reference to"，"in the line of canned goods"，"In compliance with your request"，"by air"，"together with a range of pamphlets"，"for your reference"，"in the catalogue"，"without delay"，"In the meantime"，"prior to the conclusion of the first transaction between us"等，信函不长，但全文共用介词20个。

2. 对商务汉英翻译的启示

汉语句子结构比较松散，而英语句子结构比较严谨。为了取得较好的英译效果，在句型结构上应当进行转换：把汉语原句拆开，采用英语丰富的形合手段，搭建英译的"主—谓"句法框架，"充分发挥英语SV（主—谓）提携机制"（刘宓庆，2006）对汉语原文的信息重新加以组合。所以，商务汉英翻译时，该合则合，该分则分。

（1）合译（combination）

汉语以意合为主，它没有动词的非谓语形式，没有关系代词，较少使用介词、连词，所以，从表面上看，汉语句子结构并列较多。相比之下，英语更加形式化，分句之间的连接往往用连词、关系代词或关系副词直接表示出来，形成层面分明的复合句。在商务汉英翻译中，将原句结构做较大的调整或改变，即根据英语"形合"型语言特点，按照汉语"意合"型语言特点组合起来的竹节形的不间断语句或流水句进行剖析，继而，做"合译"处理。也就是，把汉语中用逗号甚至用句号相连的短句根据一定的逻辑关系重新组合成讲究层次的英语长句。请对比分析以下商务汉英翻译实例。

例14：我公司主要经营医药化工产品。若贵方具体询价，我们将乐意寄去最新的产品目录和价目表。

译文：As we are in the line of pharmaceutical and chemical products？we shall be very happy of mailing you the current catalogue and price list provided that you could let us have your specific enquiry.

（2）分译（splitting）

汉语的一句话有时比较长，句子界限并不明显；而英语语句受形式逻辑的支配，句法严谨。所以，汉英翻译时需要断句。根据上下文，可以运用分割、融合、颠倒、插入和重复等技巧，将汉语长句分成若干个短语、分句、单句、独立成分。分译可以把一个汉语长句拆分成两句甚至三句。请对比分析以下商务汉英翻译实例。

例15：从贵公司9月5日函获悉，贵方拟购会计部使用的电脑软件。

译文：We received your letter of September 5, 2004. In your letter, you asked about purchasing software for use in your accounting department

（二）尾重与头重之间的信息结构差异对比分析与翻译

1. 商务汉英尾重与头重之间的信息结构差异对比分析

从信息结构来看，在汉英书面语体中，形成了以信息重心为着眼点的三种句式：松散句（Loose sentences）、圆周句（Periodic sentences）和平衡句（Balanced sentences）。圆周句又叫"掉尾句"或"尾重句"，它是末端中心或句尾中心原则在语言交际中的应用。圆周句的特点是：主要信息或实质部分迟迟不出现，直至句尾，以此造成一种悬念，吸引读者的注意力。圆周句结构较严谨，多用于正式语体。松散句又称"松弛句"。它与圆周句恰恰相反：把主要信息或实质部分首先提出来，随后附加修饰语或补充细节。从属分句在主句之后的复合句就是松散句。松散句不像圆周句那样严谨有力，多用于日常谈话及非正式的书面语体中。另外，还有一种具有排比修辞功能的平衡句，这种句式可以达到信息均衡、结构工整的修辞效果。在商务汉英中，为了达到不同的修辞效果，松散句、圆周句和平衡句可以交错使用。相比之下，商务汉语较多使用圆周句；而商务英语较多使用松散句。这一点是汉英作为两种不同语言间的思维表达模式的异同之处。

例16：你们这么长时间还没结清账目，对我们来说是一件严重关注的事情。

译文：It is a matter of serious concern to us that your ac-count has remained unpaid for so long,

以上案例清楚地表明，汉语偏爱使用圆周句，而英语偏爱使用松散句。究其原因，汉语句子一般注重尾重，状语、定语等修饰语往往放在谓语动词或名词中心词之前。这就像演戏一样，把压轴戏放在后面。英语则相反。英语常常首先考虑信息的主题，然后按照"主—谓"语法框架常规——排列。定语,特别是短语式定语和定语从句,通常放在中心词之后;状语的位置比较灵活,可放在句首,可放在句尾,也可插入句中。

2. 对商务汉英翻译的启示:实现信息重心的转移

汉英语句在信息结构的安排上有别,商务汉英翻译应根据汉语尾重而英语头重的差异进行恰当而地道的转换。请对比分析以下下划线的商务汉英翻译实例。

例17:人们在家里利用网络进行远程通信的时代已经到来。

译文:The time has come when people telecommute by using the Web from home.

例18:请在规定的装船期前30天开出信用证。

译文:Please establish the L/C 30 days before the pre-scribed time of shipment.

以上两例汉语原句均把主要信息("时代已经到来"和"开出信用证")放置尾部;而在英译中,信息重心被转移至句子的开头。这是汉语尾重而英语头重的信息结构上的差异所致。

(三)句法结构的差异分析与翻译

1. 句法结构差异对比分析

汉语是话题突出的语言。比如,"这部车他只花了400美元,跟白捡的一样。"(He spent only 400 US dollars on the car, which was simply a steal.),就是一句典型的突出话题("这部车")的汉语语句。汉语注重话题而不是主语,所以,句法关系上作为施事的主语往往可以省略。只要句子意思表达清楚了,逻辑主语有没有就不是主要的了。正如语言大师王力(1987)所说:"因为主语并非中国语法所需求,故凡主语显然可知的时候,以不用为常。"

例19:待剩下的问题都解决之后就应立即开始安装。

译　文:The installation should be commenced as soon as all the remaining problems have been cleared up.

例20:香港与世界上其他大多数地区不同之处在于其变化的速度。

译文:The pace of the change distinguishes Hong Kong from most of the other parts of the world.

相比之下,英语是主语突出的语言。英语主语对全句具有"全面密切的关系"(Quirk, 1972),它是谓语讨论或描述的对象。所以,用英语斟词造句,就必须有主语。例如:

2. 对商务汉英翻译的启示:英译须补出主语

鉴于上述汉英之间的区别,在商务汉英翻译中,应时时牢记英语"主语"的概念,或补出主语,或改选主语,或用"it"填补汉语无主句的主语空缺,或将汉语无主句译为形式主语，等等。请对比分析以下下划线的商务汉英翻译实例。

例 21：为适应国际市场的变化和国内客户的需求，适时加大了开拓业务的力度。

译　文：Responding to client expectations in a changing world market strengthened its efforts in developing its market.

例 22：据发现，987 号商品所含的那种化学成分没有达到合同规定要求。

译　文：It was found that the chemical content of Item 987 is not up to the contract stipulation.

（四）句法修辞差异对比分析与翻译

1. 商务汉英人称与物称之间的句法修辞差异对比分析

汉语多用有生命的词语作句子的主语；它还比较多地使用拟人化的说法，行为主体或句子主语常常由人或以人为本的机构来担当。这就是汉语突出人称的句法修辞倾向。

英语的句法修辞特点之一就是其物称主语的倾向，即英语有着以抽象名词和物质名词作为主语的句法修辞特点。在文体正式的书面英语中，这种句法修辞倾向就更明显。G. Leech 和 J. Svartvik 在《英语交际语法》（1974）一书中指出："Formal written language often goes with an impersonal style; L e one in which the speaker does not refer directly to himself or his readers, but avoids the pronouns J, you, we. Some of the common features of impersonal language are passives, sentences beginning with, and abstract nouns." 钱歌川在《英语疑难详解》（1978）中说："我们说英文时，惯常都要用人或生物作主语，酿文则爱用无生物做主语。"比如，英语习惯使用"It is my hope that..."这种非人称主语，而不常用"I hope that 物称较多地用于商务英语文体，其目的是为了使文字更加客观。请对比分析以下下划线的商务汉英翻译实例。

例 23：我们可以肯定，如您能将我们的产品和其他供应者的类似品种进行公正的比较，您定会相信我们的价格是合理的，并乐于接受我方 2008 年 3 月 15 日函中的报价。

译　文：It is our firm belief that a fair comparison of quality between our products and similar articles from other sources will convince you of the reasonableness of our prices and as a result, you will be ready to accept what we quoted m our letter of March 15th, 2008.

可见，中国哲学主张"天人合一""物我交融"的观点，强调主体意识，强调人对客观事物或人本身的作用或影响。因而句子习惯以人或拟人化的事物为出发点，来观察世界、叙述世界万物。相比之下，西方哲学重视理性、强调客观。思维的目标往往指向外界，探求客观世界对人的影响。因而句子常常用物或抽象概念做主语，倾向于让事物以客观事实的形式表现出来。英语语言的这种客观性特征在商务英语实用文体中更加突出。请对比分析以下下划线的商务汉英翻译实例。

2. 对商务汉英翻译的启示：从人称到物称的转换

"汉语常用主动式，采用人称、泛称或隐称表达法；英语常用被动式，采用物称表达法。"（连淑能，1993）由于中国人习惯于主体思维，常以具体的人来陈述客观事物和事实，因此汉语中以"人"为话题的句子很多。西方人习惯于客体思维，常以客观事实作为说话的对象，以物为主语。商务汉语中以"人"为话题的句子在英译时常需转译为以客观事物为主语的句子。因此，在商务汉英翻译中，应根据汉英两种语言之间的区别，实现从汉语人称到英语物称的转换。请对比分析以下下划线的商务汉英翻译实例。

例24：我们被展销会上展出的那辆轿车给迷住了。

译文：The beautiful car exhibited at the exhibition really caught our eyes.

（五）主动与被动语态之间的句法修辞差异对比分析与翻译

1. 主动与被动语态之间的句法修辞差异对比分析

因为英语有着偏爱物称的句法修辞习惯，所以，英语就比偏爱人称的汉语较多地使用被动语态。在英语中，被动语态是人们比较喜欢使用的一种表达形式（Curme，1935）。而被动语态在商务、法律等英语应用文体中的使用情况如何呢？

刘宓庆（1998）认为，英语被动语态在应用文体、科技文体中用 的极为普遍。被动语态普遍使用除了语言结构上的原因之外，还有"语义价值"：被动语态有强调受事者，将它置于话题主位的语用功能；被动语态常用以表示说话者对所提出的话题（或人或事或物）持有某种客观态度，因而比较婉转。

例25：承蒙考文垂商会推荐，得知贵号行名。

译文：Your firm has been recommended to us by Coventry Chamber of Commerce.（叶玉龙、王文翰、段石礼，1998）

例26：我们将十分感激你们对此事的及时关注。

译文：Your prompt attention to this matter will be appre-ciated.

相比之下，汉语较少使用被动句，这在商务汉语中也是如此。在许多情况下，汉语通过许多非被动形式来表达被动意义。现代汉语中没有"被"字的被动句源自古代汉语，比有"被"字的被动句的历史更悠久（王力，1957）。这一点体现了汉语被动语态的复杂性。尽管汉语被动语态需用"被"来表示，但是，汉语只有在不得已的情况下才用"被"字句，因为"被"字句一般被认为是很书面化的语言，而且让人感到别扭。汉语被动语义可以通过"给""让""受""由""遭""加以""得以"等词语来表达;有时,当受事主语与动词搭配其语义不会造成误解时,句中表被动的词语干脆就不用,如:"书已经卖完了。"可见,汉语不必用含有"被"字的被动句。

2. 对商务汉英翻译的启示:变"态"处理

由于汉英两种语言之间的差异,汉语多用主动态,而英语多用被动态。因此,在商务汉英翻译时,须在以下三种情况下做变"态"处理。

(1)由于汉英差异,译成英语被动句

由于汉英在被动句使用上的差异,有些汉语主动句要译成英语被动句。具体来讲,汉语非人称主语主动句、无主句、不定人称句等常译成英语被动句。请对比分析以下下划线的商务汉英翻译实例。

例27:你们提供的任何信息情报,我们都将严格保密。

译文:Any information you provide shall be kept in strict confidence by us.

例28:软件出口享受优惠利率的信贷支持。

译文:The export of software is backed by credit with concessionary interest rates.

(2)出于修辞目的,译成英语被动句

为了行文方便或流畅,出于修辞目的,常把一些汉语主动句译成英语被动句,使句子主语保持稳定。请对比分析以下下划线的商务汉英翻译实例。

例29:美国贸易代表团十点钟到的,我们热情接待了他们。

译 文:The American trade delegation arrived at 10:00 o'clock and was given a hearty reception.(余富林,2003)

第九章 政治文本翻译

第一节 政治文本翻译概述

一、政治文本翻译的要求

作为非文学体裁的一种，政治文本观点鲜明，语句规范，用词严谨，行文简洁，旨在强调政策的观点，达到政治宣传的目的，它包括党和国家领导人的重要讲话、关乎国家大政方针的政策文件。政治文本具有准确性、政治性、时效性、单义性、客观性、完整性等个性特点（王小萍，2006:109），兼有科技语体和文艺语体的某些特点，把科学的论证和形象的描绘交织在一起，形成自己独特的风格。政论语篇多属于"信息型文本"，它通常的功能是强调政策的观点，具有庄严性和规定性。纽马克（2001,39）建议采用"语义翻译"的方法尽可能使用贴近原语的句法、语义结构将原文语境语义准确表达出来（贾文波，2004:64）。由于政治文本涉及国家的大政方针、基本政策、政治影响和国家形象以及反映除说话人的政治态度和语言风格，翻译时须紧跟原文语义和作者思想，决不可随意更改或发挥，强加入译者的个人行为和观点。程镇球（2003,18）认为，"政治文章翻译须紧扣原文，不得任意增删""紧扣原文，有时原文的词序也要很好注意，不要轻易颠倒，避免犯政治性错误""要仔细衡量用词的政治含义与影响"。

王弄笙（2002,23）认为，"从事外事翻译必须结合业务熟悉政策，对于重要的词，特别是涉及领土主权、重大国家利益的词句，要保持清醒的头脑，掌握好分寸。不仅要译出词的表面意思，而且要表达出原文词意的深刻内涵"。他进一步指出，译者"要吃透中文的精神，摆脱中文字面的束缚，按照英语的习惯，表达原文的内涵""翻译要求忠实准确地表达原义，同时要使译文通顺易懂""译文要精炼，语言要自然，用词要朴实"。由此可见，对于政治文本的翻译，紧扣原文是原则，"异化""归化"是策略和手段，需要译者在翻译中掌握分寸、灵活处理，使译文政治思想鲜明，符合外宣要求，体现原作内涵和风格，贴近国外受众的阅读和思维习惯。

二、政治文本翻译的难点及其主要表现形式

在政论文汉译英的过程中，最棘手的问题是如何避免"中式英语"的产生、处理词汇非等值、阐释政治术语蕴含、克服信息障碍等，主要表现如下：

（一）中式英语与纯正英语的矛盾

由于中国与英语国家的历史背景、政治、经济、社会、文化以及价值观等不同，汉译英的过程中容易产生中式英语。所谓中式英语就是在词汇搭配和表达上都不符合英语行文习惯并带有中文行文痕迹的英语（王小萍，2006: 110）。

例1："我们要坚定不移地坚持以经济建设为中心。我们要继续坚定不移地推动改革开放。我们要继续坚定不移地保持社会稳定。我们要继续坚定不移地贯彻执行独立自主的和平外交政策。

译文 1: We will unswervingly focus on economic development, press ahead reform and opening-up, maintain social stability and pursue the independent foreign policy of peace.

译文 2: We will steadfastly focus on economic development, resolutely press ahead with reform and opening-up, persistently maintain social stability and unswervingly pursue the independent foreign policy of peace.

如果将四个"坚定不移地"全译成 unswervingly，这样的英译文不仅不能加强语气，反而会弱化并显得累赘。如果将其译成不同的副词，这样的英译文会给人以副词堆砌的感觉。因此，只用一个副词修饰不同的四个动词就可以了。

例2：进行了新中国成立以来规模最大的水利建设。五年全国水利建设投资 3 526 亿元，扣除价格变动因素，相当于 1950 年到 1997 年全国水利建设投资的总和。

译文: We built water conservancy projects on a scale larger than any other time since the founding of New China. The investment in these projects nationwide totaled 356.2 million yuan for the five years, which was equal to the total investment in this field from 1950 through 1997 after adjusting for price changes.（贾毓玲，2003: 26）

原文中"水利建设"出现了三次，但在译文中仅一次被译成 water conservancy project，第二次用 these projects 来代替，第三次用 this field 来代替，保留了中心词，简化或省略了修饰成分，避免了中式英语的产生。

（二）追求准确与逐字对译的矛盾

准确是政论文翻译的基本要求。政治文献事关国家大事，其内容都经过字斟句酌、反复推敲的，译文必须准确无误地反映原文，不能曲解原意。这就要求译者须力求做到语言的准确与语言纯正性的和谐与统一。但在实际翻译实践中，为了追求忠实于原文，很可能出现逐字对译，从而影响译文的质量。

例 3: 建立和健全社会保障体系，关系到改革、发展、稳定的大局，意义重大，刻不容缓，必须切实抓紧抓好。

译　文：Establishment and improvement of a social security system is related to the overall situation of reform, development and stability. It has an important significance. Therefore we must grasp it promptly and properly.

译文是典型的因拘泥于汉语字面的做法而造成的逐字对译。我们可以采用断句法将五个短句切分成两个英文句子，使译文既忠实于原文又准确表达原意。试改译如下：

Establishment and improvement of a social security system has an important bearing on the overall situation of reform, development and stability. Therefore, the issue permits no delay and must be handled properly.

（三）追求通畅与偏离原意的矛盾

政论文翻译切忌偏离原意或自由发挥，但同时也需要传神的表达。然而，在翻译实践中，往往不容易把握好这个度，进而出现一些片面、极端的做法，导致追求通畅与表达原意难以和谐统一。

例 4: 这一战略思想现在已经有了实施的机遇，因为中国的经济发展已经到了这样一个阶段：沿海地区经济的发展、特别是传统产业的发展已经趋于饱和，它要寻找新的市场，而西部地区的开发，现在也迫在眉睫。

译文：Now this strategy can be carried out, for the Chinese economy has grown to a new stage: The economy in the coastal areas, especially its traditional industries, has approached saturation point and needs new markets. Moreover the western development will be launched soon.

译文通顺流畅，但在"已经有了实施的机遇""中国的经济发展已经到了这样一个阶段""已经趋于饱和"等处的翻译却偏离了原意。试改译如下：

Now the time is ripe for this strategy to be carried out, for China's economy has developed to such a stage: The economy in the coastal areas, especially its traditional industries, has reached the saturation point and needs new markets. Moreover the development of the western region will be launched soon.

例 5: 贯彻落实科学发展观,必须大力实施科教兴国战略、人才强国战略和可持续发展战略,加快社会事业发展;着力解决与人民群众切身利益相关的突出问题,维护社会稳定,努力构建社会主义和谐社会。

译文: We must adopt a scientific outlook on development and implement the strategy of reinvigorating our country through science, education and trained personnel and the strategy of sustainable development to accelerate the development of social undertakings. We will strive to solve outstanding problems vital to the immediate interests of the people, safeguard social stability and build a harmonious socialist society.(吴文子,2006: 77)

译文除了漏译"大力"一词外,所表达的意思与政府要做的事是一致的,但似乎还是不能算作忠实于原文的翻译,因为译文的句子层次关系与原句的层次关系不大一样。原文里的"必须大力实施……"和"着力解决……"是并列关系,说明"贯彻落实科学发展观"所应当做的事情,而译文把"贯彻落实科学发展观"和"必须大力实施……"译成了并列关系,把"着力解决……"译为独立的句子,意思成了"我们必须采取科学发展观,实施……,以便加快社会事业发展。我们将着力解决……"。试改译如下:

To put our scientific concept of development into effect, we must press ahead with the strategy of prospering and strengthening our country through science, education and trained personnel and the strategy of sustainable development, and so speed up the development of social undertakings; we must also strive to solve outstanding problems vital to the immediate interests of the people, safeguard social stability and build a harmonious socialist society.

三、政论文翻译难点的成因

造成政论文翻译难点的原因较多,但最主要的有以下几点:首先是汉英两个民族在思维方式上的明显差异导致汉英两种语言在用词、句式、语篇上的不同。在用词上,汉语思维侧重综合概括,喜好用整体概念的词;英语思维强调个体,偏爱具体概念的词。例如,除了"社会主义建设"依然译为 socialist construction 外,"建设"一词现在很少译成 construction(与工程建设相关语境除外)。"社会主义现代化建设"译为 socialist modernization drive,"国家建设"译为 national construction / national economic development,"城乡建设"译为 urban and rural development,"国防建设"译为 the building of national defense,"加强民主法制建设"译为 improve democracy and the legal system,"全面建设小康社会"译为 build a well-off society in an all-round way,"基础设施建设"译为infrastructure improvement。由此可见,"建设"一词的翻译需要根据具体语境,选择正确的词汇与搭配。

其次,在句式、语篇上,汉语重"意合",行文中的逻辑联系具有隐含性,关联词用得少,常通过重复词来照应上下文。而英语重"形合",逻辑联系呈外显性,上下文通过省略、替代、变换、连接词等衔接。

另一个主要原因是由于汉英文化背景、历史、习俗等方面的差异形成各自独有的语言表达方式,导致一些词在概念、内涵、联想等意义上的非等值或信息障碍。例如,"'扫黄'、'打非'斗争"就是一种我有彼无的语言表达,难以在英文中找到对应词语。翻译时,必须了解其概念和内涵意义。在汉语中,"黄"指色情读物或影碟等,而"非"指非法出版物,因此,可将其译成struggle against pornographic and illegal publications,从而实现了文化差异的对接。

第三个主要原因是政治体制的不同产生了自己专有的政治性表达,这些政治性表达常由四字结构组成,含义深刻而丰富,语气铿锵有力,形式整齐匀称。从翻译角度讲,文学作品中的四字结构,尤其是描写景色的四字结构,往往不用逐字译出,但政论文中的四字结构都有实际意义和丰富内涵,英译时须考虑译文的功能,注意内容的完整和形式的统一,在保证达意的情况下,尽量译出其形式并与四字结构相呼应(李红霞,2010:88)。

例12: 总的看,我国国民经济继续朝着宏观调控预期方向发展,抗风险能力不断增强,呈现增长较快、价格趋稳、效益较好、民生改善的良好态势。

译文:China's economy as a whole continues to grow as we anticipated in our exercise of macro-controls and has become more resilient. Economic growth is robust, prices are stabilizing, economic returns are good, and the people's wellbeing is improving.

原文中的"增长较快""价格趋稳""效益较好""民生改善"等四字结构读起来琅琅上口,且具有各自的意思。译者在吃透原文精神、摆脱中文束缚的基础上,将原文的意思传达给译文读者,实现了预期的交际功能,达到了翻译的目的。

当然,造成政论文翻译难点的另一个原因与译者的水平有直接关系。译者的综合素质如学识、经验、中英语言的修养较高,这些困难就会解决得好一些。既然语言和文化上的差异给翻译组成的困难是客观存在的且无法改变,那么译者就应该提高自身的综合素质,跟上时代发展,努力达到原文与译文的和谐统一。

第二节 英语政治文本的语言特征

政治新闻就是政治传播者通过一定的媒介就近发生的政治事实向公众进行报道和评述。其语言具有其自身的独特性，内容严肃且不失诙谐，观点鲜明，视角独特，语言干净利落，句子结构紧凑，表达掷地有声，报道内容丰富。本文就选取《经济学人》中的几篇政治新闻，从词汇和句法方面，来探讨英语政治新闻语言特点。

一、词汇层面

（一）简短性

新闻报道的及时性以及刊物版面的限制，要求必须在有限的时空里，用最简短、精炼的词语，传递出足够的信息。即便是在政治新闻中，也经常可以见到合成词、缩略词的出现。

[原文]American alliances contain it, foreign-funded NGOs undermine the Communist Party, and spies foment protests in Hong Kong and among the Uighurs in Xinjiang.

[译文]美国盟友们群起遏制中国，境外出资的非政府组织对中共暗中作乱，间谍煽动在香港及新疆维族人的抗议。

句子中"NGO"是"Non-Governmental Organisation"的缩略式。政治新闻报道经常会涉及到某些政治组织，因其耳熟能详，故报道只出现其缩略式，比如：APEC (Asia-Pacific Economic Co-operation), TPP(Trans-Pacific Partnership)。

（二）时代性

政治新闻关注的是各国最新的政治动态，而国际政治风云变换多端，必定会产生新的词汇，烙上时代气息，具有鲜明时代性。

[原文]There is a Republican faction that would like nothing more than to spend the next two years indulging in futile attempts to repeal Obamacare and conducting televised investigations of the president's supposed abuses of power.

[译文]共和党内有这么一帮人：他们宁愿什么都不做，在接下来的两年里，徒劳地去尝试推翻奥巴马医改方案，并策划对总统涉嫌滥用职权进行电视调查。

"Obamacare"专指奥巴马上任来推行的医改新政。

（三）生动性

新闻报道属于信息类文本，追求的是客观性和准确性，且语体正式程度高。然而，用语形象、生动，不仅能够精确传递信息，且能唤起读者的兴趣。

[原文]They began to sour after a grand jury opted not to indict the officer who killed Eric Garner in July.

[译文]在大陪审团裁定不对七月份杀死 Eric Garner 的警官起诉之后，市长和民众的关系开始恶化。

"sour"在这里描述关系的恶化，比普通的"worsen"一词，形容得更形象、有趣。

二、句法层面

（一）句长

数据显示，以金融、商业等专业人士为主要对象的《华尔街日报》平均句长达 27 个词 (夏延德 & 马志波，2010：145)。政治新闻语句信息量大，句子结构复杂，反映出新闻报道的严谨性和准确性。

[原文]In 2006 its decision to reprint inflammatory cartoons of the Prophet Muhammad, first published in Denmark, was described by Jacques Chirac, then France's president, as a "manifest provocation".

[译文]2006年，他们决定刊登最早在丹麦出版的具有煽动性先知穆罕默德漫画，此举被时任法国总统雅克•希拉克称为"显而易见的挑衅"。

此句中，"published"分词做后置定语，修饰前面"cartoons"；"then France's president"作为插入，补充说明"Jacques Chirac"的身份。

（二）主动句为主、被动句为辅

英语新闻句子多为主动态，表达直言不讳。

[原文]The causes of the impressive reduction in New York's crime rate are a perennial subject of debate, but the police department's decision to take minor crimes seriously certainly played its part.

[译文]致纽约犯罪率明显下降的原因是长期争论的话题，不过，警局决定严打小型犯罪也起到一定作用。

此句，似乎很复杂，然而，只是由"but"一词，连接的两个简单主动句。

一般，新闻中动作的接受者比施动者重要时，倾向使用被动语句，被移至句首的宾语能引起读者的注意。有时因信息来源不明，或不便透露，此时，新闻也会出现被动句。

[原文]The two men are thought to have discussed ways to strengthen judicial reform and crime prevention.

[译文] 外界认为，两位总统就加强司法改革和预防犯罪策略问题已商讨过。

此句，可见记者对该信息来源没有掌握，故采用被动句。

第三节　政治文本汉英翻译策略

一、政治文本字面与内涵差异分析

从语义学的角度来看，词语的本身意义可分为所指意义和内涵意义两大类。所指意义是指用词语来表示某一客观事物、某一思想概念时所获得的意义，是语言之外、人体之外，由社会场合所产生的意义，即通常词典上所标出的意义，它不受外界因素，如语境等的影响；而内涵意义则指人们在使用语言时附加给语言的一种语言之外、人体感觉以及社会行为方面的意义，能代表其特定文化环境中的文化意义、社会意义、情景意义、历史意义、政治意义等等，通常产生于人们的感情和想法之上。因而这种意义带有隐性特点和主观色彩，常常隐含于所指意义之内，语义表达突出语境因素、关系因素、文化因素，强调个人感受，准确含义不易确定。

英国语言学家 Geoffrey Leech 则将最广泛的"意义"划分为七种类型：概念意义、内涵意义、社会意义、情感意义、反映意义、搭配意义，主题意义（他把后六种意义统称为"联想意义"）。"概念意义"（即前面所称"所指意义"）是指词语在交际中表达出来的基本意义，即通常词典上所标出的意义，是用词语来表示某一客观事物、某一思想概念时所获得的意义；"内涵意义"是指词语概念意义以外的附加意义；"社会意义"是指语言运用的社会环境的意义；"情感意义"是指讲话人的感情和态度意义；"反映意义"是指通过与同一个词语的另一意义的联想来传递的意义；"搭配意义"是指适合用于上下文中的意义，即词语的固定搭配而产生的区别性特征；"主题意义"是组织信息的方式所传递的意义。

一般而言，概念意义，即词语自身的，处于静态的抽象意义，不受外界因素，如语境等的影响，具有相对的稳定性和明确性；"联想意义"则指人们在使用语言时附加给语言的一种语言之外、人体感觉以及社会行为方面的意义，通常产生于人们的感情和想法之上。因而这种意义带有隐性特点和主观色彩，常常隐含于所指意义之内，语义表达突出语境因素、关系因素、文化因素，强调个人感受，准确含义不易确定。

可见，词语的意义是多层次的。如果将文化分成"显性"（overt）与"隐性"

（covert）两大类（顾嘉祖，2002），那么，词语的这种内涵意义属隐性的文化范畴，它可伴不同的文化而生，随不同的文化而异，因而也被称为文化伴随意义（王秉钦，1995:109）。词语的文化伴随意义则是词语在实际运用中对概念意义从"外延"（denotation）到"内涵"（connotation）的扩展，从"显性"（overt）到"隐性"（covert）的延伸。

翻译活动就其本质而言，是一种语际转换活动，因而应充分考虑语言符号在指称、语内和语用三个层面上的意义；另一方面，就其宏观功能而言，翻译又是一种社会活动，或者说是跨文化交际活动，任何深入的翻译研究都必须考虑语言外的因素，尤其是社会文化因素对意义读解的深层影响。因此，翻译不但要研究语言结构本身，而且还要关注语言系统与社会文化系统中其他子系统之间的关系以及它们之间的相互作用机制，关注这种相互作用机制在两种语言符号系统之间的信息转换过程中所产生的结果（柯平，2005）。

但汉语时政文中这一类带有中国特色的新鲜词汇，大多来源于日常生活，并被赋予了时代的新意，并随着社会生活的进步而不断演变，这愈加增大了这类语汇字面和内涵意义的差距。若翻译时仅根据其字面所指意义在译文中予以表达，常常会不得要领，言不中的，甚至导致南辕北辙的结果。

英汉对照，会发现上述各译文都与原文字面相去甚远，其原因就在于，它们表达的是一种特定语境中词语概念意义之外的附加意义，代表着中国特定文化语境中的文化、社会、情景、历史以及政治意义等等，与中国的国情和社会环境息息相关。

要解决这一问题，就必须弄清这些词汇是在什么语境中使用以及如何使用的，只有在理解原文时吃透原意，注重特定语境中上下文词语的搭配关系，注重社会文化因素，才能用符合语境、符合规范、符合译文习惯的表达方式正确译出这类词汇的实际内涵。

二、推敲语境，明确内涵

尽管一个词汇的所指意义在词典中有时能查出多种，一词多义、多词近义的现象在语言中也屡见不鲜，但在具体的上下文中，一个词汇所表达的实际内涵意义却往往只有一个（双关语除外），并随上下文意义不同而变化。这就告诉我们，同一词汇在不同的上下文中可表达多种内涵意义，其所指的特定意义已大大超过其字面意义本身，一般都与社会文化因素密切相关。因此，翻译中人们应更多地注意推敲原文内涵而不是原文的字面形式。

推敲原文内涵离不开语境。Firth曾说过："每一个词，一旦用于新的语境，便成为生词。"莫娜·贝克也曾指出，要确定一个词的实际意义，"通常离不开'利用语境消除歧义'这一总体范畴，就是说，会格外注重运用词语搭配组合规则，对一个词或片语的意义进行解码。"

可见，语境对理解原文、把握语义有着极其重要的意义。而语境有广义、狭义之分，它包括语言语境和非语言语境。语言语境亦指上下文语境，也就是语言符号之间的关系，通过符号间关系表达出来的意义，也就是我们前面提到过的言内意义；而非语言语境则指一切影响语言意义的语言以外的因素，包括影响某一语言形成及表达习惯的某一民族的"物质文化（这一民族创造的一切物质文明）、制度文化（社会制度、家庭制度、生活教育制度、宗教制度、生活方式、风俗习惯、礼俗规范等）、心理文化（思维方式、信仰、价值观念、审美情趣等）"（陈宏薇，1998:11）。正是这些非语言语境决定了一种语言深层次的内涵差异。因此，对一些词汇或片语意义的解码不仅要仔细考虑上下文语境，而且要对这一语言使用民族的文化思维习惯等非语言语境有较深的了解，这样才能对其成功解码。而对时政术语这一类充满社会文化生活内涵的表达，词汇的解码不仅要考虑上下文语境，更需要充分分析词汇所涉及的语言语境及各类非语言语境。只有对使用这一语言的民族其文化思维习惯等非语言语境有较深的了解，才能在语际转换过程中不拘泥于字面的表层意义，把握实际内涵准确地传译原文意义。

例1：但他也不希望媒体对此过分炒作，"骂杀"与"捧杀"对青年人来说都是有害的。

译　文：But he criticized the media's overheated coverage of this issue, saying both ridicule and lavish praise are not beneficial to youngsters.

例2：他刚懂事的时候，家庭条件非常好，但后来经历过很多同龄人都没有经历过的第三者插足，家庭破裂。

In his childhood, he had a very harmonious family. However, it finally broke up because of a third person between his parents.

形象基本一致，可直译，但下一例却有变化：

例3："第三者""包二奶"现象是日前修改婚姻法时都不能不重视的问题。

As extramarital affairs and the keeping of a mistress cause great social concern, and have actually been considered when revising the Marriage Law.

可见，注重上下文词义搭配在翻译这类术语时显得多么重要！仅根据其字面所指意义，这类用语无法译出，即使查词典，也常常无从查起。要解决这一问题，就必须在理解原文时吃透原意，从整个篇幅着眼，不拘泥于个别词汇，注重特定语境

第九章　政治文本翻译

中上下文的关系，注重文化背景上的差异，用符合上下文、符合专业、符合译文习惯表达的方式正确译出这类词汇的内涵意义；同时，还要多留意和分析国内外英语刊物上有关的表达和处理手法，掌握和熟悉大量约定俗成的译例，做到引有所据，查有来源，再加熟练的双语基本功、丰富的文化素养、广博的知识，就能在处理这类译文时做到熟练老到，游刃有余。例如：

例4：采取有力措施解决总量过多、结构失衡、重复建设、忽视质量等散滥问题。

Effective measures should be taken to curb the present problems of excessiveness in the total number, the unbalanced structure, overlapping production, and neglect of quality.

上述译法与我们的汉语思维或多或少有些差异（不用repeat），特别是"重复建设"一词区别甚大，其表达还因不同搭配而产生变化：

例5：避免重复建设和重复引进。

译文：To avoid construction of projects（或 construction）and duplication of imports.

例6：不搞重复建设、盲目投资。

译文：To avoid redundant construction and haphazard investment.

"重复"一词译文大多用 redundant 来表达，可见，对这类术语的翻译切不可望文生义。

例7：使中央委员会领导年轻化。

译文：To bring younger comrades to the leading posts of the Central Committee.

这一"年轻化"是决不可以字字对应的（make...younger），不然会不合逻辑，不可能使原来所有成员变年轻。所谓年轻化是指一些年轻人员的比例。

上述各例中有关词汇的英译都与汉语原文的字面意义很难对应，因为这类词汇的实际意义在特定的语言环境中早已超出其字面本身，被说话人赋予了特定的词外之意，因而带有很大的隐性特点和主观色彩，与说话人所处的语言环境、社会背景等语境因素、关系因素、文化因素等非语言语境密切相关，其准确内涵意义须从上下文中仔细推敲方能悟出，这正是翻译中原文字面与译文表达不尽相同甚至大相径庭的原因。一个典型的例子就是当下流行的"三陪"这一说法，尽管它具有负面影响，是当代社会的不良产物，但同样也是近来汉语中出现的新词，其实质就相当于英语的 prostitution，只不过在汉语里换个说法翻新一下罢了，倘若谁非要把它译为 three-accompany，不仅言不中的，甚至还会出笑话。真要说"三陪"，英语里倒有 escortservices一词（杨全红，2003:13），但却强调"陪护"，与时下流行的"三陪"一说性质是不一样的。相应地，"三陪女"也就是 a prostitute（有人试图用 bar girl 来代替它，但 bar girl 在英语中有两个意思，一指"酒吧女招待"，基本属正当职业，二指"常去酒吧的妓女",但也仅限于酒吧这一场所),而《北京周报》把它译为 women engaged in sex services,也不过是一种解释性译法,远不如 prostitute 来得直接,一语中的。

三、吃透精神,把握分寸

我国资深翻译家王弄笙先生认为:"从事外事翻译必须结合业务熟悉政策,对重要的词,特别是涉及到领土主权、重大国家利益的词,要保持清醒的头脑,掌握好分寸。不仅要译出词的表面意思,而且要表达出词义的深刻内涵"。在谈到表达词义内涵时,他进一步指出,要"吃透中文的精神,以'意'为重,摆脱中文字面的束缚,按照英语的习惯,表达原文的内涵",并强调:"翻译要求忠实准确地表达原义,同时又要使译文通顺易懂。译文既要扣得紧,又不能太死;既要灵活,又不能活得出格","译文要精炼,语言要自然,用字要朴实"(王弄莹,2002)。因此,吃透原文精神深究原文内涵才能在译文中做到准确选词用字,这应该是时政新词翻译的基本准则。何况,任何语义都有外延(denotation)和内涵(connotation)之分,对时政新词内涵意义的理解,更离不开语境的制约和微观、宏观语境的综合作用。

例8:发展教育,要面向现代化、面向世界、面向未来,着力推进素质教育,促进学生德、智、体、美全面发展。

译文:In developing education, we should meet the needs of modernization, the world and the future, and concentrate on improving quality-oriented education to ensure that students improve in terms of their moral qualities, intellectual ability, physical fitness and aesthetic appreciation.

"面向"通常被译为 face(with),但这仅仅表示"面临"之意,不符合原文上下文语义,这里实际表达的是"满足需求"之意,十分贴切。同时,文中"素质教育"一词也译得十分简洁达意(见斜体字处)。再看下面二例中"面向"的不同译法,其内涵又有了变化。

例9:东部沿海地区要面向国内外市场,加快科技进步和创新,着力发展高新技术产业和外向型经济。

译 文:The eastern coastal region should be oriented towards both the domestic and international markets. Priority tasks are to accelerate scientific and technological progress and innovation, to develop industries applying high and new technology, and to develop the internationally-oriented economy.

这里"面向"变成了"趋向"。

例 10：通过大众传媒和群众喜闻乐见的形式，开展面向基层、面向家庭、面向群众的经常性的宣传教育活动，形成良好社会氛围。

译文：Regular publicity activities and education programs should be conducted through public media or other popular means so that local communities, families and the public can benefit and facilitate a healthy social environment.

原文三个"面向"则因上下文语义结构的变化而完全省去。

总之，对于承载着丰富汉语文化内涵的时政翻译，是一个十分复杂的问题。"译者处理的是个别的词，他面对的是两大片文化"（王佐良）。王佐良先生的这番话很好地道出了翻译的实质。因此，他要求"翻译者必须是一个真正意义上的文化人"。就是说，作为译者，他不仅要熟悉源语文化，还要对译语文化及其相关知识有着极其深刻的了解和接触。而文化翻译学多年来的研究成果也明确地告诉我们，翻译决不是单纯语言层面上的斟词酌句，而是更深层次上的"文化转换"（cultural transfer），是一种"跨文化活动"（cross-culture event）（Snell-Homby, 2001: 47）。德国学者盖德·汉森在其《成功的译者》一文中提出了一个成功的译者所必备的起码的能力，他认为，至少应该具备以下三点：

第一，译者必须具有能从原文中获取相关信息、抓住双方的意图进行翻译、能充分传达原文所要实现的功能的翻译能力和掌握包括翻译技巧、翻译策略、识别和解决翻译问题策略等方面的知识；

第二，译者必须具备社会文化和跨文化语言能力，了解关于自身及其他人所处的社会和文化背景的社会学和文化学知识，以及关于社会规范及文化差异（不同的社会生活状况、价值观念、行为规范、风俗习惯、情感态度、偏见爱好、意图动机）等方面的知识；

第三，译者必须具有能理解文本意义及作者意图，并根据信息意图、读者需求和文本类型创作出连贯语篇的语用能力和关于语言交际结构和类型的外部知识的语用能力，以及对母语和外语的语言体系、文体手段、修辞方法、语法和文体规则方面的语言知识。

在此基础之上，他进一步指出，译者还须经受大量系统的翻译训练和实践。可见，只有译者功底扎实、知识丰富，才能在处理译文时意图明确、策略得当，才能透过原文语篇信息而"得其真髓"，在实际操作中做到增减有度，进退中绳，娴熟自如地对译文大胆调整而不失原义，成功实现译文在译语文化环境中所要达到的预期效果。"这种效果，只有自己对于译入语拥有极其深入的感性知识、与读者灵犀相通，自觉地知道怎样唤起读者共鸣的译者才能取得"（金鸳，1998: 29—30）。

参考文献

许钧著.翻译论坛.南京：南京大学出版社，2017.09

杨镇源.翻译价值论研究.成都：电子科技大学出版社，2017.01

罗选民著.翻译与中国现代性.北京：清华大学出版社，2017.01.

王卓，洪宇，张大鹏.英语翻译研究导论.北京：中国铁道出版社，2017.02.

戎林海.瞿秋白翻译研究.南京：东南大学出版社，2017.06.

杨晓斌.汉英翻译问题研究.北京：对外经济贸易大学出版社，2017.03.

吴丹，洪翱宙，王静著.英语翻译与教学实践.长春：吉林人民出版社，2017.05.

孙乃荣著.整合与创新翻译教学与研究.天津：南开大学出版社，2017.06.

郭立秋，徐英，骆忠武，王红利编著.英汉时文翻译教程英汉时文翻译教程.北京市：世界知识出版社，2017.06.

刘佳，萨娜编著.汉英翻译中的中式英语.长春：吉林文史出版社，2017.06.

刘华文著.差异·认知·界面汉英翻译三维论.南京：南京大学出版社，2017.06.

谢丹著.变译在公示语汉英翻译中的应用.成都：西南交通大学出版社，2017.05.

李冰冰著.英语教学与翻译理论研究.北京：北京理工大学出版社，2017.01.

张东东，姜力维著.功能翻译理论与应用笔译研究.哈尔滨：哈尔滨工程大学出版社，2015.05.

张文英，张晔主编.英语科技应用文翻译实践教程.北京：国防工业出版社，2015.01.

叶红卫主编.实用汉英翻译教程.北京：国防工业出版社，2015.04.

方梦之著.应用翻译研究原理、策略与技巧.上海：上海外语教育出版社，2013.05.

李文革主编.应用文体翻译实践教程.北京：国防工业出版社，2013.06.

王艳编著.翻译观的多尺度解读与应用.长春：吉林大学出版社，2013.01.

方梦之，毛忠明主编.英汉-汉英应用翻译综合教程.上海：上海外语教育出版社，2014.10.

（英）芒迪著.翻译学导论理论与应用第3版.北京：外语教学与研究出版社，2014.09.

吕和发，李巍著.应用创意翻译研究.北京：国防工业出版社，2014.11.

林竹梅著.旅游翻译理论与实践.北京：对外经济贸易大学出版社，2014.08.

蔡荣寿，朱要霞编著.新编翻译理论与实践教程.杭州：浙江大学出版社，2014.08.

李延林，杨根培，旷剑敏著.论英汉科技翻译研究.成都：电子科技大学出版社，2014.05.

林继红著.翻译标准的语用学研究.厦门：厦门大学出版社，2014.12.

李占喜著.语用翻译探索.广州：暨南大学出版社，2014.10.

岑秀文著.应用翻译探究大数据与本地化视角.天津：南开大学出版社，2016.06.

叶子南.英汉翻译译·注·评.北京：清华大学出版社，2016.07.

宋丽珏著.法律翻译新视野.重庆：重庆大学出版社，2016.06.

倪清泉，谢金荣，刘亚兰.法律经贸英语Q&A疑难详解与翻译.北京：中国法制出版社，2016.04.

宿荣江著.应用翻译的内涵与外延.北京：中国文史出版社，2010.06.

黄友义.在第四届全国应用翻译研讨会上的讲话.上海翻译，2011（3）.

罗进德.本位本分本色——《刘宓庆翻译论著全集》序.刘宓庆.文体与翻译.北京：中国对外翻译出版公司，2009.

王传英，崔启亮.本地化行业发展对职业翻译训练及执业认证的要求.中国翻译，2010（4）.

谢天振.学科建设不能搞"大跃进"——对近年来国内翻译学学科建设的一点反思.东方翻译，2011（2）.

叶兴国，等.中国商务英语研究：现状与趋势.中国外语，2011（2）.

曾利沙.从语境参数论看范畴概念"活动"英译的实与虚——兼论应用翻译研究的经验模块与理论模块的建构.上海翻译，2011（2）.

邹彦群，等.公示语翻译研究十年综述.上海翻译，2011（4）.